Deutschdidaktik aktuell

Hrsg. von Günter Lange · Karl Schuster · Werner Ziesenis

Band 1

W0051466

Produktiver Umgang mit Literatur im Unterricht

Grundriss einer produktiven Hermeneutik
Theorie – Didaktik – Verfahren – Modelle

von

Günter Waldmann

7. unveränderte Auflage

Schneider Verlag Hohengehren GmbH

Deutschdidaktik aktuell

Herausgegeben von Günter Lange

Umschlaggestaltung: Wolfgang H. Ariwald, BDG, 59519 Möhnesee

Gedruckt auf umweltfreundlichem Papier (chlor- und säurefrei hergestellt).

Bibliografische Information der Deutschen Nationalbibliothek

Die Deutsche Nationalbibliothek verzeichnet diese Publikation in der Deutschen Nationalbibliografie; detaillierte bibliografische Daten sind im Internet über ›http://dnb.d-nb.de‹ abrufbar.

ISBN 978-3-8340-0277-8

7. Auflage

Schneider Verlag Hohengehren, Wilhelmstr. 13, 73666 Baltmannsweiler

Homepage: www.paedagogik.de

Inhaltsverzeichnis

Vorwort der Reihenherausgeber

Deutschdidaktik aktuell ist eine neue Studienreihe, in der möglichst viele relevante Themen des Faches Deutsch in grundlegenden Monographien behandelt werden.

Alle Bände dieser Reihe besitzen in der Regel eine vergleichbare Struktur. In einem ersten Teil werden jeweils die theoretischen Grundlagen eines Themas dargestellt, und zwar sowohl die fachwissenschaftlichen Voraussetzungen als auch die entsprechende didaktische Diskussion. In einem zweiten Teil werden Fragen der Unterrichtspraxis behandelt und, wenn möglich, konkrete Unterrichtsmodelle vorgestellt.

Deutschdidaktik aktuell plant und bietet Einzelbände:

– zu den Grundfragen der Deutschdidaktik
  (z. B. Schriftspracherwerb, handlungs- und produktionsorientierter Literaturunterricht, projektorientierter Deutschunterricht)
– zur Sprachdidaktik
  (z. B. Grammatikunterricht, mündlicher Sprachgebrauch, schriftlicher Sprachgebrauch, Didaktik des Rechtschreibens)
– zur Literatur- und Mediendidaktik
  (z. B. Drama, Roman, epische Kurzformen, Kinder- und Jugendliteratur, Theater, Zeitung und Zeitschrift, Film und Fernsehspiel im Unterricht)

Dabei können die einzelnen Themen mit Stufenschwerpunkt oder schulstufenübergreifend behandelt werden.

Deutschdidaktik aktuell richtet sich an ein breites Lesepublikum, also nicht vorrangig an Hochschullehrerinnen und -lehrer, sondern vielmehr an Studentinnen und Studenten, Referendarinnen und Referendare, Lehrerinnen und Lehrer.

An den Beginn dieser Reihe wurde ganz bewusst als Band 1 Günter Waldmanns *Produktiver Umgang mit Literatur im Unterricht* gestellt. Das Konzept des *produktionsorientierten Literaturunterrichts* hat eine fast drei Jahrzehnte andauernde Diskussion hinter sich mit zum Teil beeindruckenden Innovationen, die inzwischen allgemein Aufnahme in die Lehrpläne gefunden haben und die auch vielfach schon die Unterrichtspraxis bestimmen.

Wir wissen, dass an der Diskussion viele Literaturdidaktiker beteiligt waren. Aber Günter Waldmann hat mit seinen Beiträgen – es seien hier nur *Grundzüge von Theorie und Praxis eines produktionsorientierten Literaturunterrichts* und seine Monographien *Produktiver Umgang mit Lyrik* und *Produktiver Umgang mit dem Drama* genannt – die Entwicklung entscheidend geprägt.

In der vorliegenden Monographie zieht Günter Waldmann Zwischenbilanz. Sie versichert sich der theoretischen Grundlagen in einem intensiven Diskurs und mündet in die Modellskizze einer *literarischen Hermeneutik*. In der Wissenschaft Bilanz zu ziehen, bedeutet aber auch, die Weggefährten nicht zu vergessen, die bei aller Unterschiedlichkeit der jeweils vertretenen Ansätze doch in eine ähnliche Richtung zogen. Deren Konzepte eines produktionsorientierten Literaturunterrichts werden ausführlich beschrieben, und Waldmann konnte die Autoren dazu gewinnen, sich in autobiographischen Notizen persönlich vorzustellen.

Der „berühmte systematische Katalog" (Kügler) von 1984 wurde um eine Fülle von neuen Verfahren, die eine Bereicherung für jeden Literaturunterricht bedeuten, erweitert, die nun nicht mehr nur aufgelistet, sondern jeweils auch kurz charakterisiert werden. Waldmann gibt dem Lehrer zudem Hilfen an die Hand, diesen Katalog sinnvoll zu nutzen.

Den Abschluss des Buches bilden Modelle, die aufzeigen, wie vielfältig die produktive Arbeit an literarischen Texten sein kann, und vor allem: dass produktive Verfahren nicht absolut gesetzt werden dürfen, sondern in einem integrativen Zusammenhang mit analytischen Zugriffsweisen gesehen werden müssen.

Die Ausführungen von Günter Waldmann geben dem Literaturunterricht eine fundierte theoretische Basis und können dazu beitragen, die Praxis durch Angebote konkreter Verfahren und Methoden effizient zu verändern.

Bamberg/Göttingen   im Sommer 1998   Günter Lange
                                                                       Karl Schuster
                                                                       Werner Ziesenis

Vorwort

Dieses Buch war allmählich an der Zeit.

1984 habe ich für das von Norbert Hopster herausgegebene „Handbuch 'Deutsch'" einen Beitrag zum produktionsorientierten Literaturunterricht geschrieben: Nach längerer kritischer Beschäftigung mit Trivialliteratur hatte ich einige Erfahrungen vor allem mit produktivem Umgang mit Lyrik gesammelt (und 1983 auf dem V. Symposium Deutschdidaktik in Ludwigsburg vorgestellt), und der Beitrag bot mir Gelegenheit, meinen produktiven Ansatz in einiger Ausführlichkeit darzustellen und – insbesondere rezeptionsästhetisch – zu begründen.

Seither habe ich das produktive Konzept weiter ausgearbeitet und für den Bereich der Lyrik, des Erzählens und des Dramas Publikationen vorgelegt. Als Theorierahmen reichte dafür die rezeptionsästhetische Begründung bald nicht mehr recht aus. Deshalb habe ich 1987 ein – etwas unkonventionelles – Theoriemodell produktiver literarischer Differenzerfahrung entworfen und gehofft, es würde eine größere Theoriediskussion auslösen, die den produktiven Literaturumgang allgemein fundieren könnte; diese Hoffnung trog. Auch der noch provokantere Versuch, produktive literarische Erfahrung als 'literarische Bildung' zu proklamieren und eine theoretische Diskussion darüber anzustoßen, blieb ziemlich folgenlos.

So war das Feld produktiven Textumgangs durch viele, u. a. auch meine Publikationen zwar ganz gut bestellt, blieb seine allgemeine theoretische und didaktische Begründung aber eher kärglich. Und da mein Konzept ja weniger auf kreatives Schreiben allgemein als auf produktiven Literaturumgang, also auf Literaturunterricht zielt, in dem es vor allem um die Vermittlung des Verstehens von Literatur: von literarischen Texten geht, war das Fehlen eines hermeneutischen Theorierahmens mit plausiblen didaktischen Modellen unterrichtlicher Organisation produktiven Textverstehens, den auch sonst niemand lieferte, allmählich ein wirkliches Defizit.

Daher habe ich gerne das Angebot der Herausgeber angenommen, für die neue Reihe des Schneider Verlags „Deutschdidaktik aktuell" einen Band zu schreiben, in dem ich den produktiven Umgang mit Literatur im Unterricht literaturtheoretisch, hermeneutisch und didaktisch begründen und auf dieser Basis methodisch – u. a. mit einem umfangreichen 'Katalog' der Verfahren – darstellen kann.

Herzlichen Dank sage ich für kritische Lektüre des Textes und wichtige Anregungen den Herausgebern, insbesondere Karl Schuster, für großzügige und sorgfältige Betreuung des Buchs dem Verlag, vor allem Rainer Schneider, für freundliche Geduld mit meiner Schaffensfreude und liebe Pflege meiner Arbeitskraft meiner Frau Hilde Waldmann und schließlich allen Teilnehmerinnen und Teilnehmern meiner Seminare und Schreibwerkstätten in vielen Jahren, die es mir ermöglichten und die mir dabei halfen, produktive Verfahren des Literaturumgangs zu erkunden und zu erproben.

March bei Freiburg, im Juli 1998   Günter Waldmann

Einleitung

Literatur, poetische Literatur, stellt das große Angebot unserer Kultur an den Einzelnen dar, unbekannte Gefühls- und Fantasiewelten kennen zu lernen und neue emotionale, imaginative und ästhetische Erfahrungen zu machen, unerprobte individuelle wie gesellschaftliche Möglichkeiten zu erkunden und seine Selbst- und Welterfahrung zu erweitern und zu vertiefen. Der gewichtige und schwierige Auftrag der Schule, des Literaturunterrichts, ist, Schülerinnen und Schüler dahin zu bringen, dies Angebot nutzen zu können. Viel kommt dabei darauf an, Verfahren zu wählen, die die Schülerinnen und Schüler wirklich zur Literatur hin und zu eigener Aneignung literarischer Texte führen. Dafür besonders wichtig – und zudem der Literatur vor allem gemäß, außerdem eine Möglichkeit, die Schülerinnen und Schüler auf den Weg zu eigenem Schreiben in literarischen Formen zu bringen – sind produktive Verfahren des Literaturumgangs.

Die Vorteile der Verwendung produktiver Verfahren im Literaturunterricht etwa für die Auflockerung des Unterrichts, für die Motivation der Schülerinnen und Schüler und die Förderung ihrer Kreativität, für ihre intensivere Eigenerfahrung literarischer Texte oder für ihre literarische Sensibilisierung sind so evident, dass produktiver Literaturumgang heute zum üblichen Repertoire vieler Lehrerinnen und Lehrer und weithin zur Normalität des Deutschunterrichts gehört. Inzwischen wurde auch in zahlreichen Publikationen eine Fülle von produktiven Verfahren vorgestellt. So nützlich das an sich ist, bringt es doch auch Probleme mit sich:

Es liegen gegenwärtig nicht wenige Konzepte kreativen Schreibens bzw. produktiven Literaturumgangs mit ganz unterschiedlichen produktiven Verfahren vor, die im Einzelnen meist sehr verschiedenen Zwecken dienen. Es ist ein großer Unterschied, ob ein produktives Verfahren der Kreativität des Schreibenden oder der spielhaften Annäherung an einen Text oder seinem aktiven Lesen oder seiner subjektiven Konkretisation oder seiner textuellen Erarbeitung oder der persönlichen Auseinandersetzung mit ihm dient. Die meisten produktiven Verfahren, sofern sie auf das Verstehen literarischer Texte zielen, sind nur für bestimmte Zwecke der unterrichtlichen Arbeit mit einem literarischen Text funktional und für viele andere völlig unfunktional. Werden sie dennoch für diese eingesetzt, leisten sie nichts für das Verstehen des Textes und sind günstigenfalls kreatives Spiel und bloßer Spaß oder werden ungünstigenfalls zum aktionistischen Selbstzweck.

Wenn es deshalb darum geht, im Literaturunterricht nicht nur kreative Spiele zu spielen, was fraglos seinen Wert hat, sondern literarische Texte produktiv zu verstehen, dann ist es wichtig, die verschiedenen Möglichkeiten produktiven Textumgangs mit ihren unterschiedlichen Leistungen dafür zu spezifizieren und zu sortieren, vor allem aber ein *didaktisches Modell literarischen Verstehens* zu entwickeln, das die einzelnen Momente des Textverstehens als unterrichtliche Phasen der Textarbeit ausweist und diesen Phasen die verschiedenen produktiven Verfahren, so wie sie spezifisch und funktional für die Einrichtung der jeweiligen unterrichtlichen

Verstehensprozesse sind, zuordnet. Erst so lässt sich für die Lehrerinnen und Lehrer abschätzen, wann für den unterrichtlichen Verstehensprozess welche produktiven Verfahren sinnvoll sind und was sie für das Textverstehen der Schülerinnen und Schüler leisten. Ein solches didaktisches Modell literarischen Verstehens im Unterricht mit der Zuordnung der produktiven Verfahren zu seinen einzelnen Phasen zu liefern, ist der Anspruch des vorliegenden Buchs.

Es entwickelt zunächst aufgrund literaturtheoretischer Überlegungen zum literarischen Text, Autor und Leser ein allgemeines Konzept literarischen Verstehens: liefert die Modellskizze einer *literarischen Hermeneutik* (Kap. 1). Dieses allgemeine hermeneutische Modell bezieht es dann als *didaktisches Phasenmodell* literarischen Textverstehens auf den Unterricht. Es gilt für jeden Literaturunterricht, doch werden vor allem die produktiven Verfahren dargestellt, die den einzelnen Phasen zugeordnet sind: das Buch bringt so den *Grundriss einer produktiven Hermeneutik* (Kap. 2). Danach werden die unterschiedlichen gegenwärtigen *Konzepte* produktiven Literaturumgangs beschrieben, die meist Verfahren für bestimmte Phasen des Textverstehens entwerfen (Kap. 3). Das folgende Kapitel bringt dann einen umfangreichen *Katalog* mit 166 – hermeneutisch und didaktisch begründeten – produktiven Verfahren, die den einzelnen unterrichtlichen Phasen des didaktischen Phasenmodells zugeordnet sind (Kap. 4). Schließlich enthält das letzte Kapitel zwei *Unterrichtsmodelle* produktiven Umgangs mit zwei Erzählungen, E. T. A. Hoffmanns „Sandmann" und Kafkas „Verwandlung", an denen u. a. die Verwendung des Phasenmodells, der Umgang mit ungewohnten produktiven Verfahren und das Wechselspiel von produktiven und analytischen Zugriffen vorgeführt wird (Kap. 5).

Es geht insgesamt vor allem darum, dass die Schülerinnen und Schüler produktiv mit den literarischen Texten, die sie verstehen sollen, umgehen, also selbst – und gegebenenfalls auch selbstständig – in literarischen Formen schreiben. Dies Schreiben ist ganz durch den literarischen Gegenstand, auf den es sich bezieht, bestimmt; es ist kein 'Schreiben überhaupt', wie es Gegenstand einer umfangreichen Schreibforschung ist (etwa Antos / Krings 1989; Baurmann / Weingarten 1995; Feilke / Portmann 1996). Deshalb gehe ich den produktiven Umgang mit Literatur auch nicht vom allgemeinen Prozess des Schreibens bzw. schulischen Schreibens her an (so Paefgen 1996), sondern von seiner eigentlich prägenden Komponente: von der Literatur, zu der er sich schreibend verhält bzw. durch die er bei eigenem Schreiben in literarischen Formen bestimmt ist.

1 Theorie

Dieses Kapitel erarbeitet ein Theoriemodell des Verstehens literarischer Texte, das durch Überlegungen zum literarischen Text, zum literarischen Autor und Leser grundgelegt wird. Dieses Theoriemodell wie die es stützenden Überlegungen sind kein literaturtheoretischer Selbstzweck: Sie dienen der – möglichst plausiblen – didaktischen und methodischen Begründung des unterrichtlichen Umgangs mit Literatur und werden im 2. und 4. Kapitel, also didaktisch und methodisch aufgegriffen.

1.1 Der literarische Text: Texttheoretische Überlegungen
(s. Phasenmodell 2.1.1 u. Katalog 4.1.1)

Ein literarischer Text ist anders als die Texte, die wir alltäglich gebrauchen, er ist sprachlich und textuell von ihnen *verschieden*. Wichtige Aspekte der Art und der Funktion dieser Verschiedenheit hat Šklovskij schon 1925 herausgestellt. Nach ihm ist Literatur durch die Verwendung von literarischen „Kunstgriffen" bestimmt: „die Verfremdung der Dinge und die Komplizierung der Form, um die Wahrnehmung zu erschweren und ihre Dauer zu verlängern" (1966, S. 14). Das bedeutet: Literatur verändert Art und Form der Darstellung von Wirklichkeit, um deren – oft flüchtige und automatisierte – Wahrnehmung zu hemmen und so intensiver und nachhaltiger zu machen. Ich führe das zunächst etwas genauer an dem Verhältnis von *Alltagssprache* und *lyrischer Sprache* aus.

'Alltag' ist das, was 'alle Tage' in ähnlicher oder gleicher Weise ist. Alltag ist vor allem bestimmt durch Wiederholung und Gleichförmigkeit, die häufig als negativ erfahren werden. Doch ist Alltag nicht an sich negativ, seine Gleichförmigkeit ist auch Halt gebende Gewohnheit: Alltagshandlungen sind Handlungen, die durch die alltägliche Verrichtung routinemäßig, also ohne größeren Aufwand an Aufmerksamkeit, Überlegung und Bewusstsein leicht und sicher ablaufen. Und es bildet ein wichtiges Moment der Lebensbewältigung, einen nicht zu geringen Teil seiner Handlungen als routinierte, ja automatisierte Alltagshandlungen vornehmen zu können.

Das gilt entsprechend für die Umgangs-, Verkehrs- oder *Alltagssprache*; sie ist ein wichtiges Mittel der Lebensbewältigung. Ich nenne drei Aspekte:

a) Die Alltagssprache *vereinfacht* meist: Sie vermeidet, was die Verständigung erschweren könnte, z.B. ungewohnte oder schwierige Wörter, komplizierte Satzbaupläne, aufwendige sprachliche Fügungen. Sie wählt, was die Verständigung erleichtert, z.B. Wiederholungen, Füllwörter, redundante Formulierungen, und richtet so sicher gelingende sprachliche Verständigung ein.

b) Die Alltagssprache *verallgemeinert* oft (vgl. Heller 1978, S. 231–239): Wer alltagssprachlich etwa von 'den Jugendlichen', 'den Lehrern', 'den Politikern' spricht, blendet zwar sein Wissen über einzelne Jugendliche, Lehrer, Politiker aus, erhält aber gruppen- und rollenbezogene Typisierungen, die es durch ihren

Gehalt an vorstrukturierten Gesamtansichten und verallgemeinernden Vormeinungen erlauben, größere Bereiche einer Lebenswirklichkeit so zu erfassen, dass sie überschaubar werden und dass Sicherheit des Verhaltens in ihnen möglich wird.

c) Die Alltagssprache *schematisiert* nicht selten (vgl. Hannappel / Melenk 1990, S. 253–263, 267–292): Sie vollzieht sich dann in vorgeprägten, klischierten und stereotypisierten Wendungen, die mühelose Verständigung ohne größeren sprachlichen Aufwand erlauben. Mit Slogans und Schlagwörtern bringt sie komplexe Sachverhalte auf einfache Formeln und liefert leicht fassliche Wertungen und Handlungsanweisungen.

Das sind Formen und Leistungen der Alltagssprache, die für eine gelingende Lebenspraxis elementar wichtig sind. Die Alltagssprache verwirklicht so allerdings jeweils nur einen Teil der Möglichkeiten der Sprache. Literatur, insbesondere *Lyrik*, weil sie in wesentlicher Hinsicht verschieden von Alltagssprache ist, kann als eine Möglichkeit betrachtet werden, weitere wichtige Möglichkeiten der Sprache zu realisieren: Während die *Alltagssprache* vereinfacht, das Gleichförmige, Gewohnte, die sprachliche Breite wählt und so mühelose Verständigung einrichten will, ist die *lyrische Sprache* kompliziert, wählt die Variation, das Ungewohnte, die sprachliche Dichte und will das glatte Verständnis eher hemmen und erschweren. Während die Alltagssprache verallgemeinert, typisiert und Sicherheit des Verhaltens einrichten will, richtet sich die lyrische Sprache auf das Besondere und Spezifische und will damit aufhorchen lassen, ja verunsichern. Während die Alltagssprache schematisiert, Klischees und Stereotypen gebraucht, differenziert die lyrische Sprache, benutzt das sprachlich Unübliche, Unvermutbare, Verfremdende und will so eine intensivere und nachhaltigere Wahrnehmung einrichten.

Lyrik ist verschieden von der Alltagssprache; die entscheidende Qualität von Lyrik ist die *Differenzqualität* gegenüber der Alltagssprache. „Poetic language is a different form of language with a different function from that of the standard" (Mukařovský 1964, S. 26). Diese Verschiedenheit der lyrischen Sprache von der Alltagssprache wird i. a. eingerichtet durch sprachliche Überstrukturierungen verschiedener Art im Bereich des Lauts und des Klangs, des Worts, des Satzes und des Textes, die beispielsweise im phonologischen Bereich Metrum, Rhythmus, Reim, im semantischen Bereich Wortwiederholung, Leitmotiv, Metapher, im syntaktischen Bereich Enjambement, Inversion, Parallelismus, im textuellen Bereich Strophen- und Gedichtformen bildet.

Diese überstrukturierte lyrische Sprache ist nicht 'besser' als die Alltagssprache, sondern nur *anders* als sie; beide haben ihr Recht und ihre wesentlichen Funktionen. Andererseits ist die Alltagssprache nicht 'normaler' als die lyrische Sprache in dem Sinne, dass sie die sprachliche 'Norm' darstellte, von der die Sprache der Lyrik generell eine 'Abweichung' bzw. 'Deviation' (z.B. Leech 1979), eine 'Normabweichung' (z.B. Fricke 1981) wäre oder deren 'Verletzung' („violation of the norm of the standard"; Mukařovský 1964, S. 18) die Lyrik an sich ausmachte. Die Formen der lyrischen Sprache sind immer – und wenn auch gelegentlich nur ansatzweise – in der Sprache schon vorhanden (s. Arvatov 1973, S. 101–105), und lyrische Sprache, wenn sie von der Alltagssprache abweicht, sie verändert, erweitert, verkürzt, überlagert und verfremdet, greift solche Sprachelemente nur auf und organisiert sie neu.

Entsprechendes gilt für erzählende und dramatische Texte: Literarisches *Erzählen* ist verschieden von alltäglichem Erzählen (s. Waldmann / Bothe 1992, S. 11–28), denn es erzählt, anders als man alltäglich erzählt, beispielsweise in bestimmter Erzählerrolle (Ich-, Du-, Er-Erzähler), in bestimmter Erzählhaltung (omniskient, personal, neutral), in bestimmter Perspektive (Innen- – Außensicht, ein- – mehrperspektivisch), in bestimmten Redeformen (episches Präteritum, historisches Präsens, erlebte Rede, innerer Monolog usw.), mit bestimmten Raum- und Zeitstrukturen, in bestimmten Dialogformen.

Das literarische *Drama* ist evidenterweise verschieden von alltäglichen Dialogen, auch vom „alltäglichen Theater", wie Brecht es beschrieben hat (s. Waldmann 1996, S. 11–20); es geschieht in bestimmten, auf Zuschauer bezogenen Strukturierungsformen (geschlossene, offene, epische, dokumentarische usw.) mit bestimmten Figurenmustern und -konstellationen, Handlungsstrukturen und Konfliktlöseverfahren, Raum- und Zeitanordnungen, Dialog-, gegebenenfalls Monologformen usw. Auch hier ist literarisches Erzählen nicht 'besser' als alltägliches, ist das literarische Drama nicht 'besser' als alltäglicher Dialog und alltägliches Theater, aber eben – auch wenn die literarischen Formen dem Ansatz nach schon in den alltäglichen vorhanden sind – anders als sie, *verschieden* von ihnen, und sie leisten so auch ganz Verschiedenes.

Diese Verschiedenheit oder Differenzialität, die literarische Texte gegenüber Alltagstexten aufweisen, ist allerdings nichts für immer Feststehendes, genauer: ist nichts textuell, also jeweils mit den literarischen Texten identisch Gegebenes, sondern sie besteht nur in der Beziehung des bestimmten literarischen Textes zum jeweiligen Leser. Denn es gibt sie nur, insofern dieser sie wahrnimmt, und sie verändert sich ständig, wird nach einiger Zeit vom Leser nicht mehr als befremdend und intensivere Wahrnehmung erfordernd aufgenommen, sie ist üblich geworden und ihre Rezeption mehr oder weniger automatisiert. Deshalb wird sie nicht mehr benutzt und eine andere literarische Form, ein anderes Konstruktionsprinzip mit deutlicherer und so wirksamerer Verschiedenheit gegenüber Alltagstexten gewählt. Tynjanov sieht darin geradezu den Motor literarischer Entwicklung; 1924 beschreibt er die „Etappen" der „literarischen Evolution" so:

1. als Kontrast zum automatisierten Konstruktions-Prinzip bildet sich dialektisch ein entgegengesetztes Konstruktions-Prinzip aus;
2. das neue Prinzip findet Anwendung;
3. es breitet sich aus, wird zur Massenerscheinung;
4. es automatisiert sich und provoziert entgegengesetzte Konstruktionsprinzipien. (1967, S. 21)

formale vs. inhaltliche Differenz

(Dieser Vorgang hat didaktisch einigen Belang vor allem für das Verstehen älterer und inzwischen „automatisierter" literarischer Texte, er wirft nämlich die Frage auf, wie man die ursprüngliche Wirkung ihrer Differenz zu Alltagstexten wieder herstellen könnte; s. u. Abschn. 2.1.1)

Die jetzt dargestellte (zuerst vom Russischen Formalismus beschriebene) Differenzialität literarischer Texte gegenüber Alltagstexten betrifft die Form bzw. die Formen von Literatur, sie ist *formaler* Art. Daneben besteht natürlich die *inhaltliche* Differenzialität literarischer Texte, nämlich der in ihnen dargestellten literarischen, etwa fiktionalen Wirklichkeiten gegenüber der realen (alltäglichen) Wirklichkeit: Ein *Gebrauchstext* ist bestimmt durch die Wirklichkeit, auf die er sich bezieht (auf die er referiert): die Zeitungsnachricht durch das Ereignis, das sie berichtet, der Reiseführer durch das Land, das er darstellt, das Sachbuch durch die Sache, die es behandelt usw. Ihr Kriterium ist, wie sachlich, informativ, sachgerecht und sachkundig sie die Wirklichkeiten berichten, darstellen, behandeln, auf die sie sich beziehen.

Anders ein *literarischer Text*: eine Erzählung, ein Roman, ein Drama, auch ein Gedicht. Sie sind nicht wie Gebrauchstexte durch eine Wirklichkeit bestimmt, auf die sie sich beziehen (auf die sie referieren), etwa indem sie, wie die marxistische Literaturtheorie es sah, sie 'widerspiegeln' oder 'abbilden'. Sie stellen zwar unablässig 'Wirklichkeiten' dar: Personen, Handlungen, Ereignisse, Dinge, Räume. Aber ihr Status als literarische Texte hängt nicht davon ab, ob diese auf reale Personen, Handlungen, Ereignisse, Dinge, Räume bezogen sind. Sie können sogar lebende oder historische Personen, tatsächliche Ereignisse, bestehende Räume oder Landschaften ganz verändert darstellen. Für ihren literarischen Status spielt keine Rolle, ob und wie ihre 'Wirklichkeiten' auf reale Wirklichkeit referieren. Ihre Kriterien sind allein Komposition, Strukturiertheit, Kohärenz, Stimmigkeit, Intensität ihrer literarischen Wirklichkeit, ihr Kriterium ist ihre Literarizität selbst. Der literarische Text ist, und das macht seine inhaltliche Verschiedenheit von einem Gebrauchstext aus, selbstbezüglich, „autoreflexiv" (Eco 1972, S. 147): er ist selbstreferierend oder autoreferenziell (bzw. er wird literarisch so rezipiert).

Diese inhaltliche und formale Verschiedenheit oder Differenzialität gibt einem literarischen (bzw. literarisch rezipierten) Text seinen eigentlich literarischen Status und trägt seine spezifisch literarischen Leistungen und Wirkungen. Einen literarischen Text zu *verstehen*, bedeutet so zunächst auf ganz elementarer Ebene, seine Differenz zu Alltags- und Gebrauchstexten sowie zur realen Wirklichkeit aufzufassen. Das meint allerdings nicht, ihn zu etwas der Wirklichkeit Enthobenem, zu einem ästhetischen Absoluten zu hypostasieren, etwa seine Selbstbezüglichkeit so aufzufassen, dass er selbstursprünglich, selbstgegeben: dass er ästhetisch autonom wäre (wie die Autonomieästhetik es sieht). So wie die formale Differenzialität eines literarischen Textes gegenüber Alltagstexten nur in der Beziehung des bestimmten Textes zum jeweiligen *Leser** besteht, wird auch seine inhaltliche

---

* Ich spreche im Folgenden, um den Text lesbarer zu halten, i. a. vom 'Autor' und 'Leser', oft auch vom 'Lehrer' und 'Schüler' und gebrauche diese Form dann als nomen generale.

Differenzialität gegenüber der realen Wirklichkeit vom Leser verschiedener Zeiten, Kulturen, Schichten und Gruppen anders wahrgenommen und existiert nicht als textuell identisch Gegebenes, sondern nur in der Beziehung des bestimmten literarischen Textes zum jeweiligen *Leser*; es gibt sie nur, insofern dieser sie wahrnimmt. Doch ist das noch genauer zu fassen; außerdem ist der literarische Text schließlich nach seiner formalen wie inhaltlichen Differenzialität von seinem *Autor* vorsätzlich so produziert worden. Ihm wende ich mich zunächst zu.

1.2 Der literarische Autor 1: Produktionsästhetische Überlegungen
(s. Phasenmodell 2.1.4 u. Katalog 4.1.4)

Was in einem Roman eine Figur zu welcher Zeit an welchem Ort denkt, fühlt, zu welchen anderen Figuren sagt und in Bezug auf sie tut, liegt allein am Autor; er bringt es hervor, er *produziert* es. Aber wie? Indem er Figuren und Figurenkonstellationen, Konflikte, Raumsituationen und Zeitverhältnisse stets komplett neu erfindet? Oder emphatischer: Indem seine inspirierte Seele sie jeweils intuitiv-eruptiv und komplett hervorströmt, – wie die Genieästhetik es sah? Es hatte gute Gründe, wenn in der zweiten Hälfte des 18. Jahrhunderts die Autoren, nun nicht mehr in angesehenen, meist feudalen Diensten, sondern ohne soziale Sicherheit und soziales Ansehen für eine sich herausbildende bürgerliche Öffentlichkeit schreibend, sich ein eigenes geistiges Prestige schufen als die alleinigen Inhaber einer 'genialen' Schöpferkraft, die rein inspirativ die gleich ganz fertigen, 'autonomen' dichterischen Werke hervorbringt (s. Bogdal 1995, S. 273–285). Nietzsche hat es in „Menschliches, Allzumenschliches" eindringlich beschrieben:

> *Das Vollkommene soll nicht geworden sein.* […] Der Künstler weiß, daß sein Werk nur voll wirkt, wenn er den Glauben an eine Improvisation, an eine wundergleiche Plötzlichkeit der Entstehung erregt; und so hilft er wohl dieser Illusion nach. [–] Die Künstler haben ein Interesse daran, daß man an die plötzlichen Eingebungen, die sogenannten Inspirationen glaubt; als ob die Idee des Kunstwerks, der Dichtung […] wie ein Gnadenschein vom Himmel herableuchte. (1960, Bd. 1, S. 545, 549)

Um die Produktion eines literarischen Textes sinnvoll auffassen zu können, muss man diesen „Aberglaube vom Genie", wie Nietzsche es nennt (ebd. S. 556), aufgeben: Literarische Produktion geschieht vor allem als intensive und unermüdliche Arbeit am Text: „Alle Großen waren große Arbeiter, unermüdlich nicht nur im Erfinden, sondern auch im Verwerfen, Sichten, Umgestalten, Ordnen", sagt Nietzsche (ebd., S. 549); Eco formuliert es heute so: „Genie ist zehn Prozent Inspiration und neunzig Prozent Transpiration." (1986, S. 18; s. Rudloff 1991, S. 37–154)

Der literarische Autor sammelt bei sich Eindrücke, Erlebnisse, Erfahrungen, Erkenntnisse, sammelt Fakten und Stoffe und oft vielfältigstes Material, vor allem schriftliches, aber auch bildliches (wie etwa Thomas Mann; s. Wysling 1975), reist und recherchiert vielleicht, sucht in Bibliotheken und Archiven: Er nimmt stets mehr oder weniger große, nicht selten sehr große 'Anleihen' bei der Wirklichkeit auf, aber nicht, um diese 'abzubilden' (wie die marxistische Ästhetik es sah),

sondern um mit diesen 'Anleihen' zu arbeiten: um sie ganz oder teilweise zu verändern, umzuformen, zu mischen und neu zu kombinieren, um sie mit erfundenen
und fantasierten Teilen sowie u. U. mit 'Anleihen' bei der Literatur (literarischen
Stoffen, Motiven, Gestalten usw.) zu versetzen und zu verschränken. Und das ist
kein willkürliches Jonglieren mit Wirklichkeits- und Fantasieteilen, sondern geschieht im Rahmen bestimmter literarischer Regularitäten und unter Verwendung
bestimmter, meist überlieferter Formmittel. Denn was aus dem Wirklichkeits- und
Fantasiematerial erst das literarische Kunstwerk werden lässt, ist die Anwendung
literarischer Techniken und Kunstmittel auf es, ist seine Formung in *literarische
Formen*: Was aus Sprache lyrische Sprache macht, die verschieden von Alltagssprache ist, was Erzählen zu literarisch-fiktionalem Erzählen macht, das verschieden ist
von alltäglichem Erzählen, ist die Anwendung literarischer Formen auf das
Sprach-, Wirklichkeits- und Fantasiematerial, ist das literarische Produzieren des
Autors, das als der sehr komplexe „Problemlösungsprozeß" verstanden werden
kann, in oft vielen Versuchen aus all diesen Momenten einen literarischen Text zu
produzieren; Beetz und Antos haben es differenziert beschrieben (1984).

Dabei geht es nicht um den *Autor* als Person und wie sich diese und ihre Biografie
im Text abbilden. Die Frage ist nicht, welcher Autor mit welchem Charakter und
wann er und warum er wohl und unter welchen Umständen er dann einen literarischen Text geschrieben hat (und die Frage ist auch nicht – konstruktivistisch gesehen – wie der Leser es sich vorstellt). Es geht nicht um den 'persönlichen' Autor –
hier kann man mit Roland Barthes vom „Tod des Autors" ausgehen (vgl. Spree
1995, S. 155–162) –, sondern um die „Funktion Autor" (Foucault 1979, S. 17ff.)
und deren literarisches Produzieren. Oder vom Text aus gesehen: Es geht darum,
ihn in seiner *Produziertheit* und seine Merkmale in ihrer *Gewähltheit* durch den
Autor zu verstehen.

Das mag nicht jedem gleich einleuchten, mancher wird denken: Dieser bestimmte
Text liegt mit diesen bestimmten Merkmalen vor und ist doch wohl zu verstehen,
wie er ist; dazu braucht man nicht zu wissen, dass und wie seine Merkmale gewählt
wurden. Außerdem ist doch fast nie bekannt, wie ein Autor eine bestimmte Wahl
getroffen hat; das ganze Verfahren ist also rein illusorisch. Dazu ist zu sagen: Einen
literarischen Text generell aufzufassen, „wie er ist", bedeutet ja gerade, ihn als etwas Gegebenes, letztlich als etwas Autonomes und nicht als etwas von einem Autor
Produziertes zu nehmen. Vor allem aber geht es gar nicht darum, die jeweilige bestimmte Wahl eines literarischen Merkmals aufzufassen, was fast immer unmöglich
ist, sondern seine *Gewähltheit* und damit seine *Produziertheit* zu verstehen, was
etwas ganz anderes ist.

Kein Autor lebt und schreibt in einem welt- und geschichtslosen Raum. Er ist bestimmt durch die Kultur seiner Gesellschaft und deren Traditionen, und wenn er
schreibt, tut er das mit den literarischen Mitteln und in den literarischen Formen,
die ihm in seinem literarischen Traditionsraum zur Verfügung stehen, oder doch in
Bezug auf sie. In jedem Text, den er schreibt, sind – bewusst oder unbewusst – Texte

der Gegenwart oder Vergangenheit enthalten, durch die er geprägt ist oder an denen er sich orientiert und deren Merkmale er übernimmt oder modifiziert, weiterentwickelt, verändert, umformt, gegebenenfalls auch parodiert, demontiert und destruiert, so wie das auch für jeden der Texte gilt, an denen er sich orientiert, und die Texte, an denen sich deren Autoren orientiert haben usw. usw.: „Jeder Text situiert sich in einem schon vorhandenen Universum der Texte, ob er dies beabsichtigt oder nicht." (Stierle 1984, S. 139) Kein Text ist damit das, was er ist, nur als er selbst und aus sich, sondern er enthält notwendigerweise viele andere Texte aus Vergangenheit und Gegenwart, die er absorbiert und transformiert hat und die er so in gewisser Weise zitiert oder mit denen er gleichsam dialogisiert: „Jeder Text baut sich als Mosaik von Zitaten auf, jeder Text ist Absorption und Transformation eines anderen Textes." (Kristeva 1972, S. 348). Jeder literarische Text ist „dialogisch" (Bakhtin 1984; s. Lachmann 1982) oder „intertextuell" (Kristeva).

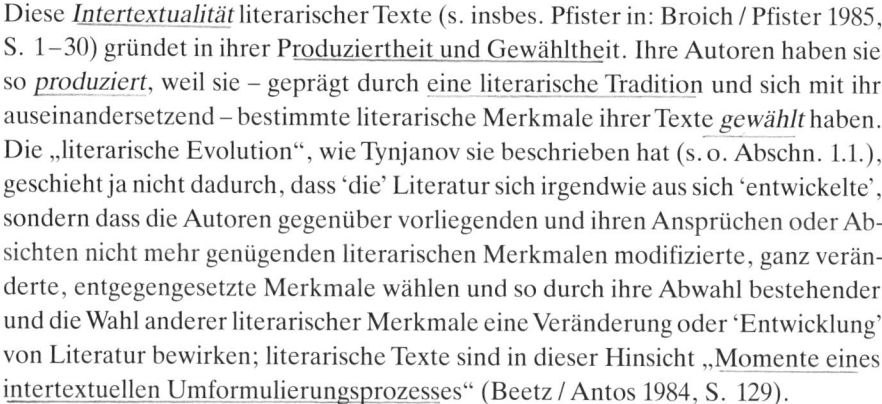

Diese *Intertextualität* literarischer Texte (s. insbes. Pfister in: Broich / Pfister 1985, S. 1–30) gründet in ihrer Produziertheit und Gewähltheit. Ihre Autoren haben sie so *produziert*, weil sie – geprägt durch eine literarische Tradition und sich mit ihr auseinandersetzend – bestimmte literarische Merkmale ihrer Texte *gewählt* haben. Die „literarische Evolution", wie Tynjanov sie beschrieben hat (s. o. Abschn. 1.1.), geschieht ja nicht dadurch, dass 'die' Literatur sich irgendwie aus sich 'entwickelte', sondern dass die Autoren gegenüber vorliegenden und ihren Ansprüchen oder Absichten nicht mehr genügenden literarischen Merkmalen modifizierte, ganz veränderte, entgegengesetzte Merkmale wählen und so durch ihre Abwahl bestehender und die Wahl anderer literarischer Merkmale eine Veränderung oder 'Entwicklung' von Literatur bewirken; literarische Texte sind in dieser Hinsicht „Momente eines intertextuellen Umformulierungsprozesses" (Beetz / Antos 1984, S. 129).

Diese Auseinandersetzung mit der literarischen Tradition und das Abarbeiten an ihren Ausprägungen, um eine eigene Aussageform zu gewinnen, ist ein Grundmerkmal jedes literarischen Produzierens. In Reinkultur tritt es auf bei der häufigen Bearbeitung und Umarbeitung tradierter literarischer Stoffe, etwa des Herakles-, Medea-, Iphigenie-, Antigone-, Ödipus-, Faust-, Don Juan-, Heilige Johanna-Stoffs, wie sie beispielsweise bei Brecht oder Heiner Müller oder Volker Braun geschieht. Die Gründe für solche Umarbeitungen sind im Einzelnen verschiedenartig: Der Autor kann den Text, den er umschreibt, dadurch u. a.

– als stilisiert, idealisiert, geschichtlich schief und überholt kritisieren und verbessern wollen;
– aktualisieren und direkt auf gegenwärtige Vorgänge und Probleme beziehen wollen;
– auf seine eigene subjektive Lebenslage richten und diese in ihm darstellen wollen;
– seine Einschüchterung bewirkende Klassizität aufbrechen, mit ihm experimentieren und seine Tauglichkeit für andere literarische Aussagen überprüfen wollen (vgl. Fingerhut 1982, S. 3).

Es ist didaktisch nützlich, mit solchen Vorgängen zu arbeiten, weil an ihnen die Produziertheit und Gewähltheit von literarischen Texten durch ihren Autor sowie ihre generelle Intertextualität besonders deutlich erfahrbar werden, die man auffassen muss, wenn man einen literarischen Text *verstehen* will. Sie – Produziertheit und Gewähltheit sowie Intertextualität literarischer Texte – gelten allerdings nicht nur gleichsam 'außertextuell' für das Verhältnis eines literarischen Textes zu anderen Texten, sondern auch 'innertextuell' für den jeweiligen einzelnen literarischen Text. Dafür muss ich etwas weiter ausgreifen.

1.3 Der literarische Autor 2: Differenztheoretische Überlegungen
(s. Phasenmodell 2.1.3 u. Katalog 4.1.3)

Wenn man jemandem etwas beschreiben will, das er nicht kennt (und das sich nicht einfach durch seine Funktion bestimmt), etwa eine Pflanze, ein Tier, einen Gegenstand, dann geht man in der Regel so vor, dass man ihm zunächst sagt, welcher anderen Pflanze, welchem anderen Tier oder Gegenstand es ähnelt, und dann angibt, worin es sich davon unterscheidet. Und das ist allgemein ein Verfahren, eine Wirklichkeit zu bestimmen: sie auf eine andere, gleichsam benachbarte Wirklichkeit zu beziehen, um Gleichheiten und vor allem Verschiedenheiten festzustellen. Systematisch ist so zuerst Platon vorgegangen, wenn er in dem Verfahren der *dihaíresis* (griech. Unterscheidung) eine Sache – etwa das Angeln – so bestimmt, dass er von sehr weiten Bestimmungen ausgeht, die er durch Ausgrenzen des Verschiedenen immer weiter einengt, bis er schließlich seine Sache eingegrenzt und so bestimmt hat (Sophistes 218e–221c). Aristoteles hat dann das Verfahren der *Definition* so beschrieben, dass man für eine zu bestimmende Wirklichkeit zunächst die Gattung (das genus proximum) und dann die spezifische Verschiedenheit innerhalb dieser Gattung (die differentia specifica) angibt.

Das entscheidende Moment, durch das etwas als etwas bestimmbar und erfassbar wird, ist also sein Verschiedensein von anderem, ist die *diaphorá*, die differentia, die Verschiedenheit. Derrida formuliert es (wenn auch mit anderem Erkenntnisinteresse als Platon und Aristoteles) so: „Jeder Begriff ist seinem Gesetz nach in eine Kette oder in ein System eingeschrieben, worin er durch das systematische Spiel von Differenzen auf den anderen, auf die anderen Begriffe verweist." (1976, S. 16)

Damit ist nun vor allem ein logisches bzw. wissenschaftliches Verfahren beschrieben, doch kann es durchaus auch auf das Verstehen von *Texten* angewendet werden, wie es etwa Schleiermacher in seiner Hermeneutik mit Begriffen wie dem „Gesetz der Differenzen" oder der „Erklärung aus Entgegengesetztem" unternommen hat (s. 1977, S. 143f.), wie es z. T. im Strukturalismus geschah (vgl. Horn 1978, S. 84–119). Überhaupt ist es ja nur eine bestimmte Ausprägung eines allgemeinen Prinzips, das unsere menschliche Wirklichkeit elementar bestimmt: des Prinzips der *Sprache* (vgl. Derrida 1985, S. 422), die in entscheidender Hinsicht eine Kombinatorik, ein System von Verschiedenheiten oder Differenzen ist. Das hat de Saussure entwickelt; ich vergegenwärtige kurz die bekannte Argumentation (auf die Saussure-Philologie muss ich für sie nicht eingehen).

Was ist Sprache? Für Saussure ein Verhältnis von Lauten und Vorstellungen, genauer: ein „in der lautlichen Materie organisiertes Denken" (1967, S. 132). Das Problem ist, *wie* da Vorstellungen oder Denken durch Laute „organisiert" sind: Vielleicht so, dass fertige Vorstellungen existieren, die sich dann in bestimmte Laute kleiden und so Sprache bilden? Doch ist unser Denken „seiner Natur nach chaotisch" (S. 134) und außerhalb der Sprache „nur eine gestaltlose und unbestimmte Masse": „Es gibt keine von vornherein feststehenden Vorstellungen" (S. 133). Oder so, dass die Laute als fest umrissene Größen bestehen, deren sich die Vorstellungen als Zeichen für sich bedienen? Doch: „Die lautliche Masse ist ebensowenig etwas fest Abgegrenztes und klar Bestimmtes" (S. 133). Insgesamt gilt: „es findet also weder eine Verstofflichung der Gedanken noch eine Vergeistigung der Laute statt" (S. 134). Keiner der Teile, aus denen Sprache besteht: Gedanken und Laute, ist an sich substanziell vorhanden. Sprache hat sozusagen keine eigene Substanz: *„die Sprache ist eine Form und nicht eine Substanz"* (S. 146).

Welche „Form" ist aber die Sprache? „Alles Vorausgehende läuft darauf hinaus, *daß es in der Sprache nur Verschiedenheiten* gibt" (S. 143). Das ist so zu verstehen: Welcher Laut mit welchem Gedanken verbunden und so Zeichen für ihn wird, ist, da weder durch den Laut noch durch den Gedanken substanziell bestimmt, beliebig (und wird allein durch gesellschaftliche Konventionen festgelegt). Bestimmt ist jeder Laut durch seine Verschiedenheit von anderen Lauten, jeder Gedanke durch seine Verschiedenheit von anderen Gedanken: „Ihr bestimmtestes Kennzeichen ist, daß sie etwas sind, was die andern nicht sind" (S. 139 f.). Hierdurch bilden sie aber ein – in Differenzreihen gegliedertes – „System [...], dessen Glieder sich alle gegenseitig bedingen" (S. 136), bilden in ihrer – obzwar beliebigen – Verbindung miteinander das „System" der Sprache: „Ein sprachliches System ist eine Reihe von Verschiedenheiten des Lautlichen, die verbunden sind mit einer Reihe von Verschiedenheiten der Vorstellungen" (S. 144).

So kann man sagen: Sprache ist eine Kombinatorik oder ein „Spiel der Differenzen" (Derrida 1986, S. 66–68), ein strukturell offenes „System von Differenzen" (Derrida 1976, S. 22), in dem jedes einzelne sprachliche Element nicht aus sich besteht und verstanden werden kann, sondern durch seine Differenzbeziehung zu den anderen sprachlichen Elementen (s. Frank 1985, S. 55–58). Ähnlich sah es schon Schleiermacher: „Die Sprache ist ein Unendliches, weil jedes Element auf eine besondere Weise bestimmbar ist durch die übrigen." (1977, S. 80) Ich gebe ein einfaches *Beispiel*:

Eine bestimmte Wortbedeutung, sagen wir die von 'verscheiden', besteht nicht isoliert aufgrund etwa phonetischer oder auch etymologischer Merkmale dieses Wortes, sondern aufgrund des bestimmten Ortes, den das Wort innerhalb des Wortfeldes 'aufhören zu leben' auf der bestimmten paradigmatischen Reihe einer allgemeinsprachlichen – nicht z. B. religiösen, militärischen, medizinischen – Wortfeld-schicht von euphemistischen ('entschlafen', 'den Geist aufgeben' ...) zu sachlich benennenden ('sterben', 'ableben' ...) bis zu krassesten ('abkratzen', 'verrecken' ...) Wörtern einnimmt. Seine Bedeutung ist bestimmt durch seine Differenz zu den nächsten, näheren und entfernteren Wörtern, die es nicht ist, die man aber kennen muss, wenn man es richtig gebrauchen bzw. verstehen will. Eine Sprache be-herrscht und versteht man nur dann wirklich – denn das ist ein wesentlicher Teil sprachlicher Kompetenz –, wenn man ihre Wörter in dieser Weise semantisch zuzu-ordnen vermag. Entsprechendes gilt für alle anderen Sprachformen und für die *li-terarische Kompetenz* in Bezug auf literarische Texte.

Der literarische Text ist eine *Kombinatorik*, ein offenes *System von Differenzen*. Er hat seinen literarischen Status, sagten wir in Abschn. 1.1, durch seine Differenzi-alität gegenüber Alltagstexten. Diese Differenzialität fasse ich jetzt genauer als *Au-ßendifferenz*. Sie wird vor allem formal realisiert durch ein offenes System von lite-rarischen Differenzen, von *Binnendifferenzen*. Dazu ein schlichtes Beispiel, der umarmende Reim:

> Georg Trakl: *Im Winter*[1]
>
> Der Acker leuchtet weiß und kalt.   a
> Der Himmel ist einsam und ungeheuer. b
> Dohlen kreisen über dem Weiher   b
> und Jäger steigen nieder vom Wald. a
>
> Ein Schweigen in schwarzen Wipfeln wohnt. a
> Ein Feurschein huscht aus den Hütten. b
> Bisweilen schellt sehr fern ein Schlitten b
> Und langsam steigt der graue Mond. a
>
> Ein Wild verblutet sanft am Rain a
> Und Raben plätschern in blutigen Gossen. b
> Das Rohr bebt gelb und aufgeschossen. b
> Frost, Rauch, ein Schritt im leeren Hain. a

Was dieser Reim, was der umarmende Reim (abba) im Unterschied (in der *Außen-differenz*) zu nicht reimenden Alltagstexten, aber auch zu reimlosen, etwa zu freien Versen, bedeutet, ist dadurch bestimmt, dass er einerseits kein Paarreim (aabb), kein Kreuzreim (abab), auch kein unterbrochener Reim (xaxa) und schon gar kein Reihenreim (aaaa), dass er andererseits aber auch kein Schweifreim (aabccb) oder sogar Terzinenreim (aba bcb ...) usw. ist. Seine Bedeutung ist bestimmt durch die *Binnendifferenz* zu den Reimstellungen, die er nicht ist. Wer aus einer Kultur kä-me, in der es überhaupt keinen Reim gibt, könnte den umarmenden Reim nur als ein merkwürdiges Lautgebilde zur Kenntnis nehmen. Literarisch kompetent *ver-stehen* kann ihn nur, wer ihn – und sei es auch nur ansatzweise – der literarischen Formreihe, d. h. dem System von Binnendifferenzen, dem er zugehört, also den nächsten, näheren, entfernteren und entferntesten Reimstellungen, die er nicht ist, zuordnen kann. Produktionsästhetisch gesprochen: Die *Produziertheit* dieses

Gedichts mit umarmendem Reim versteht, wer auffasst, dass der Autor aus vielen möglichen Reimstellungen eben diese *gewählt* hat, um seine bestimmten lyrischen Absichten zu realisieren; hätte er andere gehabt, hätte er eine andere Reimstellung gewählt: hätte er den Text anders produziert (dazu noch in Abschn. 2.1.3).

Das gilt für den Gesamtbereich der literarischen Merkmale, Formen, Strukturen. Es gilt etwa für lyrische Klang-, Reim-, Metrum-, Vers-, Bild-, Satz-, Strophenformen (im Einzelnen aufgewiesen in Waldmann 1998); für Erzählsituationen und -perspektiven, Figuren-, Raum-, Zeitstrukturen, Rede- und Dialogformen des Erzählens; für Handlungs-, Raum-, Zeitformen, Figurenkonzeptionen und -konstellationen, Dialog- und Monologformen des Dramas usw. Und es gilt nicht nur für die jeweilig verwendeten (synchronen), sondern ebenso für die in der Vergangenheit verwendeten und die literarische Entwicklung bestimmenden (diachronen) Merkmale, Formen, Strukturen der Literatur.

Das meint: Ein literarischer Text hat seine Bedeutung nicht allein aus sich oder durch sich, ist nicht so einfach mit sich identisch. In jedem literarischen Text sind viele andere literarische Texte der Vergangenheit und der Gegenwart enthalten: *Positiv* und gleichsam 'außertextuell' (das habe ich im vorigen Abschnitt dargestellt), weil sein Autor ihre Merkmale, Formen, Strukturen gewählt und verwendet oder weiterentwickelt oder verändert oder parodiert oder umgedreht und ins Gegenteil verkehrt hat und sein Text so mit ihnen 'verwandt' ist. *Negativ*, gleichsam 'innertextuell', und darum geht es hier, weil sein Autor sehr viele literarische Merkmale, Formen, Strukturen *nicht* gewählt und verwendet hat, diejenigen, die er gewählt und verwendet hat, aber durch ihre Differenz zu den 'benachbarten' nicht gewählten bestimmt und verstehbar sind: „Der Text realisiert bestimmte Entscheidungen, schließt andere aus und verweist damit zugleich auf jene Möglichkeiten, die auch hätten zur Darstellung kommen können. Der Text ist immer auch Intertext." (Fohrmann 1990, S. 583)

Jeder literarische Text ist aufgrund seiner Produziertheit positiv und negativ *intertextuell*. Einen literarischen Text zu *verstehen*, bedeutet immer auch, ihn positiv und negativ, 'außer-' und 'innertextuell' in seiner Gewähltheit und Produziertheit und damit in seiner Intertextualität zu verstehen: literarisches Verstehen ist *intertextuelles Verstehen*. Wie geschieht es aber? Zunächst dadurch, dass der literarische Text *gelesen* wird, denn seine Intertextualität existiert konkret nur rezeptionell, also wenn sie vom *Leser* vollzogen wird (s. u. Abschn. 1.6; vgl. Holthuis 1993). Dem wende ich mich jetzt zu.

1.4 Der literarische Leser 1: Überlegungen zum Lesen
(s. Phasenmodell 2.1.1 u. Katalog 4.1.1)

Lesen entnimmt, wird gesagt, einem Text Informationen. Aber wie? Wohl nicht so, wie man einem Regal ein Buch entnimmt, und auch nicht so, dass die im Text steckenden Informationen aus Anlass des Lesens auf den Leser herüberwandern. Die Informationsentnahme geschieht im Medium der Sprache, die man aufnimmt.

Aber nicht so, wie ein Kassettenrekorder sie 'aufnimmt', sondern indem man sie versteht, und das nicht nur akustisch, sondern ihrem Sinn nach: Lesen ist *sinnverstehendes Lesen*. Doch was bedeutet das? Die kognitive Leseforschung hat aufgewiesen, dass Lesen ein unablässiger „Prozeß der Sinnproduktion" (Gross 1994, S. 15) durch den Leser ist. Nehmen wir einige (ohne besondere Versuchsanordnung beobachtbare) Leseprozesse.

Voraussetzung für sinnverstehendes Lesen ist, dass ich zunächst die Wörter verstehe: Ein *Wort* kann aber vielfache Bedeutungen haben; ich muss u. a. (aus den virtuellen paradigmatischen Beziehungen des Wortes zu anderen, an Stelle seiner gegebenenfalls auch möglichen Wörtern; s. o. Abschn. 3.1) seine bestimmte Bedeutung als Wort, ich muss u. a. (aus der aktuellen syntagmatischen Beziehung der einzelnen Worte zu einander – man erinnere sich an die ersten Übersetzungsversuche aus einer Fremdsprache, vor allem dem Lateinischen –) seine Bedeutung im Zusammenhang der Worte, nämlich im *Satz* erschließen. Das Wort trägt noch nicht ohne weiteres seinen Sinn, aber auch der Satz nicht: Man denke daran, dass einem bei der genannten Übersetzung ein richtig übersetzter Satz oder in einer nicht sehr geläufigen Fremdsprache die Schlagzeilen von Zeitungen, deren Wörter und Syntax man völlig erkannt hat, dem Sinn nach dennoch ganz schleierhaft bleiben können. Hier liefert den Sinn z. T. der Zusammenhang des gesamten *Textes*, aber auch das nicht ohne weiteres: Es gibt – informative wie literarische – Texte, deren Wörter, Sätze wie Textzusammenhänge man richtig auffasst und deren Sinn man doch nicht versteht, weil er in ungeläufiger Rede- und Argumentationsweise, von nicht bekannten Sachvoraussetzungen aus, mit fremdartigen Einstellungen und unvertrauten Norm- und Wertvorstellungen, aus einem anderen Weltbild heraus spricht; Texte müssen ja „nicht notwendig der gleichen Welt, d. h. dem gleichen geschichtlichen Orientierungsrahmen zugehören, in dem der *Leser* seine Bildung erfahren hat." (Frank 1990, S. 200)

Sinnverstehen ist nicht einfach Sinnübernahme, denn *Sinn* ist nicht etwas, das im Text enthalten ist, das sozusagen an den Wörtern und Sätzen und Textteilen haftet und das automatisch und mechanisch mit ihnen übernommen wird. Im Text 'ist' nicht einfach Sinn, sondern – mit einer Formulierung von Manfred Frank – er „steht zur Disposition" (1990, S. 140, 202), nämlich für den, der ihn setzt: Sinn ist generell keine Eigenschaft der Dinge (ein Baum, ein Berg, eine Blume hat keinen 'Sinn'), sondern etwas, das es nur für den Menschen – und dann auch in Bezug auf Dinge – gibt: „Sinn ist ein Existenzial des [menschlichen] Daseins, nicht eine Eigenschaft, die am Seienden haftet" (Heidegger 1927, S. 151). Im Bereich des Lesens ist Sinn analog keine Eigenschaft des Textes, sondern ein Geschehen zwischen Leser und Text: ein Geschehen textueller Sinnsetzung oder Sinnzuschreibung durch den Leser innerhalb eines übergreifenden *Sinnsystems*, das den Lesenden bestimmt.

Wer lebt, lebt nicht als weltlose Monade, sondern eingelassen in bestimmte natürliche, sprachliche, kulturelle, gesellschaftliche, ökonomische Lebenszusammenhänge. Das Gesamt dieser Lebenszusammenhänge liefert dem Einzelnen die Wahrnehmungs-, Vorstellungs-, Deutungs- und Wertungsmuster, mit denen er seine Situationen interpretieren kann, liefert ihm so das _Sinnsystem,_ mit dem er sich seine Lebenswelt auffassbar, verfügbar: verstehbar macht. Etwas zu verstehen, einen Text zu verstehen, den jemand liest, bedeutet stets, das Gelesene auf sein Sinnsystem zu beziehen, genauer: sein Sinnsystem zu aktivieren, zu aktualisieren, und das zu Verstehende aktiv und konstruktiv mit ihm in Beziehung zu setzen, ihm so Sinn zu geben – es zu verstehen: „Textverständnis als Sinnkonstruktion" (Groeben 1982, S. 16). Doch ist das noch etwas genauer zu fassen.

Das System von Sinnzuordnungen, das jemand aufweist, ist entscheidend geprägt durch die geschichtlichen Bedingungen, unter denen er lebt, und durch die Wahrnehmungs-, Urteils-, Verhaltens- und Rollenmuster, die Normen und Werte, die kulturellen, politischen, sozialen und ökonomischen Verhältnisse der Gesellschaft, in der er lebt; sein Sinnsystem ist entscheidend geschichtlich und gesellschaftlich geprägt. Aber es ist nicht ausschließlich so geprägt. Wäre das der Fall, hätte er keine eigene Identität mehr. Jeder entwickelt innerhalb des gegebenen geschichtlich-gesellschaftlichen Sinnrahmens sein eigenes Sinnsystem, muss es entwickeln als die eigentliche Ausprägung seiner geistigen Individualität. Und hier kommt es entscheidend darauf an, dass der Einzelne zwar die Rollen, Muster, Normen und Werte seiner Gesellschaft lernt, sich aber eben nicht total an sie anpasst, sondern ihnen gegenüber Bewusstsein erringt und sich aktiv individuelle Modalitäten, Zuordnungen und Strukturierungen schafft. Diese Fähigkeit, sich zu vorgegebenen Sinnsystemen aktiv zu verhalten, sich produktiv Modifikationen und Alternativen vorzustellen und zu entwerfen, ist eine Fähigkeit der _Fantasie_ bzw., wenn sie sich zu den gesellschaftlichen Bedingungen des Einzelnen verhält, die Fähigkeit _sozialer Fantasie._ Sie ist eine wichtige Bedingung des Lesens (s. auch Abschn. 1.4).

Gelesenes ist, wie gesagt, nur dann verstanden, wenn der Lesende an dem, was er liest, sein Sinnsystem aktualisiert und das Gelesene aktiv in es einordnet. Diese Sinnaktualisierung und Einordnung ist dann ein individuelles Handeln, anders gesagt: Lesen ist dann erst _eigenes Lesen,_ wenn auf das Gelesene nicht nur normkonform und bewusstlos die einsozialisierten Muster und Normen angewendet werden (was zu sehr selektivem, bloß _affirmativem Lesen_ führt: man nimmt überhaupt nur das auf, was einen in seinen gelernten Einstellungen und Verhaltensmustern bestätigt), sondern wenn mit individueller und sozialer Fantasie eigene Einschätzungen und Zuordnungen der Muster und Normen des Gelesenen vorgenommen werden.

Wenn Schüler lesen lernen sollen, kann es mithin nie nur darum gehen, dass die mechanischen Leseprozesse geübt und dass sichergestellt wird, dass die Leseinhalte richtig, also text- und normkonform aufgefasst werden. Und wenn ein literarischer Text von Schülern gelesen wird, kann nicht dies die Hauptsache sein, dass der Text textgerecht rezipiert wird. Immer sind auch die eigenen Aktualisierungen der Sinnsysteme der Schüler zu üben und bewusst zu machen und ist individuelle wie auch soziale Fantasie bei diesen Aktualisierungen zu entbinden und einzuüben, – wobei der literarische Text eigentlich ja auch darauf angelegt ist. Darüber handelt der nächste Abschnitt.

1.5 Der literarische Leser 2: Rezeptionsästhetische Überlegungen
(s. Phasenmodell 2.1.2 u. Katalog 4.1.2)

Dass Lesen im eben dargestellten Sinn ein aktives Tun des Lesenden ist, gilt für alle Texte, für Gebrauchstexte wie für literarische Texte, nur spezifiziert und intensiviert es sich bei literarischen Texten; das wurde von Ingarden schon 1931, wurde dann von der Rezeptionsästhetik (Jauß, Iser u. a.) und wird gegenwärtig vehement vom Radikalen Konstruktivismus und von der Empirischen Theorie der Literatur, wie sie vor allem Siegfried J. Schmidt repräsentiert, vertreten. Es gilt zunächst (im Sinne des in Abschn. 1.1 Ausgeführten) für das Lesen sprachlich überstrukturierter und von Alltagstexten verschiedener literarischer Texte: „Ein wesentliches Moment des literarischen Lesens ist das Verlangsamen und Bewußtmachen eben jener kognitiven Sinnkonstitution, die beim nicht-literarischen Lesen automatisch und ökonomisch abläuft. [...] Literarische Texte machen die Mehrdeutigkeit zum Programm und sperren sich gegen die Ökonomie des Lesens." (Gross 1994, S. 2; s. 25–43) Sodann spielt die Autoreferenzialität literarischer Texte eine entscheidende Rolle.

Ein literarischer Text, sagten wir (in Abschn. 1.1), ist selbstreferierend. Er referiert nicht auf eine bestehende Wirklichkeit, sondern entwirft seine Wirklichkeit selbst, und zwar als durchaus realitätsanaloge Wirklichkeit. Seine Personen, Handlungen, Räume, Vorgänge sollen möglichst wie wirkliche Personen, Handlungen, Räume, Vorgänge erscheinen: Seine Personen soll man richtig vor sich sehen, soll sich mit ihnen identifizieren, ihre Perspektive einnehmen, ihre Gefühle mitfühlen und ihre Handlungen miterleben, seine Räume mehr oder weniger deutlich erblicken, seine äußeren und inneren Vorgänge möglichst lebhaft und emotional beteiligt mitvollziehen.

Reale Personen, Handlungen, Räume, Vorgänge sind aber durch unendlich viele einzelne Merkmale bestimmt; literarische Personen, Handlungen, Räume, Vorgänge i. a. nur durch einige wenige, das Äußere von Personen etwa oft nur durch ein halbes Dutzend oder noch weniger. Literarische Wirklichkeiten haben daher unendlich viele unbestimmte Merkmale, haben unendlich viele Unbestimmtheitsstellen, – anders als reale Wirklichkeiten: „Im Wesen eines jeden realen Gegenstandes liegt [...]: Er weist in seinem Sosein keine Unbestimmtheitsstelle auf." (Ingarden 1965, S. 261) Und da literarische Wirklichkeiten nicht auf reale Wirklichkeiten referieren und deshalb auch nicht (wie Gebrauchstexte) bei ihren Unbestimmtheitsstellen auf die Bestimmtheiten der realen Wirklichkeiten verweisen können, andererseits aber realitätsanaloge Wirklichkeiten entwerfen, sind sie strukturell anders als Gebrauchstexte: sie bieten nur „schematisierte Ansichten" (Ingarden 1965, S. 229–307), weisen „Leerstellen" auf (Iser s. u.), sind durch „Unbestimmtheit" (Ingarden), „Ambiguität" (Eco 1972, S. 146f.), „Polyfunktionalität"

(S. J. Schmidt 1971) usw. geprägt. Sie sind daher darauf angewiesen, dass ihre *Leser* die schematischen, unbestimmten, ambigen, polyfunktionalen usw. Anzeigen und Entwürfe von Wirklichkeiten, die sie bieten, imaginativ als bestimmte, eindeutige: als konkrete Wirklichkeiten realisieren.

Der literarische Text ist, wie er ist, weil er so von seinem *Autor* produziert ist, produziert in der Weise, dass er literarisch konkret erst in der jeweiligen Realisation seiner Entwürfe durch den *Leser* wird. Der Leser ist *Koproduzent* des literarischen Textes. Für Sartre

> ist jedes literarisches Werk ein Appell. Schreiben heißt: einen Appell an den Leser richten, er möge der Enthüllung, die ich durch das Mittel der Sprache vorgenommen habe, zu objektiver Existenz verhelfen. [–] Die vereinte Anstrengung des Autors und des Lesers läßt das konkrete und imaginäre Objekt erstehen, das das Werk des Geistes ist. [–] Mit einem Wort: Lesen ist gelenktes Schaffen. (o. J., S. 41, 38, 40)

Wie geschieht dieses Koproduzieren des literarischen Lesers? Nicht so sehr durch das 'Ausfüllen' von „Leerstellen", ein Begriff, der zwar viel gebraucht, aber wenig geeignet ist, das zu bezeichnen, worum es hier insgesamt geht. Denn literarische Personen, Handlungen, Räume, Vorgänge sind nicht stellenweise „leer", sondern undifferenziert und ungenau bestimmt, un- und unterbestimmt. Iser meint mit „Leerstellen" auch gar nicht eine Un- oder Unterbestimmtheit von Personen, Handlungen, Räumen, Vorgängen, sondern zielt allein auf die vom Leser zu leistenden Anschließungen zwischen 'fertigen' Figuren und vor allem – teilweise umfangreichsten – Handlungssträngen und -folgen (Iser 1976, S. 280–355). Sicherlich spielt auch das beim Lesen eine Rolle, wichtiger ist in unserem Zusammenhang aber anderes.

Es ist ein erheblicher Unterschied, ob ich eine Figur, eine Handlung, einen Raum oder Vorgang *wahrnehme* – etwa auf dem Theater oder im Film oder Fernsehen, oder ob ich sie mir beim Lesen eines Romans *vorstelle*. In dem einen Falle ist mir die jeweilige Wirklichkeit mit allen ihren Merkmalen gleichzeitig gegeben, sodass ich sie nur aufzufassen brauche. Im anderen Falle ist sie mir nur mit wenigen Merkmalen gegeben, und ich muss sie mir als Ganze in meiner Fantasie ausmalen. Dieses imaginative Vorstellungsbild ist im Gegensatz zum Wahrnehmungsbild oft unscharf, schwankend, fluktuierend und oszillierend und besteht natürlich nicht darin, dass es alle Merkmale seines Gegenstandes gleichsam einzeln aufzählt. Doch es ist immer ein sinnlich konkretes Vorstellungsbild, das bestimmte Merkmale ausdrücklich oder unausdrücklich ein- und vor allem andere Merkmale ausdrücklich oder unausdrücklich ausschließt – wie das Traum- oder Tagtraumbild.

Der Leser, der einen Text liest, schafft Fantasiewirklichkeiten, und das maßgeblich dadurch, dass er seine eigenen Erlebnisse, Erfahrungen, Vorstellungen, Bedürfnisse, Ideale, Wünsche, Sehnsüchte und Träume: dass er sich gleichsam 'autobiografisch' mit seinem speziellen „Lebensroman" (Scheffer 1992) in die Textvorlage einbringt. Das macht ja auch verständlich, warum etwa ein Roman einen Leser so zu fesseln, warum der Leser sich mit seinen Figuren so völlig zu identifizieren vermag,

denn in dem Roman erlebt er ja immer auch imaginativ seinen eigenen Lebensent-
wurf: seine Einstellungen, Interessen, Wünsche und Sehnsüchte, mit denen er sich
selbst in ihn eingebracht hat. Die fantasiegetragene Konkretisation des Textes ist
wie jedes Lesen (s. o. Abschn. 1.4) *Sinnaktualisierung*, sie bringt an den Text die eigene Sinnerwartung und das eigene aktualisierte Sinnsystem des Lesenden heran
und realisiert mit dem konkretisierten Text immer auch das eigene Sinnsystem des
Lesers.

Diese Fantasierealisationen sind zwar faktisch unendlich, weil der literarische Text
unendlich viele Möglichkeiten seiner Konkretisation bietet (vgl. Halász 1993,
S. 212–215), sie sind aber nicht beliebig, sie sind nicht in die Willkür des einzelnen
Lesers gegeben, sondern sie geschehen innerhalb des durch den *Text* vorgegebenen
Rahmens. Der literarische Text stellt ein rezeptionelles Bezugssystem dar, das die
Fantasievorgänge des Lesers leitet. Die Fantasie des Lesers, wenn dieser wirklich
den Text liest (und ihn nicht nur als Tagtraumanlass benutzt), entfaltet sich innerhalb und gemäß der vom Text vorgegebenen Inhalte und Strukturen, hier aber in jeweils individueller Art.

Stets ist so beim literarischen Lesen die sinnliche Vorstellungsbilder entwerfende
Fantasie tätig und damit eine individuell wie gesellschaftlich besonders wichtige
Kraft: Wenn nämlich Fantasie nicht mehr als Wirrwarr ungeordneter und beliebiger
Vorstellungstätigkeiten aufgefasst wird (wozu sie im heutigen Verständnis oft
heruntergekommen ist), sondern mit Freud als derjenige psychische Mechanismus
begriffen wird, der u. a. der vorstellungsmäßigen Verarbeitung von Problem- und
Bedürfnissituationen des Einzelnen dient (Freud 1969, S. 173–175), dann schließt
fantasiebezogenes Lesen den Umgang mit literarischen Texten direkt an die subjektive Befindlichkeit der Leser, für die Schule: der Schüler, an und hat eine wichtige
Funktion für die Selbst- und Identitätsfindung des einzelnen Schülers.

Und man darf noch weitergehen und sagen, dass die Fantasie überhaupt eine elementare Kraft ist, die entscheidend dazu beiträgt, dass der Mensch sich nicht nur
als Individuum erlebt, sondern dass er auch über die Grenzen reiner Rationalität
hinaus seine Welt emotional und imaginativ erfährt und sich durch sie als geschicht-
liches und gesellschaftliches Wesen entwerfen kann. Nach Gehlen ist die Fantasie
„das elementare Sozialorgan" (1978, S. 319), das das biologische Mängelwesen
Mensch in die Lage gesetzt hat, sich gegenüber seiner Umwelt zu behaupten, sich
nämlich handelnd und lernend als Gesellschafts- und Kulturwesen zu entwerfen
und so geschichtlich zu entwickeln (insbes. S. 316–326). Fantasie, „utopische Fantasie" (S. 226), wie Bloch sie eindringlich beschrieben hat, ist die Fähigkeit, reale
Hoffnungsinhalte zu entwerfen, wünschbares Zukünftiges vorzustellen, individuell wie gesellschaftlich Mögliches zu antizipieren (Bloch 1959, insbes. S. 86–258).

Fantasie, so verstanden, hat einen hohen individuellen und gesellschaftlichen Eigenwert; und ein Unterricht, der ihr Raum zur Entfaltung gibt, hat allein darin
schon eine wichtige individuelle, aber auch gesellschaftliche Funktion, denn diese
Fantasie ist immer auch soziale Fantasie. Anders als meist in der Rezeptions-

ästhetik und insbesondere bei Iser, für den der Lesevorgang ganz zwischen dem Text und dem isolierten subjektiven Leser spielt und der Leser so ausschließlich als welt- und geschichtsloses „lesendes Subjekt" (s. Iser 1976, S. 245–256) gefasst ist, muss der Leser, etwa der lesende Schüler, als Subjekt, aber auch eingelassen in und bezogen auf kulturelle, geschichtliche und gesellschaftliche Zusammenhänge verstanden werden.

1.6 Der literarische Leser 3: Überlegungen zur literarischen Erfahrung
(s. Phasenmodell 2.1.4 u. Katalog 4.1.4)

Im vorhergehenden Abschnitt ist mit Argumentationen der Rezeptionsästhetik und vom Begriff der Fantasie aus dargelegt worden, inwiefern das Lesen eines literarischen Textes seine aktive und produktive Realisation durch den Leser bedeutet. Das betrifft so allerdings vorwiegend die *inhaltliche* Seite eines literarischen Textes. Zu ihr kommt eine *formale*, auf der (in Abschn. 1.3 dargestellten) Differenzialität und Intertextualität eines literarischen Textes beruhende Seite hinzu.

Ein literarischer Text hat seinen literarischen Status durch seine *Außendifferenz* zu Alltagstexten. Als literarischer Text gegeben ist für den Leser aber immer nur das einzelne Gedicht, die jeweilige Erzählung, der bestimmte Roman, das besondere Drama und sind mit ihnen nicht gleichzeitig auch die Alltagstexte, von denen sie verschieden sind. Die Differenz zu ihnen erscheint nicht am literarischen Text, sie muss jeweils vom Leser gesehen und – individuell – vollzogen werden, – wenn er den Text nicht als Alltagstext, den Roman etwa als Bericht über wirkliches Geschehen lesen will.

Ein literarischer Text realisiert seine Außendifferenz zu Alltagstexten als ein offenes System von *Binnendifferenzen* bzw. durch *innertextuelle Intertextualität*: Die Bedeutung der einzelnen literarischen Merkmale ist bestimmt und sie sind verstehbar durch die jeweils 'benachbarten' Merkmale, die sie nicht sind: Was es bedeutet, um dies schlichte Detail noch einmal aufzugreifen, dass das oben zitierte Gedicht Trakls ein Gedicht mit umarmendem Reim ist, ist dadurch bestimmt und verstehbar, dass es keinen Reihen-, Paar-, Kreuz-, unterbrochenen, keinen Schweif- oder Terzinenreim hat. Im literarischen Text gegeben erscheint für den Leser aber immer nur ein bestimmtes literarisches Merkmal, im lyrischen Text beispielsweise eine bestimmte Klang- oder Reim- oder Metrum- oder Vers- oder Bild- oder Satzform; es erscheinen mit ihr nicht gleichzeitig auch alle anderen 'benachbarten' Klang-, Reim-, Metrum-, Vers-, Bild-, Satzformen, die die bestimmte lyrische Form nicht ist, durch die Differenz zu welchen sie aber erst in ihrer Bedeutung bestimmt und verstehbar ist. Sie erscheinen nicht am literarischen Text, sie müssen jeweils vom *Leser* gesehen und – individuell – vollzogen werden, – wenn er die Klangform nicht als zufälliges Wortgeklingel, die Reimform nicht als komisches Lautecho, das Metrum nicht als seltsame Betonungshäufung, die Versform nicht als Papierverschwendung, die Bildform nicht als abartigen Wortgebrauch, die Satzform nicht als mutwillige Verständniserschwerung lesen soll.

Was meint es aber, dass der Leser die Außen- und Binnendifferenzen eines literarischen Textes „vollzieht"? Es meint weniger, dass er sie alle kennt und benennen kann. Es meint zunächst weit schlichter, dass er, weil er in derselben Kultur- und Literaturtradition lebt, aus der der Text stammt, über einen größeren oder kleineren Fundus an kulturellen und literarischen *Erfahrungen* verfügt, also irgendeinen *literarischen Erfahrungshorizont* besitzt, in den er den gelesenen Text hineinstellen und einordnen kann, – und ihm nicht gegenübersteht wie dem Gilgamesch-Epos, dem I Ging, den Upanishaden oder sonst einem Text aus einer völlig fremden fernen Kultur.

Und das bedeutet, dass er über einen mehr oder weniger großen Fundus an *Differenzerfahrungen* verfügt: an Außendifferenzerfahrungen, mit denen er einen Text als literarischen (z. B. ein Gedicht als lyrischen Text) identifizieren kann, an Binnendifferenzerfahrungen, mit denen er die literarische Gestalt des Textes (etwa Vers-, Reim- und Strophenform eines Gedichts) als solche auffassen kann. Bei üblichem Lesen und Verstehen von Literatur geht es mithin weniger um ein Wissen über Literatur und Kenntnisse von ihr als um Erfahrung mit ihr: um *literarische Erfahrung*. Die Bedeutung literarischer bzw. ästhetischer Erfahrung für das Verstehen von Literatur wurde seit einiger Zeit gesehen (Jauß 1982) und mehrfach ausgeführt (s. etwa Oelmüller 1981, Schödlbauer 1982; für eine knappe philosophische Bestimmung des Begriffs der Erfahrung s. Waldmann 1987, S. 40 – 42).

Das jetzt Ausgeführte betrifft vor allem die *formale* Realisation eines literarischen Textes (bzw. seiner formalen Differenzialität) durch den Leser. Aber auch seine *inhaltliche* Realisation (bzw. die seiner inhaltlichen Differenzialität) durch den Leser, die im vorhergehenden Abschnitt dargestellt wurde, ist wesentlich durch Erfahrungen bestimmt. Wie ein Leser einen literarischen Text 'autobiografisch' wahrnimmt und im Sinne seines „Lebensromans" imaginativ konkretisiert (Scheffer 1992), erfolgt aufgrund der Prägungen, der Interessen und Bedürfnisse, der Einstellungen und insbesondere der Lebenserfahrungen, die der Leser an den Text heranbringt und mit denen er sich in den Text einbringt.

Dabei läuft ein vielfältiges Geschehen ab, das in entscheidender Hinsicht ein Erfahrungsgeschehen ist. Eine wesentliche Attraktion des literarischen Textes (und nicht nur des fiktionalen) ist, dass er für seinen Leser eine Art „Simulationsraum" bildet, in dem dieser „die Grenzen seiner praktischen Erfahrungen und Routinen überschreitet, ohne ein wirkliches Risiko dabei einzugehen." (Wellershoff 1969, S. 22) In einem literarischen Probehandeln kann er in einer literarischen Möglichkeitswelt ohne Furcht vor Folgen und Sanktionen seinen Erfahrungsspielraum erweitern, über seinen bisherigen Erfahrungsbereich hinausgehen und neue, alternative, ihm in seinem Leben vielleicht für immer verschlossene individuelle und gesellschaftliche Erfahrungen machen.

Diese neuen Erfahrungen macht ein Leser mit einem literarischen Text i. a. innerhalb seines bestehenden individuellen und gesellschaftlichen Erfahrungshorizontes, den er aktiviert, erweitert, ergänzt, bereichert oder auch verändert. Aber er macht sie nicht zwangsläufig und automatisch, dann etwa nicht oder nur partiell, wenn ein Text mit seinen Inhalten quer zu den eigenen Einstellungen, Erfahrungen und Lebensentwürfen steht und er sich ihm mehr oder weniger verweigert. Dann kann dies allerdings die Erfahrung sein, die er mit dem Text macht. Es kann aber auch sein, dass beispielsweise ein trivialliterarischer Text: ein Krimi, ein Western, ein Frauen- und Liebes-, ein Science Fiction-Roman, sich völlig mit seinen individuellen und gesellschaftlichen Einstellungen und Erfahrungen deckt und sie nachhaltig bestätigt (so nach der ganzen Absicht seiner Produzenten auch wirken soll), dann macht er zwar keine neuen Erfahrungen mit dem Text, ist aber eben diese befriedigende und beruhigende Konformität seine Erfahrung mit sich und dem Text.

In jedem Fall ist wie die formale so auch die inhaltliche Realisation eines literarischen Textes entscheidend durch Erfahrungen bestimmt; sie vor allem entscheiden darüber, dass und wie der Leser den Text *versteht*.

1.7 Zum Verstehen literarischer Texte: Modellskizze einer literarischen Hermeneutik

Alle vorstehenden Abschnitte handeln ihren entscheidenden Vorgängen nach vom 'Verstehen'; es geht in diesem 1. Kapitel um das *Verstehen literarischer Texte*. Der übliche Begriff für eine Lehre oder Wissenschaft des Verstehens ist der der '*Hermeneutik*'. Hermeneutiken gab es zunächst als Anweisung zur Auslegung von Gesetzestexten und als Anleitung zur Auslegung heiliger Schriften (im Christentum beispielsweise zur Auslegung der biblischen Schriften auf einen vierfachen, einen wörtlich-buchstäblichen, einen allegorischen, einen moralischen, einen anagogisch-endzeitlichen Schriftsinn hin). Gemeinsam war diesen Hermeneutiken, dass ihnen der Text als unveränderlicher und unantastbarer bzw. heiliger Text gegeben war; sie vermittelten die Methoden, ihn kunstgerecht in seinem 'eigentlichen' Textsinn auszudeuten und auszulegen: 'Verstehen' bedeutete Exegese, Auslegung.

Bei diesen Texten handelte es sich nicht um poetische oder literarische Texte, doch wenn dieses Modell von Hermeneutik auf sie übertragen wird und sie dann als gegebene und unantastbare hehre Dichtung genommen und 'gedeutet' werden, kommt ein 'Verstehen' im emphatischen Sinne mit pseudoreligiösem Anspruch und Gehabe zustande, wie es etwa Emil Staiger als „Kunst der Interpretation“ vertreten hat. Doch gibt es andere Modelle der Hermeneutik, und inzwischen widmet sich ihr eine ganze philosophische Disziplin, die philosophische Hermeneutik (s. etwa Grondin 1991). Ihr geht es allerdings meist um die allgemeinen erkenntnistheoretischen und ontologischen Möglichkeiten und Bedingungen des Verstehens, was dann für das konkrete Verstehen literarischer Texte oft wenig Belang hat.

Doch gibt es auch philosophische Hermeneutiken, die sich auf literarisches Verstehen beziehen. Um Orientierungen für eine eigene literarische Hermeneutik zu gewinnen, möchte ich zwei von ihnen, die für das Verstehen von Literatur besonders folgenreich wurden, die Diltheys und Gadamers, etwas genauer betrachten. Dazu eine kurze methodische Vorbemerkung: Es geht beim literarischen Verstehen um das Verhältnis eines *Lesers* zu einem *Text*, etwas formalisierter als Erkenntnisvorgang, der Verstehen ja ist, gefasst: um das Verhältnis eines verstehenden (lesenden) *Subjekts* zu einem zu verstehenden (literarischen) *Objekt*. Und es kommt wie bei allem Erkennen darauf an, die subjektive wie die objektive Seite des Verstehensvorgangs gleichermaßen zur Geltung kommen zu lassen. Unter diesem Aspekt betrachte ich zunächst die Hermeneutik *Wilhelm Diltheys*.

Was die allgemeinen Erkenntnisbedingungen betrifft, versetzt Dilthey denjenigen, der mit Literatur umgeht, in die angenehme Lage, mit einem Erkenntnisgegenstand zu tun zu haben, den er leicht und sicher verstehen kann: Dem Naturwissenschaftler ist die Natur bloß mittelbar als etwas ihm Fremdes, ihn Übersteigendes gegeben – sie ist „dem auffassenden Subjekt transzendent" –, das er sich mühsam mit begrifflichen „Hilfskonstruktionen" erklärbar machen muss (1965, S. 90). Dem Geisteswissenschaftler dagegen ist sein vom menschlichen Geist geschaffener Gegenstandsbereich unmittelbar verstehbar gegeben, denn „was der Geist geschaffen hat, versteht er" (1965, S. 148). So ist die Naturwissenschaft eine unsichere, auf ‚subjektive' Begrifflichkeiten angewiesene, sind die Geisteswissenschaften, die Dilthey so begründet, eine sichere und ‚objektive', durch unmittelbare Gegebenheit ihres Gegenstandes bestimmte Wissenschaft, – eine erstaunliche, von Geisteswissenschaftlern aber ganz gern gehörte Argumentation.

Dabei ist die ‚geistige' Art etwa der Literatur aber keine nur menschliche oder gar subjektive Eigenschaft, sondern eine Art Manifestation oder Selbstoffenbarung des umfassenden metaphysischen Grundprinzips des *Lebens*; Dilthey war einer der Hauptvertreter der Lebensphilosophie. In seinem weit verbreiteten Werk „Das Erlebnis und die Dichtung" bestimmt er Literatur so: „Poesie ist Darstellung und Ausdruck des Lebens. Sie drückt das Erlebnis aus, und sie stellt die äußere Wirklichkeit des Lebens dar." (1970, S. 126) Das meint: In der Dichtung stellt der Dichter sein inneres Erleben dar („drückt" sein „Erlebnis aus"). Darin, im „Ausdruck" des dichterischen Er-lebens, ist nun aber gleichzeitig ‚das Leben' ausgedrückt, mehr noch: es selbst drückt sich aus, indem es sich im dichterisch dargestellten ‚Erlebnis' (als „äußerer Wirklichkeit des Lebens") manifestiert und offenbart.

Das ist ein ziemlich erhabener Vorgang von einigem metaphysischen und religiösen Belang, – für Gadamer „ist der pantheistische Hintergrund deutlich sichtbar" (1965, S. 60). Die Frage ist, wie der *Leser* an diese Dichtung herankommt, wie er sie *versteht*. Doch das ist im Prinzip ganz einfach. Nach Dilthey „verstehen wir [...] andere nur, indem wir unser erlebtes Leben hineintragen in jede Art von Ausdruck [...] fremden Lebens." (1965, S. 87) Das bedeutet für das Verstehen von Dichtung, dass der Leser „ein Sichhineinversetzen" in sie vornehmen muss:

> Dann wird jeder Vers eines Gedichtes durch den inneren Zusammenhang mit dem Erlebnis, von dem das Gedicht ausgeht, in Leben [d. h. in ein ‚Erlebnis' des Lesers] zurück verwandelt. [...] Auf der Grundlage dieses Hineinversetzens, dieser Transposition entsteht nun aber die höchste Art, in welcher Totalität des Seelenlebens im Verstehen wirksam ist [...:] Das lyrische Gedicht ermöglicht so in der Aufeinanderfolge seiner Verse das Nacherleben eines Erlebniszusammenhanges". (1965, S. 214)

So ist das erlebnismäßige Verstehen eines literarischen Textes ein Vorgang des „Seelenlebens", ein tief inneres Seelengeschehen, für das es allerdings, weil dies „Verstehen auf einer besonderen persönlichen Genialität beruht!" (ebd. S. 216). eine spezielle Begabung braucht.

Diltheys Modell des Verstehens und insbesondere des Erlebnisverstehens war sehr erfolgreich; noch in der nationalsozialistischen Literaturtheorie spielte es eine entscheidende Rolle (s. Waldmann 1976, S. 152f., 162–164). Es bietet dem, der es praktiziert, ja auch beträchtliche Attraktionen: einen pseudoreligiös überhöhten und gleichzeitig zu einem intensiven Seelengeschehen verinnerlichten Literaturumgang, der zwar schwierig und nicht jedem 'gegeben' ist, aber das erhebende Elitebewusstsein persönlicher Genialität und kultureller (im Nationalsozialismus: rassistischer) Auserwähltheit erlaubt.

Nichts leistet es allerdings für das Verstehen des literarischen *Textes* selbst: Es desorientiert den Leser einerseits an einem pseudoreligiösen Absoluten (dem „Leben") und andererseits an einer erlebnishaften seelischen Innerlichkeit, zwischen denen der literarische Text selbst als im Grunde unerheblich durchfällt. Alles, was ihn als Text ausmacht: seine literarische Form, deren Rezeptionsweise, die Art seiner Produziertheit, deren literarische, gesellschaftliche, geschichtliche Bedingungen, spielt keine Rolle. Das Verstehen wird reduziert auf subjektive, religiös überhöhte innerliche Aneignung. Sie ist fraglos wichtig, denn es ist von großer Bedeutung, dass das lesende Subjekt auch innerlich, etwa erlebnismäßig, an der Aufnahme des zu verstehenden Objekts, des literarischen Textes, beteiligt ist. Das literarische Verstehen des Lesers aber allein auf sie zu beschränken, bedeutet, den – pseudoreligiös irrationalisierten – Umgang mit Literatur völlig zu subjektivieren. Jegliche methodische Vermittlung literarischen Verstehens von Texten im Unterricht ist auf dieser Basis unmöglich.

[handschriftliche Randnotiz: Kritik an Dilthey]

Eine in entscheidenden Punkten andere und gewissermaßen entgegengesetzte Position vertritt die nach wie vor und auch in der Literaturdidaktik (s. Bremerich-Vos 1996, S. 36–38) renommierte Hermeneutik *Hans-Georg Gadamers.* Ich wähle zum Einstieg ein spezielles und viel behandeltes hermeneutisches Problem, das des *hermeneutischen Zirkels,* wonach man das, was man verstehen will, in gewisser Weise immer schon verstanden haben muss. Gadamer beschreibt diesen Vorgang so:

> Wer einen Text verstehen will, vollzieht immer ein Entwerfen. Er wirft sich einen Sinn des Ganzen voraus, sobald sich ein erster Sinn im Text zeigt. Ein solcher zeigt sich wiederum nur, weil man den Text schon mit Erwartungen auf einen bestimmten Sinn hin liest. Im Ausarbeiten eines solchen Vorentwurfs, der freilich beständig von dem her revidiert wird, was sich bei weiterem Eindringen in den Sinn ergibt, besteht das Verstehen dessen, was dasteht. (1965, S. 251)

Das ist gut beschrieben, und es kommt jetzt darauf an, welches die „Erwartungen" oder „Vor-Meinungen" (S. 252) sind, mit denen jemand an einen Text herangeht. und wie er vor allem mit ihnen umgehen soll; denn: „Das Verstehen kommt nun aber erst in seine eigentliche Möglichkeit, wenn die Vormeinungen, die es einsetzt, nicht beliebige sind." (S. 252) Gadamers frappierende Lösung ist, dass, wer einen Text verstehen will, nicht irgendeine Vormeinung einsetzen soll, sondern die in ihm vorhandenen und ihn bestimmenden *Vorurteile*: „Vorurteile als Bedingungen des Verstehens" (S. 261–275). Denn seine Vorurteile sind ja in der Tat keine „beliebigen", sondern ihm gesellschaftlich und insbesondere geschichtlich eingeprägt; in ihnen äußert sich seine eigene Geschichtlichkeit: *„Darum sind die Vorurteile des einzelnen weit mehr als seine Urteile die geschichtliche Wirklichkeit seines Seins."* (S. 261)

Es geht also nicht um den Leser und seine „Urteile" in Bezug auf einen Text bzw. um sein Verhalten zu ihm, sondern um 'die Geschichte' und dass er in sie eingelassen und durch sie bestimmt ist: „In Wahrheit gehört die Geschichte nicht uns, sondern wir gehören ihr." (S. 261). 'Die Geschichte' und die Tradition sind die Autoritäten, die hier zur Geltung gebracht werden sollen. Gadamer formuliert es so: *„Das Verstehen ist selber nicht so sehr als eine Handlung der Subjektivität* [d. h. des verstehenden Lesers] *zu denken, sondern als Einrücken in ein Überlieferungsgeschehen"* (S. 274 f.). Verstehen ist also kein Handeln des verstehenden Lesers. Er ist es auch nicht, der sich um die elementar wichtige Unterscheidung zwischen den „*wahren* Vorurteilen, unter denen wir *verstehen*, von den *falschen*, unter denen wir *mißverstehen*" (S. 282), kümmern muss. Die Scheidung nimmt ihm 'die Geschichte' ab, indem sie durch zeitlichen Abstand den „wahren Sinn" einer Sache (etwa ihre Klassizität) herausfiltert (ebd.), – eine gründlich problematische Ansicht (s. Grondin 1991, S. 144–146). Doch ist Verstehen überhaupt kein Tun des Menschen, sondern ein im Menschen wirkendes Geschehen 'der Geschichte': Gadamer geht es darum, zu „zeigen daß Verstehen niemals ein subjektives Verhalten zu einem gegebenen 'Gegenstande' [ein Verhalten eines Lesers zu einem Text] ist, sondern zur Wirkungsgeschichte, und das heißt: zum Sein dessen gehört, was verstanden wird." (S. XVII) Im Verstehen 'entbirgt' sich das zu Verstehende selbst in sein Verständnis; oder so ähnlich.

Gadamer geht es insgesamt, wie er ausdrücklich sagt, darum, Heideggers in „Sein und Zeit" (1927, S. 142–153) dargestellten Verstehensentwurf auszuarbeiten (S. 245). Was seine eigene Hermeneutik daher unverkennbar prägt, ist Heideggers pseudoreligiöse 'seinsgeschichtliche' Lehre, die so irrational ist, dass sie ihren entscheidenden Vorgängen nach nur *geglaubt* werden kann. Das sagt Gadamer selbst: „Wir sind als Verstehende in ein Wahrheitsgeschehen [des sich geschichtlich entbergenden Seins: Wahrheit, *alétheia*, mit Heidegger als „Unverborgenheit" des Seins] einbezogen und kommen gleichsam zu spät, wenn wir wissen wollen, was wir glauben [!] sollen." (S. 465; s. Grondin 1994) – Diese Hermeneutik bringt mit Nachdruck die Bedeutung des Objekts des Verstehens zur Geltung. Und es ist ja auch von großem Belang, dass Verstehen, und gerade auch das Verstehen literarischer Texte, so angesetzt wird, dass ihr Leser sich von dem zu verstehenden Text angehen lässt, diesen sich in dem, was ihn als Literatur ausmacht, zeigen und zur Geltung kommen lässt. Mit Gadamers Hermeneutik ist dieser an sich wichtige Vorgang aber so verabsolutiert und irrationalisiert, ist zudem das verstehende Subjekt des Lesers so radikal aus dem Verstehensprozess eliminiert, dass sie insgesamt für den Umgang mit Texten oder gar die Vermittlung ihres Verstehens im Unterricht ganz irrelevant ist.

Eine relevante Theorie literarischen Verstehens sollte allerdings die Kernpunkte der Hermeneutiken Diltheys wie Gadamers enthalten: sollte das Verstehen als inneren Vorgang des Subjekts, des Lesers, fassen und sollte sein Objekt, den literarischen Text, als das, was er selbst als Literatur ist, zur Geltung kommen lassen. Das scheint mir nicht möglich durch Fundierung des Verstehens in einer wie immer gearteten außerliterarischen Instanz (wie 'dem Leben', 'der Geschichte' oder gar 'Seinsgeschichte', 'der Gesellschaft'), sondern nur durch entschiedene Orientierung an dem zu verstehenden Objekt, am literarischen und in seiner Literarizität gefassten *literarischen Text*, – so wie es längst gefordert wurde: „Wenn es eine eigenständige literarische Hermeneutik geben soll, muß sich dies – wie P. Szondi zu Recht forderte – daran erweisen, daß sie den ästhetischen Charakter ihrer Texte selbst zur Prämisse der Auslegung macht." (Jauß 1982, S. 814)

Auf den literarischen Text lassen sich daher Hermeneutiken, die sich vor allem auf juristische, religiöse und philosophische Texte beziehen, und auch Hermeneutiken, die nur allgemein auf Textverstehen zielen (wie die kognitionspsychologisch begründete Grzesiks 1990, die fast nichts für wirklich literarisches Verstehen von Literatur leistet), nicht ohne weiteres anwenden. Ein literarischer Text hat einen anderen textuellen und rezeptionellen Status als etwa ein philosophischer Text Platons oder Kants, weil er seine konkrete literarische Existenz weit mehr als diese erst in seiner imaginativen literarischen Konkretisation durch seinen Leser hat und als Text darauf hin angelegt ist: Gedichte Hölderlins oder Celans oder Erzählungen Kafkas zu 'verstehen' bedeutet etwas anderes als Kants „Kritik der reinen Vernunft" zu verstehen. Damit ist im Bereich des Verstehens von Literatur allerdings auch ein anderer Begriff von 'Text' gegeben, als er etwa für Recht, Religion und Philosophie i. a. gilt: 'Text' nicht als etwas Unveränderliches oder gar Unantastbares mit identischem Sinn – literarische Texte haben keinen „vorgegebenen", sondern einen „aufgegebenen Sinn" (Jauß 1982, S. 820) –, 'Text' nicht als etwas mit gegebener Bedeutung – „*Texte haben keine (in ihnen selbst liegende) Bedeutung*" (Scheffer 1992, S. 27) –, überhaupt nicht als etwas prinzipiell Gegebenes und 'Fertiges', sondern als etwas strukturell Entwurfhaftes und gleichsam 'Unfertiges', das auf Realisation und 'Fertigstellung', auf Arbeit an ihm und Handeln mit ihm hin angelegt ist (vgl. Flacke 1994); oder mit Gadamer geredet, das „nicht ein gegebener Gegenstand ist, sondern eine Phase im Vollzug eines Verständigungsgeschehens." (1984, S. 40)

Das folgende Modell einer literarischen Hermeneutik versucht nun, das Verstehen literarischer Texte an ihnen zu orientieren und dabei sowohl als inneren Vorgang des Lesers zu fassen wie den literarischen Text als das, was er selbst als Literatur ist, zur Geltung kommen zu lassen. Es greift dabei das in den vorstehenden sechs Abschnitten Erarbeitete auf:

Modellskizze einer literarischen Hermeneutik

1. Einen literarischen Text zu verstehen, erfordert zunächst, ihn sinngemäß zu lesen, ihn nämlich – wie beim Lesen jeden Textes – auf das eigene aktualisierte Sinnsystem zu beziehen und ihn von ihm aus in seinem Sinn, den er für einen hat, zu konstituieren (s. Abschn. 1.4). Es verlangt darüber hinaus, ihn dabei als literarischen Text, also in seiner formalen und inhaltlichen Verschiedenheit (Differenzialität) gegenüber Alltagstexten wie der realen Wirklichkeit zu fassen (s. Abschn. 1.1).

2. Einen literarischen Text zu verstehen, bedeutet sodann, ihn eigentlich literarisch aufzunehmen, nämlich seine textuellen Entwürfe imaginativ durch Bezug auf die eigene Lebenssituation, die eigenen Erlebnisse, Erfahrungen, Interessen und Bedürfnisse zu konkretisieren und ihn so mit seiner – individuellen wie sozialen – Fantasie subjektiv anzueignen (s. Abschn. 1.5).

3. Einen literarischen Text zu verstehen, verlangt dann, ihn in seiner spezifisch literarischen Gestalt aufzufassen, und das meint u. a., ihn nach seiner äußeren wie inneren Intertextualität zu vollziehen, nämlich in Bezug zu 'verwandten' anderen literarischen Texten zu sehen, deren Merkmale er enthält (s. Abschn. 1.2), vor allem aber in Bezug auf 'benachbarte' literarische Merkmale, die er nicht aufweist, durch die aber die Bedeutung seiner Merkmale bestimmt und verstehbar ist (s. Abschn. 1.3).

4. Einen literarischen Text zu verstehen, meint schließlich, ihn innerhalb der (textüberschreitenden) geschichtlichen, gesellschaftlichen, kulturellen, literarischen Beziehungen, die ihn bestimmen, aufzufassen (das wurde bisher nicht ausgeführt), sich von ihnen aus des Gesamtverständnisses des Textes zu vergewissern, es in Bezug zur eigenen Erfahrungswelt zu setzen und sich von den eigenen individuellen wie gesellschaftlichen Erfahrungen aus mit ihm auseinander zu setzen (s. Abschn. 1.6).

Alle diese Vorgänge laufen beim Lesen eines literarischen Textes ab, teilweise bewusst, teilweise unbewusst, an verschiedenen Stellen verschieden und verschieden stark, bei jedem Leser verschieden und bei jedem Lesen eines Lesers anders. Sie alle aber machen das aus, was in dem Leser eines literarischen Textes abläuft, wenn er ihn wirklich v e r s t e h t.

2   Didaktik

2.1 Didaktisches Phasenmodell literarischen Textverstehens: Grundriss einer produktiven Hermeneutik

Die entscheidende Aufgabe des Literaturunterrichts ist, die Schüler zum Verstehen literarischer Texte zu führen. Literarisches Verstehen, wie es in dem vorstehenden hermeneutischen Modell skizziert ist, ist ein einheitlicher komplexer Vorgang. Um in ihn einzuführen und in ihn einzuüben, also um ihn didaktisch handhabbar zu machen, ist er in seine einzelnen Momente aufgefächert, womit die einzelnen Momente aufeinander folgende Phasen bilden und insgesamt ein vierstufiges – und dazu füge ich noch eine Vorphase hinzu – Phasenmodell unterrichtlicher Vermittlung literarischen Textverstehens entsteht. Für ein solches didaktisches Phasenmodell gibt es eine gewisse Tradition.

Ein teilweise vergleichbares Modell, nämlich einen „vier-phasigen Standard-Typ" für das „adäquate Verstehen poetischer Texte" im Literaturunterricht, entwirft Kreft. Es besteht aus der textimmanent verbleibenden „Phase der bornierten Subjektivität", der sich am Text abarbeitenden „Phase der 'Objektivierung' ", der subjektiven „Phase der Aneignung" und der das Subjekt übersteigenden, etwa gesellschaftlich-geschichtlich bezogenen „Phase der Applikation" (1977, S. 376–390; dazu Fritzsche 1994, Bd. 3, S. 213–228). Ingendahl greift dieses Vierphasenmodell auf und fasst es als „Verstehensprozeß" mit vier, entsprechende „Unterrichtstätigkeiten" begründenden Phasen: „I. die erste Begegnung mit dem Text, II. die Erarbeitung des Verständnisses, III. die Aneignung relevanter Überzeugungen, IV. ihre Anwendung auf alte und neue Probleme." (1991, S. 8) Krefts Modell ist pädagogisch-didaktisch begründet und nur beiläufig hermeneutisch bezogen und wird mehrfach durch produktive Verfahren des Literaturumgangs realisiert. Ingendahl differenziert dieses Modell aus und gibt zahlreiche Beispiele, wie es vor allem mit produktiven, aber auch mit analytischen Zugriffen im Literaturunterricht durchgeführt werden kann. Auch Müller-Michaels hat, und zwar in Aufnahme des – Anregungen Gadamers aufgreifenden – hermeneutischen Ansatzes von Jauß (s. 1982, S. 365–375, 813–856), ein Dreiphasenmodell literarischen Verstehens mit den Phasen der Wahrnehmung, der Auslegung und der Anwendung entworfen (s. Abschn. 3.3.4).

Ich gliedere den unterrichtlichen Verstehensvorgang in vier Phasen, zu denen noch eine Vorphase kommt:

Didaktisches Phasenmodell

Vorphase: Spielhafte Einstimmung in literarische Texte

1. Phase: Lesen und Aufnehmen literarischer Texte

2. Phase: Konkretisierende subjektive Aneignung literarischer Texte

3. Phase: Textuelles Erarbeiten literarischer Texte

4. Phase: Textüberschreitende Auseinandersetzung mit literarischen Texten

Die vier Phasen meines Phasenmodells entsprechen den vier Momenten der hermeneutischen Modellskizzc (Abschn. 1.7); auf die vier Phasen und die Vorphase
beziehen sich die fünf Abschnitte des „Systematischen Katalogs" (Abschn. 4.1),
führen nämlich die produktiven Verfahren auf, mit denen die einzelnen Phasen im
Unterricht realisiert werden können (vgl. Zabka 1995). Literaturunterricht ist also
nicht von allgemeinen philosophischen, psychologischen, pädagogischen oder didaktischen Überlegungen her organisiert, sondern vom Vorgang des *Verstehens*
selbst, wie er sich im Schüler vollzieht, wenn er literarische Texte versteht.

Ich spreche allgemein von einem didaktischen Phasenmodell literarischen Verstehens. Damit meine ich, dass es nicht nur die Anwendung produktiver Verfahren im
Unterricht betrifft: Dieses Phasenmodell gilt allgemein und für jeglichen Literaturunterricht und ist sowohl mit produktiven als auch mit analytischen Verfahren zu
realisieren. Da dieses Buch aber dartun will, dass Verstehen literarischer Texte
strukturell durch produktive Momente bestimmt ist und die Vermittlung literarischen Verstehens im Unterricht daher sinnvollerweise immer auch – natürlich nicht
ausschließlich – produktive Formen des Literaturumgangs verwenden sollte, werden bei dem Phasenmodell ganz vorwiegend die produktiven Verfahren, mit denen
die einzelnen Phasen verwirklicht werden können, dargestellt. Deshalb nenne ich
das ganze Konzept eine *„produktive Hermeneutik"*. – Das Phasenmodell ist ideal-
typisch; in der Praxis ergeben sich zwangsläufig Akzentuierungen, Verschiebun-
gen, Überschneidungen (dazu genauer Abschn. 4.2.1).

2.1.0 Mögliche Vorphase: Spielhafte Einstimmung in literarische Texte
(dazu Literaturspiele 4.1.0)

Literarische Texte sprechen oft anders als Alltags- und Gebrauchstexte, sind
manchmal schwierig und selbst für geübte Leser nicht einfach zu verstehen. Umso
mehr sind sie für Schüler dann befremdlich und schwer zugänglich. Da ist es nicht
glücklich, die Schüler einfach mit ihnen zu konfrontieren und es darauf ankommen
zu lassen, wie und ob sie im Verlaufe des Unterrichts ein Verhältnis zu ihnen gewinnen. Es kann dann günstiger sein, vor der Beschäftigung mit dem Text in einem
Schreibspiel sein entscheidendes schwieriges Merkmal spielhaft zu erkunden und
mit ihm, seiner Leistung und Wirkung vertraut zu machen, bevor es am Text selbst

erarbeitet wird (ein Modell dafür ist das vorgängige Schreibspiel zu Kafkas „Verwandlung" in Abschn. 5.2). Solche Schreibspiele gibt es als Sprachspiele, Rate-, Auslosungs-, Spielkarten-, Würfelspiele, Fantasiereisen, als Partner-, Klein- und Großgruppenspiele (eine reichhaltige Sammlung: Mosler / Herholz 1992).

Wenn Texte auch nach ihrer spezifisch literarischen Form, etwa nach deren Funktion für die Darstellung des bestimmten Inhalts hin verstanden werden sollen oder wenn gar lyrische, erzählerische oder dramatische Formen und ihre literarische Leistung als solche behandelt werden sollen, ist üblicherweise bei den Schülern mit wenig Interesse daran und Begeisterung dafür zu rechnen. Da kann der spielhafte Umgang mit literarischen Formen, etwa in den vielfältigen Reim-, Erzähl- und Dramenspielen, durchaus interessant, ja lustvoll sein und dann auch für ihre nachfolgende Behandlung an Texten motivieren.

Eine besondere Leistung von Literaturspielen im Literaturunterricht ist, dass sie die unterrichtliche Arbeit, wenigstens in dieser Phase, sehr entlasten (vgl. Meckling 1985, S. 5–9): Wenn hier einmal mit Literatur nur spielerisch umgegangen wird, ist eine Unbeschwertheit und Unbefangenheit ihr gegenüber möglich, die ohne strenge Ansprüche an textgerechtes Verstehen einmal ganz zweckfrei und zwanglos verfährt. Es ist dabei die Erfahrung möglich, dass Literatur nicht nur schwieriges Objekt mühsamer Analysen (und angestrengten Schreibens) sein kann, sondern auch etwas, das interessant und spannend ist, das Freude bringt und gemeinsamen Spaß macht, – eine Erfahrung, die viele Schüler ihr ganzes Schulleben lang nicht ein einziges Mal mit Literatur machen. Sie bewirkt eine freundliche und aufgeschlossene Einstellung gegenüber der Literatur, mit der sich die Schüler dann auch anstrengende Arbeit am literarischen Text leichter gefallen lassen.

Solche Literaturspiele haben ihren fraglosen Eigenwert darin, dass sie den Schülern die Möglichkeit zu eigenem kreativen Tun geben. Sie sind aber auch für das eigentliche Verstehen literarischer Formen und Texte durchaus nicht unerheblich. Was durch sie spielerisch über literarische Formen erfahren wird, wird üblicherweise von den Schülern intensiver aufgenommen und bleibt stärker haften, auch wenn es nicht ausdrücklich verbalisiert wurde, als wenn sie es analytisch erarbeitet hätten. Mehr noch: Nicht selten wird durch diese Spiele (etwa durch den Metaphern- und Synästhesien-Baukasten, etwa durch Außen-und-Innensicht- und Ich-Du-Er-Geschichten) etwas über literarische Formen, ihre Funktion und Leistung erfahren und verstanden, was rein analytisch nur sehr mühsam zu erarbeiten ist und für viele Schüler gar nicht auffassbar und verstehbar wird.

Ganz wichtig besonders für diese Literaturspiele ist, dass der Lehrer bei ihnen mitschreibt; es gibt ihm aber auch die Chance, einmal aus der Lehrerrolle herauszutreten und auf gleicher Ebene mit seinen Schülern zu arbeiten und unterrichtlich zu verkehren.

(handschriftliche Randnotiz: Unterschiedliche Voraussetzungen der Schüler*)*

2.1.1 1. Phase: Lesen und Aufnehmen literarischer Texte
(dazu aktive und produktive Verfahren 4.1.1)

Voraussetzung und Grundlage des Verstehens eines literarischen Textes ist, dass er gelesen und textgerecht aufgefasst ist. Auch wenn die Schüler die Kulturtechnik des Lesens beherrschen, ist damit noch nicht ohne weiteres gegeben, dass sie sie gut und dass sie sie gerne ausüben. Manche Schüler lesen privat begeistert und viel und sind versierte und geübte Leser. Andere, und das sind nicht wenige und es betrifft alle Altersstufen, lesen privat wenig oder gar nicht; für sie ist Lesen mehr oder weniger mühsam und unlustbesetzt. Hier wäre es nützlich, wenn der Umgang mit einem literarischen Text nicht immer mit der Hypothek belastet ist, dass er leider erst einmal 'gelesen werden muss', wenn das Lesen des Textes nämlich gelegentlich so eingerichtet wird, dass es leichter und vor allem interessant und lustvoll ist. Wenn dann das Lesen eines Textes Spaß macht, kann so vielleicht überhaupt Leselust geweckt werden.

Doch gibt es literarische Texte, die auch für geübtere Leser unter den Schülern schwierig sind, weil sie anders sind als die Texte, die sie üblicherweise lesen, so etwa moderne Lyrik oder neuere und experimentelle Erzähltexte sowie Dramentexte. Hier empfiehlt es sich, Formen des Einlesens zu wählen, die auch den ungewohnten Text für die Schüler auffassbar machen. Im Falle des Dramas ist es beispielsweise sinnvoll, Formen des gemeinsamen Erlesens zu wählen, die für die Schüler gleich beim Lesen verstehbar machen, dass ein Dramentext die textuelle Eigenart hat, auf szenische Darstellung, letztlich auf Aufführung hin angelegt zu sein. Doch kann die Rezeption eines literarischen Textes auch gelegentlich so aussehen, dass er von Schülern oder vom Lehrer vorgelesen wird, er kann als Lesung oder Rezitation, im Falle eines Hörspiels als Aufnahme oder Mitschnitt gehört werden, und wenn es sich um ein Drama handelt, kann es auf Schallplatte, Kassette oder CD gehört oder auf Video gesehen werden. Hier ist dann allerdings wichtig, dass der Text bzw. seine Aufführung von den Schülern nicht nur einfach konsumiert wird. Doch auch beim üblichen Lesen des Textes sind einige Veranstaltungen nützlich, damit er wirklich sinngemäß aufgefasst und verstanden wird:

Lesen ist sinnverstehendes Lesen, und der Sinn eines Textes wird dann noch nicht eigentlich verstanden, wenn seine Leseinhalte nur richtig, also textkonform aufgefasst und die mit ihm übermittelten Muster und Normen zutreffend, also normkonform aufgenommen werden. Der Sinn eines Textes ist von seinem Leser nur dann wirklich verstanden, wenn er an die Lebenszusammenhänge des Lesenden: seine Erlebnisse, Erfahrungen, Einstellungen angeschlossen wird und von dem eigenen individuellen wie gesellschaftlichen Sinnsystem des Lesenden her aufgefasst wird. Wenn das im Unterricht beim Lesen eines literarischen Textes erreicht werden soll, ist es notwendig, den Schülern Gelegenheit zu geben, sich aktiv zu dem zu lesenden Text zu verhalten und sich handelnd auf ihn einzulassen: Es sind Möglichkeiten des lesenden Umgangs mit dem Text einzurichten, in denen der Schüler sein eigenes Sinnsystem aktualisieren sowie soziale Fantasie entfalten und mit ihnen den Text aufnehmen kann (s. Abschn. 2.1). Darauf kann nicht selten schon das erste Lesen eines literarischen Textes im Unterricht abgestellt werden, etwa indem es als verschiedene Leseweisen erprobendes lautes Lesen, als kommentierendes, als kritisch mit dem Text verfahrendes, als visuell verdeutlichendes, als abschnittweises und den Fortgang antizipierendes, als gemeinsames Lesen mit verteilten Rollen usw. eingerichtet wird.

Diese Verfahren gelten für das Lesen aller Texte. *Literarische* Texte sind aber durch ihre literarische Form oft so geartet, dass sie von sich aus eine besondere Form des Lesens einrichten: Nach Šklovskij ist Literatur durch die „Kunstgriffe" der „Verfremdung der Dinge" und der „Komplizierung der Form" bestimmt, um die normale, oft flüchtige und automatisierte Wahrnehmung zu erschweren, die Rezeption zu verzögern und so ein genaueres, intensiveres und bewussteres Lesen einzurichten (s. Abschn. 1.1). Wenn das funktioniert, ist es gut, es sei denn, die literarische „Verfremdung" und „Komplizierung" ist so massiv, dass sie für die Schüler das Lesen entschieden erschwert. Dann ist es angezeigt, Verfahren des Einlesens zu wählen, die die so verfremdeten Texte für die Schüler auffassbar machen (das wurde schon ausgeführt).

Viele dieser verfremdenden literarischen Formen sind inzwischen aber konventionell geworden, ihre Wahrnehmung ist – auch für die Schüler – längst automatisiert und leistet kaum noch, das Lesen eines mit ihnen gestalteten Textes intensiver und bewusster zu machen. Oder es wird für eine Textbesprechung wichtig, bestimmte Merkmale und Vorgänge eines Textes besonders auffällig und bewusst zu machen. Da ist es sinnvoll, eben die Verfahren, die Literatur überhaupt prägen, die der „Verfremdung" und „Komplizierung", selbst noch einmal und nun aus literaturdidaktischen Gründen auf den literarischen Text anzuwenden, den die Schüler verstehen sollen, den Text nämlich so zu verändern, dass sein Lesen verzögert, gehemmt, gestört wird und dadurch genaueres Hinsehen auf den Text, bewusstere Wahrnehmung seiner spezifischen Merkmale und Vorgänge, eben intensives Lesen des Textes eingerichtet wird. So können die Schüler dann auch aktiv und produktiv mit dem Text umgehen, eigene Fantasie im Umgang mit ihm freisetzen und Möglichkeiten gewinnen, ihn produktiv an die eigene Erlebniswelt anzuschließen (vgl. Rupp in Abschn. 3.3.3).

Hier sind viele Verfahren möglich: Durch Lesen isolierter Textteile kann ein antizipatives Lesen eingerichtet werden, Texte können umgestellt, in Teile zerlegt, mit fremden Texten versetzt, inhaltlich und formal verändert, mit Lücken versehen werden usw. Sie werden dann von den Schülern rekonstruiert, wieder zusammengefügt, ergänzt, in der veränderten und originalen Form auf ihre Stimmigkeit und Wirkung hin gelesen und so nach der Funktion und Leistung der originalen Gestalt erkundet und erfahren.

2.1.2 2. Phase: Konkretisierende subjektive Aneigung literarischer Texte
(dazu produktive Verfahren 4.1.2)

Ein literarischer Text ist dann noch nicht verstanden, wenn er nur wie ein Alltags-
oder Gebrauchstext gelesen wird, sondern er muss spezifisch 'literarisch' gelesen
und angeeignet werden: Er hat anders als Alltags- und Gebrauchstexte seine konkrete literarische Existenz noch nicht als bloßer Textbestand; er stellt nur eine Vor-
lage, einen Entwurf mit vielen Unbestimmtheiten dar. Der Leser muss ihn mit seiner Vorstellungskraft und Fantasie ausfüllen und lässt ihn, lässt seine Figuren,
Handlungen, Vorgänge und Räume so erst konkret werden. In diese imaginative
Konkretisation bringt er sein eigenes Fühlen und Erleben, seine Bedürfnisse und
Interessen, seine Vorstellungen und Einstellungen mit ein und vollzieht damit asso-
ziativ und emotional seine eigene subjektive Aneigung des Textes: die Weise, wie er
sich in sein Geschehen einfühlt, sich mit seinen Figuren identifiziert, ihre Schicksa-
le miterlebt usw. Jeder Leser liest einen literarischen Text anders; und der Text ist
ein anderer, je nachdem wer ihn liest, und er ist jeweils der, als den sein Leser ihn
liest (s. Abschn. 1.5).

Diese mit- und ausfantasierende imaginative Aneigung ist die Vorbedingung dafür, einen literarischen Text wirklich als Literatur zu lesen. Doch fällt sie nicht jedem leicht, und manche Schüler, vor allem wenn sie durch ausgedehnten Konsum
audiovisueller Medien daran gewöhnt sind, stets komplette Wahrnehmungsbilder
geliefert zu bekommen, bei denen ihre Vorstellungskraft wenig gefordert ist, sind
kaum noch willens und teilweise auch nicht mehr in der Lage, die Fantasieleistung
literarischer Konkretion zu erbringen. Für sie erscheint beim Lesen des literarischen Textes in ihrer Vorstellung nichts mehr, vor ihrem inneren Auge spielt sich bei
ihm nichts mehr ab (s. u. Abschn. 2.2.1).

Jedes Lesen eines literarischen Textes im Unterricht muss der subjektiven imaginativen Aneigung der Schüler Raum geben, denn erst durch sie wird das Lesen zum
eigenen Lesen des Schülers und der unterrichtlich gelesene Text zu *seinem* Text.
Und für Schüler, deren Fähigkeit zu imaginativer Aneigung von Literatur wenig
ausgebildet oder verkümmert ist, hat es besondere Bedeutung, wenn im Unterricht
imaginativer Umgang mit Literatur als solcher geübt wird, denn in dieser Weise
wird auch ihre Fantasiefähigkeit stimuliert und werden sie vielleicht zum eigenen literarischen Lesen geführt. In jedem Fall aber bleibt so der Umgang mit einem literarischen Text keine bloß schulische Veranstaltung, die den Schüler selbst eigentlich nicht betrifft, sondern er wird an die Interessen und Bedürfnisse, die Emotionen und Einstellungen, an die individuelle wie soziale Erlebnis- und Erfahrungswelt der Schüler angeschlossen. Für Kreft ist wichtig, dass in dieser Phase literarischen Verstehens „die Assoziationen fließen, Text und Rezipient sich emotional ineinander verhaken. [. . .] Wenn Schüler das nicht lernen können, dann gibt es für sie
keinen Literaturunterricht." (1977, S. 382)

Wenn der Literaturunterricht die Schüler zum Verstehen literarischer Texte führen
soll, muss er sie also dazu führen, literarische Texte mit der eigenen Vorstellungs-

kraft und Fantasie zu vollziehen, sie imaginativ für sich selbst konkret werden zu lassen. Das überfordert allerdings einen ganz analytisch orientierten Frontalunterricht sehr: Es sind schließlich sehr subjektive Vorgänge, um die es da geht, die meist nicht im geschlossenen Klassenverband ablaufen und verhandelt werden können. Und es sind Vorgänge der Fantasie, die überhaupt analytisch nur schwer fassbar sind, vor allem aber nicht einfach angeordnet werden können. So ist der Unterricht hier stark auf Formen des Textumgangs verwiesen, in denen der einzelne Schüler Erfahrungen mit sich und seinen Fantasiefähigkeiten machen kann, eben auf produktive Verfahren des Textumgangs.

Und es kommt bei ihnen darauf an, wie gesagt, den Umgang mit literarischen Texten so einzurichten, dass der einzelne Schüler Gelegenheit findet und motiviert wird, sich imaginativ in den Text einzubringen. Andererseits soll der Text aber auch nicht zum bloßen Anlass des Auslebens der eigenen Gefühligkeit und Imagination werden, sodass eigentlicher Zweck des Umgangs mit ihm überhaupt nur die Entbindung von Fantasie an ihm, über den der Schüler sich beliebig hinausfabelt, wird. Der Text sollte natürlich das Bezugssystem bleiben, innerhalb dessen sich seine subjektive imaginative Aneignung vollzieht. So geht es hier, zumal dies ja nicht die einzige Form des Umgangs mit dem literarischen Text ist, wirklich nicht um einen „neuen Subjektivismus", bei dem auf einem „Subjektivitätstrip" „Innerlichkeit" gepflegt wird (Kügler 1982), besteht auch nicht die Gefahr, dass „Hedonismus" gefördert und „Narzissmus" befriedigt wird (Förster 1991, S. 23; dazu genauer Waldmann 1984, S. 114–117).

Die Verfahren, mit denen Schüler eigene imaginative Aneignung literarischer Texte praktizieren und lernen können, sind vielfältig. Sie beginnen mit dem Rezitieren oder dem szenischen Darstellen von Gedichten und Prosatexten, dem szenischen Lesen und Erarbeiten von Dramentexten, den verschiedenen Formen visuellen Darstellens von Texten. Sie umfassen die zahlreichen Möglichkeiten, Handlungen literarischer Texte zu verdeutlichen, zu ergänzen, auszufabeln, fortzuführen, sich in sie hineinzudichten, Figuren genauer zu beschreiben, ihre inneren Vorgänge und Motive auszuformulieren oder szenisch darzustellen, sie zu befragen und mit ihnen zu diskutieren, sich in sie hinein oder an ihre Stelle zu versetzen, Begegnungen mit ihnen in ihrer oder der eigenen Lebenswelt zu schildern, auch Zeit und Ort von Texten genauer zu vergegenwärtigen.

2.1.3 3. Phase: Textuelles Erarbeiten literarischer Texte
(dazu produktive Verfahren 4.1.3)

Auch wenn der Schüler einen literarischen Text imaginativ angeeignet hat, muss er ihn deshalb noch nicht literarisch verstanden haben. Wenn er beispielsweise Trakls Gedicht „Im Winter" liest (s. o. Abschn. 1.3) und in ihm den Winter etwa als bedrückende und bedrohliche Zeit der Kälte, der Trostlosigkeit und des Sterbens dargestellt findet, hat er fraglos Wichtiges des Gedichts aufgefasst. Als Literatur, als lyrischen Text verstanden hat er es deshalb noch nicht unbedingt.

Etwa die Zeile „Ein Wild verblutet sanft am Rain" beschreibt nicht wie Hebels
„Das Wild erfror in dem Walde" aus dem Text „Der böse Winter"[2] ein Ereignis, das
zu bestimmter Zeit an bestimmtem Ort stattgefunden hat. Hebel berichtet Erinnerungen von Zeitgenossen an den Winter 1740, Trakl stellt eine erfundene, eine literarische Wirklichkeit dar. Und das ist eine andere literarische Wirklichkeit als die in
Stifters „Die Mappe meines Urgroßvaters", wo eine Winterschilderung beginnt:
„Wir mußten einen schweren Winter überstehen."[3] Trakls Text ist keine wie bei Stifter an dem Handeln von fiktionalen Figuren orientierte Erzählung von Wirklichkeit, sondern Lyrik, die intensive Empfindungen, Eindrücke, Bilder des Winters
darstellt, und das in einer bestimmten lyrischen Form und durch sie: In Versform,
aber nicht in freien Versen wie zum Beispiel Peter Huchels „Blick aus dem Winterfenster"[4], auch nicht in zwar strophischen, aber ungereimten Versen wie etwa Ingeborg Bachmanns „Nebelland"[5], sondern in strophischen Reimversen, die allerdings nicht regelmäßig wie beispielsweise Lenaus „Winternacht"[6], sondern sehr
unregelmäßig gefüllt sind (genauer: vierhebig alternierend und daktylisch, mit und
ohne Auftakt, stumpf und klingend endend) und umarmenden Reim aufweisen.
Wenn für jemanden alle diese Texte, weil sie den gleichen Inhalt haben, im Grunde
gleich sind, wenn er nicht auffasst, dass die anderen Texte literarisch völlig anders
sprechen als das Trakl-Gedicht, kann er nicht verstehen, wie es selbst lyrisch spricht
und das übermittelt, was es sagt, kann er es als *Gedicht* nicht verstehen.

Die Aufgabe des Literaturunterrichts, wenn er diesen Namen verdienen soll, ist so,
den Schülern diese 'Literarizität' literarischer Texte, die er behandelt, verständlich
zu machen, und das bedeutet, sie verstehen zu lassen, was die entscheidenden
Merkmale ihrer spezifisch literarischen Gestalt sind: ihrer Inhalte, Formen und
Formstrukturen, ihrer Handlungen, Konflikte, Figuren, Orte, Zeiten usw., welches ihre Funktion ist, wie sie wirken und was sie leisten. Hier – wenn auch nicht
durchweg mit diesen Akzenten – ist traditionellerweise das hauptsächliche Betäti-
gungsfeld des Literaturunterrichts, und es wurde so gut wie ausschließlich analytisch bestellt. In der Tat lässt sich praktisch alles, was diese 3. Phase betrifft, analytisch behandeln, und manches ist auch überhaupt nur so zu erarbeiten. Nur wurden
hier nicht selten Texte formal gründlich seziert und einzelne Formmerkmale er-
schöpfend analysiert, ohne dass für die Schüler einsehbar war, was die ganze Veranstaltung für ihr Verständnis der Texte bringen sollte. Ein solcher Literaturunterricht erreichte leider zu oft, den Schülern die Lust an literarischen Texten auszutrei-
ben und überhaupt Literatur lebenslänglich zu vermiesen.

Der Hauptgrund für solche eher betrüblichen Erträge des Literaturunterrichts ist
sicher, dass immer wieder die Selbstverständlichkeit missachtet wird, ausschließlich diejenigen literarischen Merkmale und Formen analysieren zu lassen, die entscheidende Funktion für das genauere Verständnis des Textes haben. Der andere
Grund ist aber, dass auch textuell sinnvolle und notwendige Analysen literarischer
Formen und Merkmale sowie die Umsetzung ihrer Ergebnisse für das genauere
Verstehen des analysierten Textes oft mühsam und vor allem schwierig sind.

Schüler mit weniger ausgeprägten kognitiven Fähigkeiten überfordern und so für diese Art des Textumgangs demotivieren.

Deshalb sollten, wenn es von dem zu behandelnden literarischen Gegenstand her möglich ist, analytische Verfahren der Textbehandlung nicht zu selten durch produktive Verfahren ersetzt werden. Dabei kommen in dieser Phase literarischen Verstehens vor allem Verfahren in Frage, die in den Text eingreifen und ihn verändern. Mit ihnen wird das, was das produktionsästhetische Theorem von der Produziertheit eines literarischen Textes meint, ausdrücklich praktiziert: Der literarische Autor produziert seinen Text, indem er aus sehr vielen Möglichkeiten bestimmte Inhalte und Formmittel wählt. Die Inhalte und Formmittel, die er wählt, sind bestimmt und verstehbar durch die 'benachbarten' Inhalte und Formmittel, die sie nicht sind: Ihre literarische Bedeutung haben sie (innerhalb ihrer paradigmatischen literarischen Reihe) aus der Differenzqualität (der Binnendifferenz) zu all den an sich auch möglichen, vom Autor aber nicht gewählten Inhalten und Formmitteln. Und sie können in ihrer literarischen Bedeutung verstanden werden, indem man sie verändert zu dem, was sie nicht sind, aber sein könnten bzw. hätten sein können (vgl. Fingerhut in Abschn. 3.3.5). Man macht so im Prinzip das, was der Autor macht, wenn er produziert, nämlich etwas wählt und damit anderes abwählt, nur dass man sich jetzt das vom Autor Abgewählte genauer als solches vor Augen führt, um damit das von ihm Gewählte deutlicher auffassen und besser verstehen zu können.

Die Veränderungen von literarischen Texten sind also nicht spielerischer Selbstzweck, sondern dienen der eigenen produktiven Erfahrung, Erkundung und Erhellung, also dem individuellen produktiven Verstehen der literarischen Formen und Merkmale, der Funktionen, Leistungen und Wirkungen und insbesondere der (inneren) Intertextualität literarischer Texte (s. Abschn. 1.3). Die Vorteile dieser produktiven Verfahren sind evident: Die Anforderung an kognitive Fähigkeiten (und die Möglichkeiten des Versagens) sind geringer; Erträge formanalytischer Bemühungen um den Text müssen nicht erst auf den Text transponiert und zu dessen Verstehen verarbeitet werden, sondern werden unmittelbar als eigene Erfahrungen mit dem Text gemacht; ihre Verbalisierung nach der Produktionsphase betrifft nicht mehr nur den 'fremden', sondern immer auch einen 'eigenen' Text und ist wie die Produktion ungleich motivierter als die reine Textanalyse.

Ein Beispiel: Trakls Gedicht „Im Winter", um dies schlichte Detail ein letztes Mal aufzugreifen, hat die Reimstellung des umarmenden Reims, den Trakl in den zu seinen Lebzeiten veröffentlichten Gedichten etwa dreimal soviel wie den Kreuzreim verwendet; den Paarreim benutzt er nie. Will man die Schüler die Funktion und Leistung dieses Reims erfahren lassen, kann man sie das Gedicht in Paarreimstellung (gegebenenfalls auch in andere Reimstellungen) umformen und in beiden Reimstellungen laut lesen lassen: Die Paarreimform wirkt (durch die zweimal gleich erfüllte Reimerwartung) deutlich glatter, spannungsloser, fast harmonisierend, während die Form des umarmenden Reims (durch die einmal weit aufgeschobene und dazwischen unmittelbar erfolgende Erfüllung der Reimerwartung) spannungshaft, inkongruent und disharmonisch wirkt.

Dabei ergibt sich eine andere Erfahrung: Die Umformung der Reimstellung war nur möglich, weil jede Verszeile syntaktisch und inhaltlich abgeschlossen ist, das Gedicht also (wie häufig im Expressionismus) unverbunden isolierte Sachverhalten reiht und damit die Zufälligkeit, Zerrissenheit und Sinnlosigkeit der Welt darstellen will, – eine Grunderfahrung Trakls: „Was für ein sinnlos zerrissenes Leben führt man doch!"[7] So ist durch die schlichte Umformung der Reimstellung des Gedichts das, was bei der bloßen Analyse von Reimstellung und Zeilenstil für die meisten Schüler ganz abstrakt geblieben wäre, als konkrete eigene Erfahrung möglich: Warum Trakl wohl diese und keine andere Reim- und Versform gewählt hat, weil sie nämlich das, worum es in dem Gedicht inhaltlich vor allem geht: Tod, Zerrissenheit, Sinnleere der Welt, formal darstellt (s. Waldmann 1998, S. 112–116).

Es sind sehr viele produktive Verfahren der Veränderung literarischer Texte möglich: die Handlung kann verändert und umgeschrieben, es können Varianten und Parallelszenen zu ihr geschrieben werden, die Figuren können umgeformt und umgedreht, Zeit und Ort können verändert, die Sprachform kann umgeschrieben, die literarische Form gattungsspezifisch umgestellt und umgeformt (s. besonders Fricke / Zymner 1993), reduziert, ergänzt, verwandelt werden.

2.1.4 4. Phase: Textüberschreitende Auseinandersetzung mit literarischen Texten

(dazu produktive Verfahren 4.1.4)

Wenn der Schüler den literarischen Text imaginativ und in seiner literarischen Gestalt angeeignet hat, so gehört doch oft noch etwas hinzu, damit er ihn wirklich *verstanden* hat. Denn es kann ja sein, dass die Erfahrungen, die er bisher mit ihm gemacht hat, zum Teil noch unzureichend und vorläufig sind: Die Arbeit am Text hat sich bisher – 'textimmanent' – allein am Text orientiert, ihn subjektiv konkretisierend aneignen und seiner literarischen Gestalt nach vollziehen lassen. Dabei können übergreifende Zusammenhänge, in denen der Text steht, die ihn entscheidend prägen und die aufgefasst sein sollten, wenn er wirklich verstanden sein soll, noch nicht in den Blick gekommen sein (falls ohne sie der Text überhaupt nicht verstehbar ist, müsste ihre Behandlung allerdings in die vorige Phase vorgezogen werden). Eine wichtige Aufgabe dieser abschließenden Phase literarischen Verstehens ist daher, dem Schüler eine Auseinandersetzung mit dem Text zu ermöglichen, in der er ihn in denjenigen Zusammenhängen sehen und verstehen kann, die er bisher noch nicht aufgefasst hat, die aber zum Verständnis des Textes wichtig sind. Solche Zusammenhänge können sein

– die geschichtlichen, gesellschaftlichen, politischen, ökonomischen Bedingungen und Hintergründe eines Textes;

- dic kulturellen und literaturgeschichtlichen Bedingungen eines Textes, seine (äußere) Intertextualität, also seine Beziehungen zu anderen literarischen Texten (s. Abschn. 1.2);
- die Beziehungen eines Textes zur Person und Biografie seines Autors sowie zu dessen anderen Werken;
- die Bedingungen der Entstehung eines Textes und das Verhältnis zu seinen Planungen, Vorformen, Frühformen, Varianten und Bearbeitungen.

Hier ist es nun nicht nur wichtig, den Text dergestalt für den Schüler historisch, gesellschaftlich, literarisch usw. zu situieren, sondern dann auch, die Einsichten in übergreifende Zusammenhänge des Textes an die bis dahin gemachten Erfahrungen des Schülers mit dem Text organisch anzubinden, gegebenenfalls zu thematisieren und zu reflektieren, welche eigenen – geschichtlich, gesellschaftlich, kulturell geprägten – Erfahrensweisen und Wahrnehmungsmuster des Schülers sein bisheriges Verstehen des Textes bestimmt haben (s. Nutz 1997). Nicht selten ist es aber auch nötig, diese Erfahrungen selbst erst einmal aufeinander zu beziehen und zu synthetisieren. Denn oft hat der Schüler zwar den Text gelesen und die verschiedenen Operationen der imaginativen, literarischen und nun textüberschreitenden Aneignung des Textes geleistet, sind diese aber punktuell und unverbunden geblieben, und die Erfahrungen, die er durch sie gemacht hat, haben sich nicht zu einem Gesamtverständnis des Textes zusammengefügt. Gelegenheit zu geben, es einzurichten und zu formulieren, ist eine andere wichtige Aufgabe dieser letzten Phase.

In dies *Gesamtverständnis* wird dann eingehen, was der Schüler bislang an Erfahrungen mit dem Text und dem unterrichtlichen Umgang mit ihm gemacht hat. Nur sollte er auch Möglichkeiten haben, sich gegebenenfalls mit ihnen ausdrücklich auseinanderzusetzen: Häufig ist es ja doch so, dass dem Schüler das Lesen des Textes und der unterrichtlich inszenierte Umgang mit ihm nicht nur Lust verursacht, sondern auch Schwierigkeiten gemacht hat, dass er vor allem manchmal Widerstände gegen den Text spürte, Vorbehalte und Einwände gegen ihn hatte, vielleicht Teile von ihm oder ihn überhaupt ablehnte, dass er ihn andererseits vielleicht aber auch stellenweise oder im Ganzen interessant, spannend, ergiebig, gut, wichtig fand. Solche Erfahrungen mit dem Text hängen mit der Erfahrungswelt des Schülers zusammen, und es ist wichtig für sein Verstehen des Textes, dass er Gelegenheit hat, auch sie zu artikulieren und am Text abzuarbeiten, also darzustellen, wie er sein Verhältnis zu dem Text insgesamt sieht und was er für ihn bedeutet, wie er zu seinem Selbst- und Weltbild passt und ob bzw. warum er in seinen Erfahrungshorizont einzufügen ist: seine bisherigen Erfahrungen bestätigt, erweitert, in Frage stellt, verändert, neue Erfahrungen bedeutet usw. (s. Abschn. 1.6). So sollte ihm diese letzte Phase literarischen Verstehens erlauben,

- sein Gesamtverständnis des Textes und dessen, was er für ihn übermittelt, zu formulieren;
- sein mögliches Einverständnis mit dem Text, mit seinem Inhalt, seinen Figuren, seiner Sprache, seiner Form, wie sie auf ihn wirken und was sie für ihn leisten, auszudrücken;

– seine Einstellung zum Text, seine möglichen Widerstände und Vorbehalte gegen
ihn, seine Kritik an ihm und gegebenenfalls seine Ablehnung und deren Gründe
zu artikulieren und darzustellen.

Für die verschiedenen Aufgaben, die dieser letzten Phase literarischen Verstehens
gestellt sind, sind unterschiedliche Verfahren des Umgangs mit dem Text angezeigt.
Bei der Behandlung der übergreifenden Zusammenhänge, in denen ein Text steht
und die ihn prägen, wird man ganz vorwiegend analytische Verfahren wählen, doch
können manchmal, wie bei der kritischen Aktualisierung von in der Vergangenheit
spielenden Texten, auch produktive Verfahren greifen.

Die Darstellung des Gesamtverständnisses eines Textes und das kritische Abarbeiten der Texterfahrungen der Schüler am Text können natürlich in analytischen Formen geschehen. Oft ist das günstigere oder motivierendere Verfahren dafür aber
das produktive: Das Gesamtverständnis des Textes kann durch Inszenieren eines
Verhörs, einer Gerichtsverhandlung usw., durch Schreiben von Anhängen und
Nachspielen, in (fiktiven) Briefen des Autors über seinen Text oder an ihn dargestellt werden; die Erfahrung der Ergiebigkeit einer Textform kann sich im Nachproduzieren der Form oder Schreiben in ihr mit eigenen Themen und Inhalten aus-
drücken; Vorbehalte gegen den Text, Kritik an ihm und seine Ablehnung können
bei der kritischen Aktualisierung des Textes, beim Umformen in verschiedene Textsorten und in Trivialfassungen, beim Schreiben von Parodien, gegenläufigen 'zweiten Teilen' oder Gegentexten artikuliert und dargestellt werden.

2.2 Allgemeine didaktische Überlegungen zum produktiven Umgang mit Literatur im Unterricht

Der vorhergehende Abschnitt dürfte u. a. deutlich gemacht haben (und der nachfolgende „Katalog" belegt es ausführlich), dass es 'den' produktiven Umgang mit
Literatur eigentlich nicht gibt, sondern nur verschiedene Verfahren, die sich deutlich voneinander unterscheiden. Es bedeutet einen durchaus anderen Umgang mit
Literatur, ob man mit literarischen Formen kreativ spielt, ob man literarische Texte
produktiv liest, ob man sie konkretisierend ausfantasiert, sie verändert oder mit ihren Formen über sie schreibt. Die verschiedenen Formen des Umgangs beziehen
sich eben auf verschiedene Phasen literarischen Verstehens und bedienen sie. Und
so ist die Unterschiedlichkeit der vorliegenden Konzeptionen produktiven Umgangs mit Literatur (s. Kap. 3) auch weithin darin begründet, dass sie ihre Schwerpunkte in verschiedenen Phasen des literarischen Verstehens haben. Allgemein
über 'produktiven Umgang mit Literatur' zu sprechen, hat daher mit der Schwierigkeit zu tun, dass die Argumentationen oft nur bestimmte und dabei immer wieder andere Arten des produktiven Textumgangs betreffen. Im Folgenden bringe ich
einige Überlegungen, die sich auf ziemlich viele Formen produktiven Umgangs mit
literarischen Texten beziehen.

2.2.1 Produktiver Umgang mit Literatur als Erfahrung

Für einen produktiven Umgang mit Literatur im Unterricht wird generell der Begriff der *Erfahrung* wichtig (s. o. Abschn. 1.6 u. Waldmann 1990). In der Pädagogik ist das Prinzip des „learning by doing" (Dewey), das Konzept des 'Lernens durch Erfahrung', seit langem fest etabliert. Und auch in der Literaturdidaktik gibt es entschiedene Ansätze eines 'erfahrungsoffenen' oder 'erfahrungsbezogenen' Unterrichts (z. B. Scheller 1981, 1993). Erfahrung aber 'weiß' man nicht, man hat sie. Und man 'lernt' sie nicht, das ist schon sprachlich nicht möglich, sondern man *macht* sie: *aktiv, produktiv*. Ein Literaturunterricht, der Erfahrungen vermitteln will, vermag das nicht dadurch, dass er Informationen über sie gibt und diese lernen lässt. Literarische Erfahrungen können nur so vermittelt werden, dass sie handelnd, in eigenem Tun, gemacht werden.

Es kann daher insgesamt nicht ertragreich sein, wenn dem Schüler Erfahrungen, die andere mit Literatur gemacht haben, mitgeteilt und zum Lernen aufgegeben werden: wenn ihm die mittelbaren Erfahrungen eines für ihn theoretischen Fremdwissens, wie es in der Literaturwissenschaft vorliegt, als Lernstoff übermittelt wird. Sondern der Schüler muss zunächst und vor allem selbst Erfahrungen mit Literatur machen, seine eigenen Lebenserfahrungen an Literatur heranbringen können, eigene unmittelbare Erfahrungen der Sinnaktualisierung, Konkretisation und Aneignung von Literatur machen. Erst wenn das geschehen ist, kann er an diese unmittelbaren eigenen literarischen Erfahrungen gegebenenfalls auch das mittelbare literaturwissenschaftliche Wissen über Literatur ertragreich und folgenreich anschließen.

Den Schüler eigene literarische Erfahrungen machen zu lassen, meint allerdings zunächst oft nur in ganz schlichtem Sinne, dass er überhaupt mit der Welt der Literatur in Beziehung gesetzt wird: Viele Schüler lesen kaum noch oder gar nicht. Sie haben dann fast keine Erfahrungen mit Literatur, die sie beim Umgang mit einem literarischen Text einbringen könnten. Den Zustand werden wir nicht oft merklich zu verändern in der Lage sein. Aber wir können diese Schüler an einigen wenigen literarischen Texten, mit denen sie aktiv und produktiv umgehen, zwar begrenzte, aber dafür intensive (etwa explizit intertextuelle), also *exemplarische* literarische Erfahrungen machen lassen. – Schreiben eigener literarischer Texte, produktives Umgehen mit Literatur in Partner- und Gruppenarbeit, als kollektives Schreiben und in Spielformen kann viel Spaß machen, kann Lust auf Literatur machen, Freude am Lesen von Literatur wecken. Das alles kann es deshalb, weil der Schüler an den produktiven Prozessen innerlich beteiligt ist mit seiner Imagination und Fantasie, mit seiner Kreativität. Ihm Gelegenheit dazu zu geben, sie zu üben und Erfahrungen mit ihnen zu machen, ist die wichtige Leistung eines produktiven Literaturunterrichts.

Mehr noch: Dass ein Literaturunterricht in der Lage ist, in dem einzelnen Schüler Vorstellungskraft, individuelle und soziale Fantasie, Produktivität und Kreativität zu entbinden, entscheidet meist darüber, ob der Schüler mit der Literatur, mit der er umgeht und umgehen wird, die er liest und lesen wird, wirklich *selbst* etwas zu tun hat. Mit seinen Emotionen und Erfahrungen, seinen individuellen und gesellschaftlich geprägten Interessen und Bedürfnissen, seinen Lebensperspektiven und Sinnentwürfen kann er sich nur dann in einen literarischen Text einbringen (ihn sinnaktualisieren und konkretisieren), wenn er Übung und Erfahrung damit hat, seine Vorstellungskraft und Fantasie kreativ und produktiv zu betätigen. Nur so schließt sein Umgang mit Literatur an seine eigene Erfahrungswelt an, wird zu *literarischer Eigenerfahrung* des Schülers.

Ein weiterer Bereich wichtiger Erfahrungen, der nun aber über die Literatur hinausgeht, wird durch den produktiven Umgang mit literarischen Texten erschlossen: Der meist häufige, nicht selten exzessive Medienkonsum der Schüler bringt oft ein Kulturverhalten hervor, das weithin konsumtiv, rezeptiv und passiv ist. Hier bedeutet der produktive Umgang mit Literatur im Unterricht eine wichtige Alternative von aktivem, produktivem kulturellen Verhalten: Unsere Kultur wandelt sich von einer *Lesekultur* immer mehr zu einer *Bildkultur*. Die visuellen und audiovisuellen Medien Illustrierte, Comics, Film, Fernsehen, Video, Computerspiele, Internet usw. nehmen quantitativ immer mehr zu und bestimmen schließlich auch qualitativ unser Kulturverhalten. Viele Schüler und Jugendliche, die mit diesen Medien groß geworden sind, sind so an visuelle Darbietungen gewöhnt, dass sie nicht-visuelle fiktionale Darstellungen kaum mehr richtig aufnehmen können; ihr Lesevermögen ist reduziert.

Lesen, sagten wir, ist ein koproduktiver Vorgang, bei dem der Leser mit seiner Vorstellungskraft und Fantasie die im literarischen Text gegebenen schematischen Entwürfe zu konkreten Realitäten auffüllt. Bei Film, Fernsehen, Video usw. sind alle Realitäten bereits visuell gegeben. Sie brauchen nicht mehr *vorgestellt*, sondern nur noch als bereits komplett vorhandene *wahrgenommen* zu werden. Vorstellungskraft und Fantasie sind für ihre Rezeption wenig gefordert. Das kann dazu führen, dass jemand, der ganz an visuellen Konsum gewöhnt ist, nicht-visuelle Darstellungen gar nicht mehr richtig aufnehmen kann. Er liest Wörter und Sätze, seine Vorstellungskraft setzt sie aber nicht um in Wirklichkeiten, seine Fantasie lässt vor seinem inneren Auge nichts mehr entstehen. Hier vermag aktives und produktives Umgehen mit Literatur, das die Vorstellungskraft fordert, Fantasie zu entbinden und Erfahrungen mit den eigenen Fantasiekräften einzurichten (s. Waldmann 1985).

Und etwas anderes kommt hinzu: Unsere Kultur wird nach und nach zu einer industriellen *Konsumenten-Kultur*, in der die suggestive Faszination der Medien Kassette, CD, Rundfunk, Film, Fernsehen, Video, PC und Internet den Rezipienten immer mehr auf habituelle Passivität – Kinder vermögen oftmals nicht mehr selbst zu spielen –, auf lethargische, z. T. süchtige Konsumentenhaltung hin, in der er nur noch Kulturgehalte inhalieren kann und will, programmiert, in der er als Konsument so produziert wird, dass kulturelle Geselligkeit und Kommunikation, Eigeninteresse und Eigentätigkeit erstickt werden. Hier ist es u. a. wichtig, litera-

risch zu lesen und Literatur produktiv verstehen zu lehren, um die Schüler so
Erfahrungen mit der eigenen Produktivität, Fantasie und Kreativität machen zu
lassen und damit ein Kontrastprogramm zu dieser Entwicklung anzubieten.

2.2.2 Produktiver und analytischer Umgang mit Literatur

Das hermeneutische und didaktische Konzept dieses Buches zielt auf *produktiven*
Umgang mit literarischen Texten; in welcher Beziehung steht er zu *analytischem*
Textumgang? Ein literarischer Text wird von seinem Autor nicht geschrieben, um
analysiert, sondern um gelesen und verstanden zu werden. Wenn das vorliegende
produktionsorientierte Konzept vom Verstehen literarischer Texte her organisiert
ist, dann entspricht es seinem Gegenstand 'Literatur' damit offenbar unmittelba-
rer, ist ihm gleichsam mehr affin als analytische Verfahren, die auf jeden Gegenstand anwendbar sind, sobald er wissenschaftlich erfasst werden soll. Jedenfalls
steht außer Frage, dass produktive Verfahren des Textumgangs literarisch legitim
und literaturdidaktisch, nämlich für die Hinführung zur Literatur und die Einführung in ihr Verstehen, wie es der Literaturunterricht leisten möchte, ganz unab-
dingbar sind.

Deshalb können und dürfen sie aber nicht das einzige oder auch nur das vorwiegen-
de Verfahren des Textumgangs im Literaturunterricht sein. Ein Literaturunterricht, in dem die Schüler unablässig produzieren müssten, wäre unerträglich und
ertraglos und würde sie eher von der Literatur weg als zu ihr hin führen. Neben dem
produktiven Umgang mit Literatur muss das Anhören, das gemeinsame Erlesen
und Erleben, das Vorlesen, das Darstellen, das gemeinsame Besprechen, Erörtern
und Diskutieren, das Interpretieren und Analysieren literarischer Texte stehen.
Besondere Bedeutung hat dabei ihr Analysieren: Literarische Texte sollten immer
auch nach Gesamtstrukturen und in ihrer Gesamtgestalt, sie sollten in ihren literarischen Beziehungen und literaturgeschichtlichen Bezügen, sie sollten kritisch
nach ihren kulturellen, geschichtlichen, gesellschaftlichen, politischen, ökonomischen Bedingungen und Wirkungen verstanden werden. Das ist fast immer nur analytisch möglich, sodass dann analytische Verfahren der Behandlung ganz unersetz-
lich sind (s. das Unterrichtsmodell dieses Buchs Abschn. 5.2 oder auch das eines
Dürrenmatt-Dramas Waldmann 1996, S. 157–192).

Welcher Art das Verhältnis analytischer und produktiver Verfahren zueinander ist,
richtet sich vor allem danach, um welche Phase des Verstehens eines literarischen
Textes es sich handelt: In der 1. Phase lesenden Aufnehmens können und sollten
teilweise produktive Verfahren verwendet werden; für analytische Zugriffe ist i. a.
noch keine Gelegenheit. Die 2. Phase konkretisierender subjektiver Aneignung ist
weithin nur mit produktiven Verfahren zu bestreiten. In der 3. Phase textuellen Erarbeitens literarischer Texte können praktisch alle Zugriffe analytisch erfolgen,
und einige sind überhaupt nur analytisch möglich. Viele andere Verfahren sind aber
auch produktiv sinnvoll und dann oft ergiebiger. In der 4. Phase der Auseinandersetzung mit literarischen Texten sind die Verfahren, die übergreifende geschicht-

liche, gesellschaftliche, literarische usw. Zusammenhänge der Texte erarbeiten, bis auf einige Ausnahmen nur analytisch, die Verfahren, die ein Gesamtverständnis der Texte erarbeiten, meist analytisch möglich, oft produktiv aber erfolgreicher.

Insgesamt kann man sagen, dass unterrichtliche Arbeit mit literarischen Texten, die den Schülern ein Verstehen dieser Texte vermitteln will, ausschließlich mit produktiven Verfahren i. a. nicht gut möglich, ausschließlich mit analytischen Verfahren (denn es fallen ja ganze Verstehensphasen weg) meist nur bedingt ertragreich, also üblicherweise darauf angewiesen ist, beide Verfahren zu verwenden. Dabei sind analytische und produktive Verfahren aber keine konkurrierenden und sich ausschließenden Verfahren. Sie ergänzen sich, arbeiten sich gegenseitig zu, greifen manchmal ineinander und sind miteinander verschränkt, können sich nicht selten gegenseitig vertreten und ersetzen (ein Modell dafür stellt der Aufgabenkomplex A 1–5 des Unterrichtsmodells von Abschn. 5.2 dar). Es ist unsinnig, eine Verfahrensweise absolut zu setzen; es ist auch nicht günstig, ein Verfahren generell zu favorisieren, sondern es kommt darauf an, dasjenige Verfahren zu wählen, das bei dem speziellen Text und in der jeweiligen Verstehensphase für eine bestimmte Klasse oder einen bestimmten Kurs am meisten für die Vermittlung des Textverstehens leistet.

3 Konzepte

Produktiven Umgang mit Literatur gibt es seit Jahrhunderten, und heute gibt es ihn in vielfältigen Formen und unterschiedlichen Konzepten.

3.1 Eigenes literarisches Schreiben – Skizze seiner Geschichte und Entwicklung

In dem Klassenarbeitsheft meines Vaters Otto Waldmann aus dem Jahre 1897/98 finde ich unter den Arbeiten, die er in einer Volksschule in Voerde (Westf., heute Ennepetal) als Dreizehn- und Vierzehnjähriger geschrieben hat, u. a. eine Nacherzählung von Lukas 10,30-37 mit veränderter Perspektive: „Wie der Priester die Geschichte vom barmherzigen Samariter selbst erzählt" und eine in die eigene Lebenswelt hineinholende Erzählparaphrase des Feuerbrunstteils von Schillers „Glocke": „Lieber Freund! Ich will Dir in diesem Briefe etwas von der Feuersbrunst mitteilen, welche unser Dörflein schrecklich heimgesucht hat ...": Im Prinzip nach wie vor ergiebige Verfahren produktiven Literaturumgangs in einer westfälischen Volksschule vor hundert Jahren! Doch greife ich zunächst weiter zurück.

Ein selbstverständlicher Teil der literarischen Geselligkeit war eigenes literarisches Schreiben in der höfischen Gesellschaft des Mittelalters, der Renaissance und des Absolutismus. Große Bedeutung hatten literarische Spiel- und Schreibformen für die Frühromantiker vor allem des Jenenser Kreises, aber auch für die Salons der Spätromantik und die vielfältige Schreibkultur des Biedermeier (vgl. Mattenklott 1979, S. 7–16). Für die Surrealisten, insbesondere für André Breton, für Autoren der amerikanischen Subkultur der 40er und 50er Jahre, etwa Henry Miller und William Burroughs, und schließlich für die Mitglieder der zunächst französischen, dann internationalen Autorengruppen Oulipo (eine Abkürzung von „Ouvroir de la littérature potentielle") waren Spielformen und -techniken des Schreibens wichtig (s. Werder / Mischon / Schulte-Steinicke 1992, S. 263–333). – Großen gesellschaftlichen und politischen Belang gewann eigenes literarisches Schreiben in Russland nach der Oktoberrevolution. Die theoretische Begründung lieferte vor allem die frühe russische Linke; Tretjakov schrieb 1923:

> Die Gruppe der Rezipienten – ein passives Publikum, Menschen, die einen großen Teil ihres Lebens für eine sinnlos eingesetzte, ungeliebte Arbeit hingeben – strebte danach, ihre Mußestunden mit einer Beschäftigung auszufüllen, die, bei einem minimalen Energieaufwand, Freude bereitet, Interesse erregt und die Stimmung hebt. Die Menschen suchten etwas, und wohin sie aus ihrer monotonen und ihnen zum Halse heraushängenden Alltagswelt entfliehen könnten. Und zu Hilfe kamen ihnen dabei die Maler, Dichter, Musiker und Schauspieler. [...] Die Menschen wurden in andere Epochen, andere gesellschaftliche Milieus, in die Fiktion versetzt. Die Kunst war ein Trick mit fast hypnotischem Charakter, sie war ein Narkotikum, das im menschlichen Bewußtsein neben dem wirklichen Leben ein anderes, zwar illusorisches, aber dafür um so anziehenderes Leben schuf. (1972, S. 10)

Dagegen stellt er die kreativen Fähigkeiten der Menschen zu eigener künst-
lerischer Tätigkeit:

> Jeder Mensch zeichnet in seiner Kindheit, tanzt, denkt sich treffende Wörter aus und
> singt. Warum dann aber genießt er, wenn er erwachsen ist, selbst extrem ausdrucks-
> arm geworden, nur manchmal die 'Schöpfung' eines Künstlers? Hat diese Erschei-
> nung nicht ihre Wurzel in den Bedingungen der kapitalistischen Arbeit, wo der Ar-
> beitsprozeß ein Fluch ist und der Mensch nur auf die Minuten der Muße versessen
> ist? Ist denn der Verlust des aktiven künstlerischen Instinkts des Menschen, der ihn
> aus einem aktiven Produzenten in einen Zuschauer und Konsumenten verwandelt,
> als normal anzusehen? Die Kunst für alle! Diese Losung sollte ein Höchstmaß an
> meisterlicher Gewandtheit des Menschen in all seinen praktischen Tätigkeiten be-
> deuten [...]. (S. 12 f.)

Ähnliche Ansichten vertrat im Sinne einer allgemeinen „Produktionskunst" Arvatov; er war einer der führenden Köpfe des Proletkult (Proletarische Kultur), der –
außerhalb und teilweise gegen die kommunistische Partei – eine kulturelle und politische Massenbewegung wurde, die 1920 500 000 Arbeiter als Mitglieder, davon
80 000 aktive Mitarbeiter, und etwa 15 größere Zeitschriften hatte. Auch in
Deutschland entstand mit dem BPRS (Bund proletarisch-revolutionärer Schriftsteller) 1928 ein Forum aktiver literarischer Praxis, fand wie alle entsprechenden
Tendenzen in Russland aber sein Ende mit dem Stalinismus. Eine Art Nachfolge
dieser Bewegungen war dann ab 1970 in der Bundesrepublik Deutschland der
„Werkkreis Literatur der Arbeitswelt" mit seinen zahlreichen Werkstätten schrei-
bender Arbeiter und Arbeiterinnen und ihren Publikationen.

In der Schule war die Nachahmung klassischer literarischer Muster in den Gelehr-
tenschulen und Gymnasien seit der Aufklärung üblich; sie wurde bis in die erste
Hälfte des 19. Jahrhunderts an Schulen geübt. Etwa mit dem Beginn des 20. Jahrhunderts förderte die Reformpädagogik entschieden, allerdings mehr erlebnisbe-
stimmt als literarisch bezogen, eigene Produktivität der Schüler (s. Rudloff 1991,
S. 175–217). In ähnliche Richtung ging seit den zwanziger Jahren der bis heute
wirksame Ansatz von Célestin Freinet mit seinem von den Schülern geschriebenen
und in Handdruckereien selbst gedruckten „freien Texten". Während der Zeit des
Nationalsozialismus war dafür kein Raum, und für einen eigenen produktiven Umgang mit Literatur, die zu einem abgehobenen Weihebereich hochstilisiert wurde,
demgegenüber nur eine ganz hingebungsvolle Rezeptionshaltung erlaubt war (s.
Waldmann 1976, S. 145–168), erst recht nicht.

Obwohl diese Literaturauffassung auch nach 1945 in wesentlichen Teilen wirksam
blieb, fand die Literaturdidaktik doch nach einiger Zeit zu Formen eigenen und aktiven Umgangs mit Literatur. So trat Robert Ulshöfer, der wohl meistgelesene und
einflussreichste Didaktiker dieser Zeit, für das „literarische Nachgestalten" ein
und legte zahlreiche Unterrichtsvorschläge dazu vor (s. Fritzsche 1994, Bd. 3,
S. 22–28). Er schreibt in einem Kapitel zur Dramenbehandlung: „Unser Deutschunterricht leidet heute unter einem Zuviel an Interpretation und einem Zuwenig

an selbständigem Gestalten. [...] Eine Umstimmung des Unterrichts von der Rezeptivität auf Produktivität ist unerläßlich." (Ulshöfer 1970, S. 34 f.) Diese „Produktivität" im Umgang mit Literatur beschränkt sich allerdings auf die Nachahmung zuvor erarbeiteter literarischer Muster, doch wird um 1970 das freiere Konzept der 'Kreativität' mit zahlreichen Publikationen aufgegriffen, die „kreativen Umgang" (Rumpf 1968), „kreative Übung" (Winterling 1971), „Kreativitätsübung" (Meckling 1972), „kreative Gestaltungsübungen" (Birner 1978), überhaupt „Kreativität" (Pielow / Sanner 1973; Brokerhoff 1976) im Literaturumgang fordern, wobei Verfahren entwickelt und vorgeschlagen werden, die auch heute noch von Belang sind. Mit dem Ende der siebziger Jahre liegen dann in der Bundesrepublik zahlreiche Publikationen zum kreativen Schreiben und zum produktiven Umgang mit Literatur im Unterricht vor.

In der DDR gibt es Konzepte eines „schöpferischen Literaturunterrichts" seit den siebziger Jahren, sie reichen aber oft nicht weit, weil sie vor allem motivationell gezielt sind und in die Interpretation eingebunden bleiben (s. Müller-Michaels 1991, S. 586–588).

Eigenes kreatives und literarisches Schreiben hat heute große Verbreitung auch über die Schule hinaus gefunden. So gibt es eine weitverzweigte und vielgestaltige Schreibbewegung, bei der in Akademien, an Volkshochschulen und in Schreibbüros, auf Schreibtagungen, in Schreibseminaren und -workshops kreativ geschrieben wird (s. Ermert / Bütow 1990) und die im „Segeberger Kreis, Gesellschaft für Kreatives Schreiben" ein Forum der Diskussion und des Erfahrungsaustausches hat. Veranstaltungen zum kreativen Schreiben finden auch an einigen Hochschulen statt (s. Rau 1988). Zum üblichen Literaturstudium gehört eigener praktischer und produktiver Umgang mit Literatur aber selten. Das ist anders in den USA, wo composition und creative writing wesentlicher Bestandteil des Literaturstudiums an sehr vielen Colleges und Universitäten ist (s. Bräuer 1996). Ähnliches gilt für England, wo composition schon lange wichtiger Teil des Literaturstudiums und auch creative writing von großer und steigender Bedeutung ist.

Was ich jetzt knapp skizziert habe, sind sehr verschiedenartige Formen kreativen Schreibens und produktiven Umgangs mit Literatur, die ganz unterschiedliche literarische, ästhetische, kulturelle und gesellschaftliche Voraussetzungen haben; das kann hier nicht dargestellt werden (s. dafür Rudloff 1991). Auch die vielfachen und oft engen Beziehungen zum Aufsatzunterricht bzw. zum personalen Schreiben sind nicht berücksichtigt worden (s. dafür Ludwig 1988 u. Merkelbach 1993, S. 5–27, besonders aber Schuster 1997). Hier ging es vor allem darum, darzutun, dass produktiver Umgang mit Literatur und eigenes literarisches Schreiben in unserem Traditionsraum nichts Neues und nichts an sich Unangemessenes oder gar literarisch Unerlaubtes darstellen. So erscheint es nur demjenigen, der nach wie vor durch die auratisierende genieästhetische Ansicht geprägt ist, die das Bild vom Autor in den letzten 250 Jahren maßgeblich bestimmt hat (s. Schmidt 1988) und bis heute wirksam ist: Literatur, 'Dichtung', könne eigentlich nur von dem einschlägig begabten, wenn nicht begnadeten, jeweils spezifisch inspirierten 'Dichter' ('Dichtergenie') geschrieben werden.

Allerdings leben wir alle in dieser langen Kulturtradition, sodass es auch wieder nicht so verwunderlich ist, wenn manche Lehrerin und mancher Lehrer ihr bewusst und vor allem unbewusst verpflichtet sind, – vielleicht nur noch ganz wenig, aber doch so sehr, dass sie eigenen produktiven Umgang ihrer Schüler mit Literatur nicht recht mögen. Wenn sie dann in Universität oder Hochschule, Referendariat und Schulpraxis keine Erfahrungen damit machen konnten, zudem selbst nie literarisch geschrieben haben, fühlen sie sich leicht produktiven Verfahren des Literaturumgangs gegenüber unsicher, teilweise auch deshalb, weil diese nicht in gewohnter Weise planbar und nach Verlauf wie Ergebnis absehbar sind, und trauen sich nicht, sie in ihrem Unterricht einzusetzen. Hier kann ich nur sehr warm empfehlen, es einfach mal zu versuchen, vielleicht aber auch mit einem 'Eigenversuch' zu beginnen, nämlich selbst in irgendeiner attraktiv erscheinenden Form, die der Katalog anbietet, selbst zu schreiben!

3.2 Produktiver Umgang mit Literatur im gegenwärtigen Literaturunterricht

3.2.1 Konzepte zwischen kreativem Schreiben und produktivem Textumgang

Ich habe bisher ohne weitere Unterscheidung und Abgrenzung von eigenem oder kreativem Schreiben und von produktivem Umgang mit Literatur gesprochen. Das entspricht einem weitverbreiteten Sprachgebrauch, ist aber ungenau. Denn kreatives Schreiben kann produktiver Umgang mit Literatur sein, muss es aber nicht und ist es, etwa wenn es im Aufsatzunterricht geschieht, oft auch nicht. Es sind im Grunde zwei unterschiedliche Positionen mit verschiedenen Schreibinteressen: *Kreatives Schreiben* ist vor allem auf den Schreibenden gerichtet und darauf, dass er, gegebenenfalls auch durch Schreiben in literarischen Formen, schreibend eigene Kreativität entbindet und erfährt, wobei ein mögliches besseres Verstehen bestimmter literarischer Texte mehr ein Nebenprodukt ist. *Produktiver Umgang mit Literatur* ist vor allem auf den literarischen Text gerichtet und darauf, dass er durch eigenes Schreiben besser verstanden wird, wobei die mögliche Förderung von Kreativität des Schreibenden ein bloßer Nebeneffekt sein kann (s. Fritzsche 1994, Bd. 3, S. 197f.).

Direkt auf den Literaturunterricht bezogen, können dann didaktische Positionen wie die folgenden entstehen (ich überzeichne ein wenig): Der entschieden 'kreative' Literaturdidaktiker und Lehrer ist allein daran interessiert, den Schülern Gelegenheiten zu kreativem Schreiben zu verschaffen, das er nicht durch die strenge Arbeit an literarischen Texten beeinträchtigt wissen möchte; deshalb geht es meist nur in 'kreativen Nischen' des Literaturunterrichts, den es insgesamt wenig prägt, vor sich. Der strikt auf produktiven Textumgang gerichtete Literaturdidaktiker oder Lehrer (der vielleicht selbst nie 'kreativ' geschrieben hat) ist allein daran interessiert, durch produktive Verfahren ein intensiveres Textverständnis, das teilweise aber auch kognitiver Art ist, als es analytische Verfahren erbringen, zu erreichen; dabei ist ihm eine 'kreative' Bereicherung der Schüler durch produktive Verfahren wenig wichtig und geschieht für eine eigene, emotionale und imaginative Aneignung von Literatur durch die Schüler nicht viel.

Die eben beschriebenen Positionen sind Extrempositionen. Auch sie werden heute vertreten; die meisten der gegenwärtig vorliegenden Konzepte sind aber dadurch bestimmt, dass bei ihnen beide Positionen in verschiedener Konstellation und mit unterschiedlicher Stärke eine Rolle spielen. Ich bezeichne im Folgenden knapp eine Anzahl von Konzepten, im übernächsten Abschnitt sechs dieser Konzepte etwas genauer (s. auch Paefgen 1996, S. 20–33, 38–59).

Publikationen zum kreativen Schreiben, die auch für den Literaturunterricht von Belang sind, beruhen meist auf Schreiblehrgängen (Rico 1984) oder Schreibwerkstätten (etwa Scheidt 1993) oder auch auf dem biografischen (etwa Gudjons / Pieper / Wagener 1986) oder therapeutischen Schreiben (etwa Werder 1986, s. auch 1993) und sind nicht selten der Schreibbewegung verpflichtet oder mit ihr verbunden (s. Ermert / Bütow 1990). Einige Publikationen zum kreativen Schreiben der Schüler in der Schule stammen aus der Arbeit freier Schreibwerkstätten mit Schülern: Gundel Mattenklotts Buch „Literarische Gesellligkeit – Schreiben in der Schule" (1979) bringt Texte aus zwei Workshops mit Schülern am Pädagogischen Zentrum Berlin und macht Vorschläge für einen Kurs „Schreiben" in der Schule. Die von Joachim Fritzsche herausgegebene „Schreibwerkstatt" (Fritzsche / Bothe / Rammoser 1989) beruht auf Schreibkursen mit Schülern innerhalb eines Forschungsprojekts an der Universität Hamburg und bringt 36 Schreibaufgaben mit Erläuterungen und Beispieltexten. Viele der Aufgaben sind hier *spielhafter* Natur, und diese besonders motivierende Arbeitsform nutzt Ingeborg Meckling für eine ganze Aufgabensammlung: „Fragespiele mit Literatur" (1985), die mit 33 Ratespielen auflockernden und spielerischen Umgang mit Literatur einrichten; auch ein Band von ihr zur Einführung in die Metapher (1987) arbeitet teilweise mit spielhaften Aufgaben. Aus der Arbeit an Schulen und der außerschulischen Jugendbildung stellt Gerd Brenners Buch „Kreatives Schreiben" (1990) zahlreiche thematisch gegliederte Schreibverfahren, die aber nicht der Arbeit an literarischen Texten dienen sollen, vor. Eine reichhaltige, praktikable und zuverlässig belegte Sammlung von 128 – gut in der Schule verwendbaren – Schreibspielen bietet die von Bettina Mosler und Gerd Herholz „gesammelte, erdachte und kombinierte" „Musenkussmischmaschine" (1992).

Eine Umakzentuierung des Umgehens mit literarischen Texten oder gar des Literaturunterrichts überhaupt ist durch solch kreatives Schreiben i. a. nicht angezielt (Fritzsche weist ausdrücklich ab, dass die Schüler bei ihm „Einsichten" in Literatur gewinnen sollen; a. a. O., S. 4). Das ist anders bei Gerhard Haas, der ein Gesamtkonzept eines „handlungs- und produktionsorientierten Literaturunterrichts" entwirft, in dem vor allem analytisch weniger begabten Schülern ein aktiver und lustvoller Zugang zur Literatur ermöglicht werden soll, kognitive Erkenntnisse aber weniger Gewicht haben (s. Abschn. 3.3.1). Mehr an kognitiver Erfassung von Literatur interessiert ist Kaspar H. Spinner, doch geht es ihm vor allem darum, durch produktive Verfahren die innere Vorstellungskraft der Schüler zu entfalten und ihnen Emotion und Imagination beim Umgang mit literarischen Texten zu ermöglichen (s. Abschn. 3.3.2). Gerade an der analytischen Leistung produktiver Verfahren beim Umgang mit literarischen Texten interessiert ist Wolfgang Menzel, der zahlreiche produktionsbezogene Beiträge in „Praxis Deutsch" veröffentlicht hat; er vertritt, wie er sagt, „in erster Linie die operativen Methoden, die den Schülerinnen und Schülern einen *experimentierenden Umgang mit Textelementen* anbieten und Beobachtungen zu formalen und inhaltlichen Aspekten anregen. Dadurch ergibt sich bei ihm eine *enge Verbindung von produktionsorientiertem Vorgehen und Textanalyse.*" (Haas / Menzel / Spinner 1994, S. 25) Der Band „Umgangsformen" von Werner Ingendahl (1991) ist ganz auf die „Erschließung poetischer Literatur" gerichtet, die in einem vierphasigen Verstehensmodell mit Hilfe zahlreicher produktiver, auch spielerischer, sowie analytischer Verfahren ermöglicht wird (s. auch Abschn. 2.1).

Mein eigenes Konzept will in zum Teil vergleichbarer Weise (doch noch konsequenter in der Verwendung produktiver Verfahren) mit zahlreichen, je nach der Phase des Verstehensprozesses ganz verschiedenen produktiven, auch spielerischen Verfahren die Schüler literarische Texte, ihre Inhalte und Formen imaginativ vollziehen und produktiv aneignen und erfahren, aber auch analytisch erfassen lassen (s. Abschn. 3.3.3). Harro Müller-Michaels Konzept einer „Rezeptionspragmatik" soll durch produktive Verfahren die Textrezeption enger an die Lebenswelt der Schüler anschließen und sieht den Ertrag vor allem im kognitiven Bereich (s. Abschn. 3.3.4). Gerhard Rupp greift diesen Ansatz auf und will insbesondere durch Veränderung der literarischen Texte die Rezeptionshandlungen der Schüler nachhaltiger gestalten, wobei die Förderung der eigenen kreativen Fähigkeiten der Schüler nicht von Belang ist (s. Abschn. 3.3.5). Ganz am literarischen Text orientiert und primär auf dessen Analyse gerichtet ist das produktive Konzept von Karlheinz Fingerhut (s. Abschn. 3.3.6).

Die einzelnen gegenwärtigen Konzepte produktionsorientierten Arbeitens im Literaturunterricht sind meist deutlich durch die verschiedene Stellung bestimmt, die *kreatives Schreiben* und *produktiver Textumgang* in ihnen zueinander einnehmen. Da ist es nun meiner Einschätzung nach wichtig, keinen Gegensatz zwischen ihnen zu konstruieren oder gar zu meinen, sie schlössen sich aus. *Kreatives Schreiben* hat seine eigene Stelle im Deutschunterricht, etwa beim Aufsatzunterricht, in einzelnen zweckfreien Phasen oder in eigenen Schreibgruppen; es vermag darüber hinaus erfolgreich literarische Techniken und Formen zu erkunden und zu erproben und so dem Textumgang zuzuarbeiten. Damit hat es durchaus Funktion für

produktive Textarbeit und im literarischen Verstehensprozess, etwa für die spielhafte Einstimmung in literarische Texte (Vorphase), für ihre subjektive Aneignung
(2. Phase), auch für die Auseinandersetzung mit ihnen (4. Phase). *Produktiver
Textumgang* hat so durchaus 'kreative' Momente und Phasen (in dem Unterrichtsmodell zu Kafkas „Verwandlung" etwa in Abschn. 5.2 sind die beiden einleitenden
Aufgaben A 1 und A 2 und ist die abschließende Aufgabe A 8 in diesem Sinne 'kreativ') und zielt für mich immer auch darauf, wie die Untertitel meines Lyrik- wie
meines Dramenbuchs anzeigen, das Erzählbuch nennt da „kreatives Schreiben"
sogar als erste Abzweckung, eigenes kreatives Schreiben zu ermöglichen.

3.2.2 Vorschläge und Modelle zum produktiven Umgang mit den einzelnen literarischen Gattungen und Textsorten

Zu allen literarischen Gattungen und Textsorten liegen Vorschläge und Modelle produktiven Textumgangs vor (ich führe hier nicht die vielen Buchbeiträge und Zeitschriftenaufsätze, sondern nur Monografien auf); ich beginne mit der **Lyrik**: Hans Gatti bringt in seinem Buch „Schüler machen Gedichte" (1979) zahlreiche Beispiele produktiven Arbeitens für das 5.–9. Schuljahr, aufgeteilt nach antizipierendem, analogem und freiem Gestalten, aus seinem Unterricht in der Hauptschule. Mein zuerst 1988 erschienenes Buch „Produktiver Umgang mit Lyrik" verfährt systematisch und bringt in der neubearbeiteten und erweiterten 5. Auflage (1998) in 110 Arbeitsanregungen insgesamt 170 (mehrfach spielhaft ausgelegte) Einzelaufgaben zur allgemeinen Einstimmung in Lyrik, zum freien Vers, zu lyrischen Vers-, Klang-, Wort-, Bild-, Satz- und Strophenformen und macht viele Vorschläge für die unterrichtliche Arbeit damit von der Grundschule bis zum Leistungskurs. „Gedichte im Unterricht – einmal anders" heißt ein von Franz-Josef Payrhuber (1993) herausgegebener Band, in dem mehrere Autoren zahlreiche Beispiele für produktive Erschließung und Verarbeitung sowie für eigene Produktionen von Gedichten in der 5.–10. Klasse geben. Das Buch „Wege zum kreativen Interpretieren: Lyrik" von Karl Stocker (1993) lässt leider die „Wege" nicht erkennen, auf denen Schüler zum Interpretieren von Lyrik kommen könnten, auch inwiefern sie „kreativ" sein sollen, bleibt unklar. Zahlreiche Vorschläge für den produktiven Umgang mit Lyrik in der Grundschule enthält Harald Regers Buch „Kinderlyrik in der Grundschule" (1996, S. 209–270).

Kaspar H. Spinners vollständig überarbeiteter Band „Umgang mit Lyrik" (1997) bringt zunächst eine unterrichtsmethodische Darstellung der verschiedenen, insbesondere „operativ-kreativer" Verfahren des Umgangs mit Lyrik und dann thematisch gegliederte lyrische Unterrichtssequenzen für die 5.–10. Klasse; produktive Verfahren des Umgangs mit Gedichten stellt auch sein Band „Lyrik der Gegenwart im Unterricht" (1992) dar.

Zum **Erzählen**: Den Band „Umerzählen" von Karlheinz Fingerhut (1982) referiere ich genauer in Abschn. 3.3.6. Kaspar H. Spinners „Vorschläge für einen kreativen Literaturunterricht" (1990b) bilden den methodischen Begleitband zu drei Geschichten-Bänden für die 5./6., 7./8. und 9./10. Klasse, die so ausgesucht sind, dass sie sich besonders für eine produktive Verarbeitung eignen; der Band enthält nach einer Begründung produktiver Verfahren methodische Vorschläge für den produktiven Umgang mit den Geschichten. Der Band „Erzählen", den ich zusammen mit Katrin Bothe gemacht habe (Waldmann / Bothe 1992), richtet sich auf die Sekundarstufe I und II und ist systematisch aufgebaut; er behandelt in 86 Arbeitsaufgaben von geringem bis zu hohem Schwierigkeitsgrad u.a. Grundformen, Leserbezug und Zeitstrukturen des Erzählens, Erzählen in modernen Erzähl-, Rede- und Sprachformen sowie Erzählmontagen und -collagen; er enthält viele spielhafte Aufgaben und solche, die in Partner-, Klein- und Großgruppenarbeit bearbeitet

werden können und gibt Anregungen zum eigenen kreativen Schreiben in diesen
Formen.

Zum **Drama**: Eine besondere Form produktiven Umgangs mit dem Drama vertritt
Ingo Scheller mit seinem Konzept „szenischer Interpretation", nach dem Dramen
nicht nur gelesen, sondern in verschiedenen Formen eigenen Spielens szenisch erarbeitet werden; er hat es in mehreren Veröffentlichungen genauer entwickelt (s.
insbes. 1993) und an verschiedenen Dramen exemplifiziert (etwa 1989; 1992). Ein
vergleichbares Konzept „szenischen Interpretierens", nämlich des Erarbeitens von
literarischen Texten, vor allem von Lyrik und Erzählformen, weniger von Dramen,
durch szenisches Erspielen und Darstellen, vertritt Albrecht Schau (1991; 1996)
Produktive Arbeit an den literarischen Texten durch eigenes Schreiben gibt es bei
Scheller und Schau allerdings nicht; schriftliche Betätigungen der Schüler finden
nur ausnahmsweise statt. Karl Schusters Buch „Das Spiel und die dramatischen
Formen im Deutschunterricht" (1996) behandelt vor allem traditionelle Spielformen (Figuren-, Kasperl-, Marionetten-, Masken-, Schatten-, Stegreiftheater, Pantomime), neuere Spielformen (u. a. Psychodrama, Selbsterfahrungs- und Interaktionsspiele) und das literarische Rollenspiel im Unterricht. Um das konventionelle
Drama geht es hier nicht, das ist Gegenstand bei Harald Frommer, der mit seinem
Band „Lesen und Inszenieren" (1995) beim Umgang mit dem Drama das Lesen
wieder in seine Rechte einsetzen möchte und Verfahren darstellt, etwa mit „Unter-
texten", durch simulierte Inszenierung und szenische Interpretation, mit Dramen
produktiv umzugehen; Erfahrungen mit dem eigenen Schreiben dramatischer Texte durch die Schüler werden nicht angestrebt. Das ist einer der Schwerpunkte meines Buchs „Produktiver Umgang mit dem Drama" (1996), das zum Drama durch
eigenes Schreiben von Dramenszenen hinführen, Dramenformen durch Umformung einer Erzählung in ein Drama und Dramentypen durch Schreiben eigener
Kurzdramen in ihren Formen erarbeiten lässt. Doch werden auch für den Umgang
mit Dramentexten viele Formen szenischen Erarbeitens und 80 produktive Zugriffe angeboten; ein umfangreiches Kapitel führt zum gegenwärtigen Drama hin.

Mehrere literarische Gattungen zum Gegenstand hat die Veröffentlichung „Schüler schreiben selbst" von Karl-Heinz Jahn und Karl-Heinz Kirn (1983), sie behandelt Märchen, Parabel, Lyrik und verschiedene Erzählformen. Der zuerst 1984 er-
schienene Band „Handlungs- und produktionsorientierter Literaturunterricht"
von Gerhard Haas (1997) enthält je einen Teil zum Umgang mit Gedichten und zu
erzählerischen Texten im Unterricht. Und Werner Ingendahls „Umgangsformen"
(1991) beziehen sich meist auf Lyrik, aber auch auf Erzählungen und auf das Drama. – Im Bereich der **Kinder- und Jugendliteratur** hat Gerhard Haas seit 1980 in
„Lesen in der Schule mit dtv junior" beim Deutschen Taschenbuchverlag,
München, zahlreiche produktionsorientierte Unterrichtsvorschläge vorgelegt.
Acht Modelle produktiven Umgangs mit neueren Jugendbüchern von der 5.–10.
Klasse stellt Hans Göttler vor (1993). Zur **Trivialliteratur** bringen meine beiden
Bände „Literatur zur Unterhaltung" produktionsorientierte Unterrichtsmodelle

sowie Texte zu Comics, Western, Kriminal- und Detektivroman, Frauenroman und
Science Fiction (1980). – **Lesebücher** für die 5.–10. Klasse mit gezielt produktiven
Absichten sind vor allem die von Wolfgang Menzel herausgegebenen „Treffpunkte" (Menzel 1988–94) und das von einem Autorenteam (dem ich angehöre) erarbeitete Lesebuch „Unterwegs" (Bleier-Staudt [u. a.] 1992–96), das einen Leseteil
und einen Arbeitsteil mit Unterrichtseinheiten und Projekten aufweist, die meist
produktiv ausgelegt sind. Vorwiegend bzw. in mehreren Teilen produktiv ausgelegte **Arbeitsbücher** für die Sekundarstufe II sind von Thomas Kopfermann „Produktives Verstehen von Literatur" (1994) und „Überschrift Deutsch", herausgegeben
von Joachim Fritzsche (1995).

3.3 Einzelne Konzepte produktiven Literaturumgangs im Unterricht

Einige Autoren und ihre Konzepte stelle ich etwas eingehender dar. Mit der Auswahl will ich nicht anzeigen, nur diese Autoren seien eigentlich von Belang. Ich habe solche ausgewählt, deren Konzepte theoretisch gut ausgewiesen und möglichst
unterschiedlich sind. Ich halte ihre Positionen alle im Prinzip für wichtig; sie sind
auch alle mehr oder weniger stark und explizit in der vorliegenden produktiven
Hermeneutik enthalten. Ich habe allerdings Vorbehalte, ob einzelne Positionen allein für sich schon ausreichen, um einen rundum ertragreichen Literaturunterricht
zu gewährleisten, halte es jedoch, da ich meinen Standpunkt in Abschnitt 3.2.1 bereits dargelegt habe, nicht für dringend, sie daraufhin zu kritisieren; ich weise aber
am Schluss jeweils auf Stellungnahmen zu ihnen hin. (Die autobiografischen Anga-
ben zu Beginn der Abschnitte wurden von den Autoren eigens für dieses Buch geschrieben, wofür ich ihnen sehr danke.)

3.3.1 Handlungs- und produktionsorientierter Literaturunterricht für alle
Schüler: Gerhard Haas

1929 in einem kleinen Dorf am Rande des Schwarzwalds geboren und aufgewachsen,
Internat, 1950–1952 Ausbildung zum Volksschullehrer, 1. und 2. Lehrer-Examen; bis
1957 im Schuldienst. 1957–1963 Studium der Germanistik, Geschichte und Wissen-
schaftlichen Politik in Tübingen und München, Abschluß mit dem Staatsexamen.
Anschließend Assistent bei Hans Fischer, Universität Tübingen. Promotion über
Vorformen des Essays im Roman bei Richard Brinkmann. Referendariat und Tätigkeit als Lehrer an Gymnasien. Von 1966 bis 1994 Lehrtätigkeit an den Pädagogischen
Hochschulen Reutlingen und Heidelberg im Bereich 'Deutsche Sprache und Literatur und ihre Didaktik'.

In diesem Feld führte die Beobachtung, daß alle Didaktik immer auf den relativ Begabten, sprachlich beweglich-raschen, vor allem aber vorwiegend kognitiv struktu-
rierten Schüler ausgerichtet ist, zu Überlegungen, die sinnenhafte und emotiv-affek-
tive Seite des Unterrichts zu aktivieren bzw. unterrichtliche Tätigkeit nicht nur als ge-
danklichen, sondern auch und vermehrt als aktiv-produktiven Prozeß zu definieren,
zu ersten Ansätzen eines handlungs- und produktionsorientierten Literaturunterrichts (1971), der auch davorliegende Anregungen Robert Ulshöfers aufgreift. Der

kollegiale wechselseitige Kontakt mit Günter Waldmann beförderte diesen Ansatz, erweiterte und differenzierte ihn.

Den Beginn eines handelnd-produktiven Umgangs mit Literatur in seinem Sinn sieht Haas in der Kunsterziehungsbewegung und der neuen Schreibdidaktik zu Beginn des 20. Jahrhunderts (1997, S. 33). Die ersten Arbeiten zum aktiven Umgang mit literarischen Texten veröffentlichte er schon 1971. 1984 erschien das Buch „Handlungs- und produktionsorientierter Literaturunterricht" (1992 in 6. Aufl., 1997 bearbeitet und erweitert in einem anderen Verlag); danach veröffentlichte er zahlreiche Arbeiten vor allem in „Praxis Deutsch", deren Mitherausgeber er ist. Eine umfassende Bibliografie seiner Publikationen enthält die Festschrift zu seinem 65. Geburtstag (Rank 1994, S. 203–210).

Für Haas geht es in seinem handlungs- und produktionsorientierten Unterricht vor allem um den *Schüler* und um dessen (literarisches) *Lesen*, dabei ist beides strikt gefasst: 'Schüler' meint nicht die abstrakte Bezugsgröße des Unterrichts, sondern den konkreten Schüler mit seinen spezifischen Begabungen und Bedürfnissen, und vor allem solchen, die dem üblichen, rational geplanten und im Wesentlichen kognitiv zu vollziehenden Unterricht nicht affin sind. Haas will den weniger kognitiv begabten Schülern durch das eigene aktive und produktive Handeln mit Literatur eine Chance geben, in affektiven und emotionalen Kontakt mit einem Text zu kommen und sich selbst in den Leseprozess mit ihm einzubringen.

Auch das literarische *Lesen*, zu dem Haas den Schüler so führen will, fasst er strikt. In vielen Fällen ist es eine Fiktion, dass der Schüler ab dem vierten Schuljahr mit der Fertigkeit zu lesen schon die Fähigkeit des Lesens von Literatur beherrscht; hier hängt die Schule dem Irrglauben an, „Lesefertigkeit sei identisch mit Lesebereitschaft, Lesefreude, Leselust, und die abgenötigten Gespräche über Texte dienten der Ausbildung eines tragfähigen Sinns für Literatur." (Haas / Rupp / Waldmann 1989, S. 7; s. Haas 1997, S. 45f.) Handlungsorientiertes Lesen, das viele Spielformen und visuelle, bildnerische und musikalische Formen des Umgangs mit einschließt – Haas nennt sein Konzept deshalb auch nicht nur 'produktions-', sondern „handlungs- und produktionsorientiert" – soll dazu beitragen, bei dem Schüler „ein lebenslanges, positiv getöntes Leseinteresse aufzubauen" (1992, S. 17, s. 9–11), soll der „Herausbildung eines engagierten, auch auf seine Kosten kommenden Lesers" und insgesamt einer breiten „Lesekultur" dienen (Haas / Menzel / Spinner 1994, S. 7).

„Hauptziel ist immer zuerst die Herstellung eines engen, intensiven Kontakts mit dem Text durch handelndes Reagieren auf ihn und produktives Agieren mit ihm – nicht aber primär eine bestimmte Erkenntnis oder Einsicht" (1997, S. 44), sei diese nun literatursoziologischer oder literaturwissenschaftlicher Art. Haas schließt damit zu gewinnende kognitive Einsicht in literarische Texte nicht aus (s. ebd. S. 11f., 45–48), primär ist für ihn aber nicht die Einsicht in den literarischen Text, in seine Formen, Strukturen und deren Funktionen, in seine gesellschaftlichen und geschichtlichen Bedingungen, sondern der Schüler und sein Lesen. Ganz weit weg ist

Haas damit von einer Literaturdidaktik, der es nur um den literarischen Text geht und die diesen gar autonomieästhetisch absolut setzt. So hält er in der Auseinandersetzung mit Hans Kügler dessen Vorstellung vom „autonomen", „vom *einen*, endgültigen, unantastbaren, *für sich* und *an sich* existierenden Kunstwerk" für einen „Mythos" und stellt fest: „Texte existieren immer nur in bezug auf einen *Leser* hin. Und schon jeder beliebige individuelle Leseakt greift stillschweigend in den betreffenden Text ein", weshalb gerade handelnder, etwa verändernder Umgang mit einem literarischen Text dazu geeignet ist, ihn zu erschließen und sich intensiv mit ihm in Beziehung zu setzen (Haas / Rupp / Waldmann 1989, S. 6). – (Stellungnahmen zu der Konzeption von Haas u. a.: Kügler 1988, S. 6; Merkelbach 1993, S. 156f.; Bremerich-Vos 1996, S. 28–30)

3.3.2 Emotionale und imaginative Vergegenwärtigung literarischer Texte im Unterricht: Kaspar H. Spinner

Ich bin 1941 in Biel (Schweiz) geboren, habe von 1960 bis 1968 an der Universität Zürich Germanistik, Kunstgeschichte und Pädagogik studiert; ein Semester war ich an der freien Universität Berlin. 1968 promovierte ich bei Emil Staiger über den Mond in der deutschen Dichtung. Anschließend war ich vier Jahre als Assistent an der Universität Genf und kam dann 1972 an die Gesamthochschule Kassel. Dort wurde ich zum Deutschdidaktiker; eine dreijährige Unterrichtstätigkeit an einer Gesamtschule, die ich neben den Aufgaben an der Universität durchführte, machte mich mit dem deutschen Schulalltag vertraut. Schon mein erstes Seminar in Kassel hatte den Titel: Kreative Formen des Deutschunterrichts. Allerdings wollten die Studierenden damals mehr über die Hintergründe und Zielsetzungen diskutieren als sich auf eigene gestalterische Tätigkeit einlassen.

1979 kam ich an die Pädagogische Hochschule Rheinland, Abteilung Aachen, die dann in die RWTH Aachen eingegliedert wurde. In Aachen begann meine intensive Auseinandersetzung mit dem kreativen Schreiben. 1988 ging ich an die Universität Augsburg. Bei den produktiven Formen des Umgangs mit Literatur interessiert mich vor allem die Entfaltung der Imaginationsfähigkeit; dieser Schwerpunkt hängt mit dem Einfluß, den die Rezeptionsästhetik, die französische Literatursemiotik und der Prager Strukturalismus auf mich ausgeübt haben, zusammen. Einen Literaturunterricht ohne produktive Verfahren kann ich mir heute nicht mehr vorstellen – allerdings wende ich mich auch gegen eine Verabsolutierung des produktionsorientierten Ansatzes.

Von Spinner liegen produktionsorientierte Veröffentlichungen zu Erzählungen (1990b) und zur Lyrik (1992; 1997) vor, und er hat sich mehrfach zu grundsätzlichen Fragen produktiven Umgangs mit Literatur geäußert (etwa 1987; 1993; Haas / Menzel / Spinner 1994). Seine Position skizziert er unlängst (in der Abgrenzung von Haas und Menzel) so: „Kaspar H. Spinner legt besonderes Gewicht auf die *Entfaltung der inneren Vorstellungskraft* und betont den Beitrag der produktiven Verfahren für die *Wahrnehmungssensibilisierung*, die Identitätsentwicklung und die Fähigkeit, fremde Sichtweisen nachzuvollziehen." (Haas / Menzel / Spinner 1994, S. 25) Ihm liegt also weniger an der Erkundung literarischer Formen und ihrer Funktionen, es geht ihm auch „nicht so sehr darum, Schüler zur literarischen Produktion zu befähigen" (1987, S. 610), überhaupt sind ihm weniger das produktive „Tun der Schüler", ihre „Handlungen und Schreibprodukte", sondern es ist ihm „das, was die Auseinandersetzung mit Literatur auf der mentalen Ebene auslöst", wichtig (ebd. S. 603).

Solche mentale Wirkung sieht er beispielsweise gegeben im „Nachvollzug von Perspektiven, nach denen ein Text organisiert ist": „Fremde Perspektiven nachvollziehbar zu machen, die Leser aus der Gebundenheit an die eigene Weltsicht und -erfahrung heraustreten zu lassen, gehört zum wesentlichen Sinn und zur Aufgabe von Literatur." Das für die Schüler mental erfahrbar zu machen, leisten entsprechend gezielte produktive Verfahren (ebd. S. 605; s. 1990b, S. 9f.).

Von Belang ist für Spinner allgemein, dass bestimmte „Produktionsaufgaben die *emotionale und imaginative Vergegenwärtigung von Texten*" verstärken: „Der Kopflastigkeit und Entsinnlichung des Unterrichts kann so durch produktive Verfahren entgegengewirkt werden – bis hin zu meditativen Techniken, mit denen man sich in die Stimmung eines Gedichts hineinversetzt oder sich den Schauplatz einer Szene vor dem inneren Auge vergegenwärtigt." (1993, S. 27). Mit dieser Betonung von Emotionalität und Imagination beim – u. a. produktiven – Umgang mit Literatur sieht er sich in Übereinstimmung mit der seit den achtziger Jahren geübten Kritik an der „Wissenschaftsorientierung" der Deutschdidaktik und an dem „Übergewicht kognitiver, analytischer Lernprozesse" im Deutschunterricht der siebziger Jahre, er will damit aber nicht erneut 'Innerlichkeit' propagieren und „den Unterricht zum Ort der Spiegelung vorhandener Schülersubjektivitäten" machen, sondern will über Imagination und Emotion kognitive "Lernprozesse" im Umgang mit Literatur einrichten (1995a, S. 7).

Spinner diagnostiziert in der Deutschdidaktik der neunziger Jahre eine „kognitive Wende", bei der sich (im Sinne der kognitiven Lernpsychologie) der Blick von den Lerngegenständen und -ergebnissen weg auf das „Innere des Lernenden" und die sich dort vollziehenden Lernprozesse richtet und diese Lernprozesse zu erkennen und zu verstehen sucht (1995b). Dabei sind die kreativen und produktionsorientierten Formen des Umgangs mit Literatur eine der „Strömungen, die den individuellen Ausdruck, die Subjektivität aller Schülerinnen und Schüler in den Unterricht einfließen lassen möchten" (ebd. S. 128). Nur ist für Spinner diese Aktivierung der Subjektivität der Schüler nicht subjektivistisch als Selbstzweck zu fassen, sondern an ihr sind die kognitiven Lernprozesse zu erkennen, die die Schüler durch produktiven Umgang mit Literatur erfahren. So ist etwa die Perspektivenübernahme eine „kognitive Grundfähigkeit", deren Entfaltung durch produktive Verfahren des Literaturumgangs nicht nur subjektive, sondern soziale, und nicht nur emotionale und imaginative, sondern kognitive Qualitäten hat (ebd. S. 132f.). – (Stellungnahmen zum Konzept von Spinner u. a.: Merkelbach 1993, S. 157–159; Fritzsche 1994, Bd. 3, S. 202–204; Bremerich-Vos 1996, S. 34–36)

3.3.3 Produktive Erfahrung von Literatur im Unterricht: Günter Waldmann

Ich bin 1926 in Oberhausen (Rheinl.) geboren, habe von 1947 bis 1953 an der Universität Heidelberg Philosophie (u. a. bei Karl Jaspers und Hans-Georg Gadamer), Deutsch (vor allem bei Paul Böckmann) und Geschichte studiert und 1954 bei Karl Löwith über Schellings Geschichtsphilosophie promoviert. Ich war dann 17 Jahre an einem Gymnasium in Moers, habe eine religionsphilosophische Habilitationsschrift geschrieben (1968) und bin 1971 an die Pädagogische Hochschule Reutlingen gegangen, wo ich – zusammen mit Gerhard Haas – bis 1987 im Fach Deutsch tätig war; 1987 kam ich an die Pädagogische Hochschule Freiburg i. Br. Neben der Neigung zu theoretischer Begründung meiner Arbeit, die mir von der Philosophie geblieben ist, hat mir das Studium bei Paul Böckmann, dessen Arbeit vor allem einer „Formgeschichte der deutschen Dichtung" (1949) galt, ein bleibendes Interesse an literarischen Formen und ihrer Erkundung vermittelt. Auf den produktiven Umgang mit Literatur bin ich durch die Schriften Robert Ulshöfers und die eigene unterrichtliche Arbeit am Gymnasium gekommen.

Die erste Publikation, die den produktiven Ansatz vertrat, war aber weniger an literarischen Formen als an den gesellschaftlichen Inhalten und Ideologien interessiert, die sie übermitteln; es war eine am Begriff der Kreativität orientierte Arbeit zur Trivialliteratur (1973): Weil ein primär auf kritische Analyse und kognitives Lernen gezielter Unterricht über Trivialliteratur als einer weithin affektive und emotionale Bedürfnisse bedienenden und befriedigenden Literatur nur wenig Chancen hat, die Schüler zu erreichen, entwarf ich eine Trivialliteraturdidaktik und baute sie mit den beiden Rowohlt-Bänden „Literatur zur Unterhaltung" (1980) systematisch aus, die sich an lustbetonter Spiel- und Fantasietätigkeit der Schüler orientiert und Einsicht in die Formen und die ideologischen Leistungen und Wirkungen dieser Literatur über eigene produktive Anwendung und experimentelle Erfahrung erreicht (s. 1981 b).

Wichtiger Bestandteil der theoretischen Begründung der produktiven Arbeit mit Trivialliteratur war von Anfang an das rezeptionsästhetische Theorem, dass der literarische Text konkret erst in der Rezeption seines Lesers als einer Art Koproduzent des literarischen Textes wird (s. 1973, S. 80–88). Es war für mich zunächst vor allem wertungsästhetisch interessant, weil es die Möglichkeit bietet, Trivialliteratur nicht an sich abwertend, sondern im Verhältnis zur – gesellschaftlich geprägten – Bedürfnisstruktur und -lage des Lesers zu sehen, wurde dann aber auch für die Begründung des produktiven Umgangs mit Literatur überhaupt wichtig. Diese erfolgte in mehreren Beiträgen, etwa zum „produktiven Lesen" (1981 a) oder zum „produzierenden Leser" (1981 c), und mündete in eine allgemeine, primär rezeptionsästhetisch ausgelegte Grundlegung des produktionsorientierten Literaturunterrichts (1984).

Große Bedeutung für meine Arbeiten zum produktiven Umgang mit Literatur bekam, dass ich seit geraumer Zeit dem Segeberger Kreis angehöre und in ihm, dann aber auch in zahlreichen Schreibseminaren und Schreibwerkstätten, die ich geleitet habe, viel selbst geschrieben habe, so einerseits wichtige kreative Impulse empfangen und in meinen Büchern verarbeitet habe, diese andererseits aber auch immer stärker mit darauf gezielt habe, die Leser zu eigenem kreativen Schreiben zu führen. Nach und nach habe ich produktive Verfahren des Umgangs mit Literatur und der durch ihn zu gewinnenden produktiven literarischen Erfahrung (1990) für die einzelnen literarischen Gattungen erarbeitet: 1988 erschien ein Buch zur Lyrik (1998), 1992 zu Erzählformen (Waldmann / Bothe 1992) und 1996 zum Drama (1996). Auch habe ich die theoretische Begründung des produktiven Literaturumgangs allmählich genauer und differenzierter gefasst (u. a. 1987 u. 1998, S. 263–273); das 1. Kapitel enthält im Wesentlichen diese Überlegungen und führt sie teilweise weiter aus. – (Stellungnahmen zu meiner Konzeption u. a.: Kügler 1988, S. 4–6 u. 1989; Merkelbach 1993, S. 153–163; Fingerhut 1994, S. 357f.; Fritzsche 1994, Bd. 3, S. 200–202; Bremerich-Vos 1996, S. 30f.; Paefgen 1996, S. 27–29)

3.3.4 Rezeptionspragmatik und Literaturunterricht: Harro Müller-Michaels

Geboren 1936 in Stettin, nach Kriegsende aufgewachsen und Abitur in Gütersloh. Studium der Germanistik, Anglistik, Pädagogik und Leibeserziehung in Marburg und Münster (1956–1962). Promotion bei Wolfdietrich Rasch mit einer Arbeit über Kleist, anschließend Referendardienst im Westfälischen. Seit 1964 Assistentenstellen an den Pädagogischen Hochschulen Wuppertal und Osnabrück, Akademischer Rat und Mitglied im Gründungsausschuß für die Universität in Oldenburg, seit 1971 Hochschullehrer, zunächst in Bayreuth, später (1975) in Bochum.

Zu dem Programm der Rezeptionspragmatik wurde ich angeregt zum einen durch den Projektgedanken, wie er durch von Hentig entwickelt und nach 1968 in der Niedersächsischen Landesassistentenkonferenz diskutiert wurde, zum anderen durch die „Literaturgeschichte als Provokation der Literaturwissenschaft" von Jauß: In der Didaktik hatten wir die Leser, nach denen die Rezeptionstheoretiker suchten und von dem sie höchstens den Archetypus fanden.

Müller-Michaels orientiert sich, wie er sagt, vor allem an der durch Hans Robert Jauß vertretenen Rezeptionsästhetik und ihrem Konzept, „daß ein Kunstwerk sich erst im Akt der Rezeption vollendet. Gleich einer Partitur bedarf der einzelne Text der Inszenierung durch die Phantasie des Lesers, um wirklich zu werden." (1991, S. 585) Im Hinblick auf den Umgang von „Nichtfachleuten", von Schülern, mit Literatur und um ihn an ihre konkrete Alltagssituation anzubinden, entwirft Müller-Michaels in dem Bändchen „Literatur im Alltag und Unterricht" eine *Rezeptionspragmatik* „als Modell zur Beschreibung literarischer Handlungen, die beim Umgang mit Literatur in konkreten Situationen zur Erweiterung oder Kritik des Alltagslebens verwendet werden und werden sollen" (1978, S. 4), und beschreibt eine Anzahl, u. a. produktiver, Rezeptionshandlungen, mit denen diese Rezeptionspragmatik realisiert werden kann. In dem Buch „Deutschkurse" (1987) legt er einen Erfahrungsbericht über den dreijährigen nebenamtlichen Unterricht in mehreren Gymnasialklassen in Bochum vor, der mehrfach, wenn auch insgesamt etwas „zaghaft" (S. 24), Formen produktiver Rezeption verwendet.

In Aufnahme des hermeneutischen Ansatzes von Jauß, der den Verstehensprozess als drei nacheinander ablaufende Phasen fasst – „Das unmittelbare Verstehen, das reflektierende Auslegen, das in die eigene Lebenswelt übersetzende Anwenden" (Müller-Michaels 1991, S. 588) – entwirft Müller-Michaels 1991 als „das didaktische Konzept der produktiven Rezeption" (S. 589) ein hermeneutisches Phasenmodell mit produktiven Verfahren in allen Phasen: Die 1. Phase der *Wahrnehmung* „ist der zentrale Ort für den produktiven Literaturunterricht" und zielt auf die aktive „Entfaltung der [vom Text gelieferten] Denkbilder" im Schüler (S. 590); die 2. Phase der *Auslegung* des Textes ist traditionellerweise vor allem analytisch, aber durchaus auch produktiv zu realisieren; die 3. Phase der Applikation oder *Anwendung* des Textverstehens auf die eigene Lebenssituation der Schüler ist stark produktiv orientiert.

Müller-Michaels hat allerdings „Vorbehalte gegen einen radikalen Produktionsunterricht", wenn über dem Spaß am Produzieren der Text nicht mehr zu seinem Recht kommt. Er wendet sich auch gegen eine „Handlungseuphorie" im Literaturunterricht, bei der alles Unterrichtsgeschehen „Handeln" wird, ein „blinder Aktionismus" Platz greift und Handeln zum „Selbstzweck" wird (1996, S. 410 f.). Dagegen dekretiert er etwas schroff: „In der Reflexion liegt der eigentliche Ertrag der unterrichtlichen Arbeit, nicht im Handeln." (S. 412) Und: „So gründet alles Handeln im Unterricht im Denken, wird von ihm begleitet und mündet wiederum in Gedanken." (S. 418) – (Stellungnahmen zur Konzeption Müller-Michaels u. a.: Paefgen 1996, S. 31 f., 120 f.)

3.3.5 Rezeptionelles Handeln mit Literatur im Unterricht: Gerhard Rupp

Ich bin 1947 in Frankfurt a. M. geboren, habe von 1966–1972 Französisch, Deutsch und Sozialphilosophie, diese bei Theodor W. Adorno und Jürgen Habermas, studiert. Von 1969–1970 war ich Sprachassistent in Paris und habe an der Ecole Pratique des Hautes Etudes bei Tzvetan Todorov, Gérard Genette und Julia Kristeva studiert. Promoviert habe ich 1972 mit einer Arbeit zur Textkonstitution des philosophischen Diskurses im Werk Friedrich Nietzsches. Habilitiert wurde ich 1984 an der Ruhr-Universität Bochum mit der Arbeit „Kulturelles Handeln mit Texten – Fallstudien aus dem Schulalltag". Die Schulpraxis habe ich als Studienreferendar am Studienseminar Oberursel im Taunus und seit 1977 an verschiedenen Gymnasien im Ruhrgebiet im Hospitationsunterricht kennengelernt.

Gelehrt habe ich an der Ruhr-Universität Bochum, an den Universitäten Bordeaux, Frankfurt und Hannover; seit 1994 lehre ich Neuere deutsche Literaturwissenschaft und ihre Didaktik an der Heinrich-Heine-Universität Düsseldorf. Zum produktiven Literaturunterricht bin ich aufgrund der Erfahrungen mit dem französischen Strukturalismus und Poststrukturalismus gekommen, wie er von den oben erwähnten Schülerinnen und Schülern Roland Barthes gelehrt wurde. Diese Erfahrungen konnte ich als Schüler von Harro Müller-Michaels in Bochum umsetzen und auf die Praxis des Deutschunterrichts anwenden. Dieses Programm verfolge ich eigentlich noch immer, nämlich einen Literaturunterricht weitestgehend von den Rezeptionshandlungen aus zu begründen, wobei mich die Erprobungen in der Praxis sowie die

Diskussion mit den Kolleg/innen zu Umarbeitungen und zu Akzentuierungen des Konzepts veranlassen.

Rupp orientiert sich also vor allem an der Rezeptionsästhetik und führt den rezeptionspragmatischen Ansatz von Harro Müller-Michaels fort, Literaturunterricht von den Rezeptionshandlungen der Schüler her zu konzipieren (1987, S. 73). Es geht ihm nicht so sehr darum, durch handelnden Umgang mit literarischen Texten Kreativität und Leselust zu wecken, auch nicht darum, literarische Formen und ihre Leistungen zu erkunden und die Schüler zu befähigen, mit ihnen selbst Texte zu schreiben. Sondern ihm liegt daran, die Rezeption literarischer Texte durch die Schüler möglichst nachhaltig und intensiv zu gestalten. Dazu reicht seiner Ansicht nach das, was literarische Texte an sich ausmacht, dass sie etwa durch Abweichungen von der Alltagssprache oder verfremdende Kunstmittel die übliche automatisierte Wahrnehmung erschweren und so genauere und bewusstere Rezeption erzwingen, häufig nicht mehr aus, weil inzwischen auch diese literarischen Formen oft konventionell geworden sind und ihre Wahrnehmung automatisiert ist. Seine Folgerung ist: „Der literarische Text und die Rezeptionssituation im Unterricht müssen auf geeignete Weise verfremdet werden, um die ursprüngliche poetische Funktion der Abweichung von herkömmlichen alltäglichen Orientierungen wieder zu erreichen." (1987, S. 80)

Das bedeutet, dass der Literaturunterricht nicht „vom geschlossenen Textstück" ausgeht (ebd. S. 84), dass den Schülern „kein intakter 'natürlicher' Text mehr vorgelegt wird, sondern ein unvollständiger, unterbrochener oder verdorbener Text" (S. 86): ein Text ohne Titel, nur der Textanfang, Teile des Textes oder bearbeitete, veränderte Fassungen des Textes. Die Schüler arbeiten dann produktiv an diesen „Eingreiftexten", fabeln sie aus, führen sie weiter, ergänzen, vervollständigen, bearbeiten sie, rekonstruieren den ursprünglichen Text. Sie rezipieren ihn damit stets zusammen mit ihren eigenen produktiven Erarbeitungen, sodass Gegenstand des Unterrichts eigentlich nicht der originale Text ist, sondern „der literarische Text als Gegenstand des Literaturunterrichts erst zusammen mit den Schülern gebildet wird" (S. 82). Danach kann der Originaltext mit den Schülertexten verglichen werden, können thematische Paralleltexte zu dem ersten Text ähnlich erarbeitet werden und können die Erfahrungen mit allen Texten Niederschlag in einem eigenen Gegentext zu dem Originaltext finden.

Rupp hat aber auch andere Verfahren schulischen rezeptionellen Handelns mit literarischen Texten vorgestellt: Formen des Rollenspiels und Umschreibens (1989) oder des szenischen Spielens von Texten (1995). Es bedeutet für ihn stets: „sich die eigene konkrete literarische Rezeption bewußtmachen, objektivieren (in einem eigenen Rezeptionstext fixieren) und mit dem Ausgangstext des Autors (vergleichend, verstehend, diskutierend) konfrontieren (bewerten, verteidigen, neutral zur Seite stellen)." (1989, S. 8) – (Stellungnahmen zu der Konzeption Rupps u. a.: Kügler 1988, S. 8f., 1989; Fritzsche 1994, Bd. 3, S. 204–212; Bremerich-Vos 1996, S. 31–34; Paefgen 1996, S. 24–27, 202–204)

3.3.6 Analyse und Produktion beim Umgang mit Literatur im Unterricht: Karlheinz Fingerhut

Geboren bin ich 1939 in Soest (Westf.). Studium der Germanistik, Romanistik, Philosophie zuerst in Münster, dann in Besançon, zum Schluß in Bonn. Staatsexamina und Promotion in Germanistik, Romanistik (Bonn 1966/68). Seit 1973 Professor für Deutsche Literatur und Literaturdidaktik an der Pädagogischen Hochschule Ludwigsburg.

Nach der Referendarzeit in Bonn sollte ich in Euskirchen am dortigen katholischen Mädchengymnasium Lehrer sein. Es ging nicht, und ich konnte nach Ludwigsburg an die Pädagogische Hochschule entkommen. Ich wohne seitdem günstig in Marbach: zehn Minuten entfernt vom Deutschen Literaturarchiv. Promoviert hatte ich inzwischen bei Beda Allemann mit einer Arbeit über Rilke und Kafka. In der progressiven 'kritischen' Literaturdidaktik machte ich mir nicht viel Freunde, als ich in „Affirmative und kritische Lehrsysteme" (1974) Kritisches über die Kritischen sagte, aber die Beziehung zum Diesterweg-Verlag war geknüpft. Für diesen schrieb ich in der Folgezeit eine Reihe von fachdidaktischen Büchern. Inzwischen war die werkimmanente Interpretation überwunden, in einem 'problemorientierten' Literaturunterricht wollte ich die 'historische Dimension' nicht verlieren und entwarf entsprechende Unterrichtsmodelle zu E. T. A. Hoffmann und Franz Kafka.

Im Diesterweg-Verlag trat ich in die Redaktion der Zeitschrift „Diskussion Deutsch" ein, der ich zehn Jahre – bis zu deren Fusion mit dem „Deutschunterricht" – angehörte. Dort erschienen seit 1981 die Aufsätze zum 'produktiven Literaturunterricht', die ich der Auseinandersetzung mit Günter Waldmann verdanke. Jetzt geht es darum, die alten Gegnerschaften zwischen 'kritisch' und 'kreativ' durch eine Neukonzeption des „Deutschunterricht" zu überwinden und neue, produktive Formen des Umgangs mit Literatur neben der Interpretation zu etablieren. Dabei möchte ich mithelfen, einmal durch fachdidaktische Monographien zu wichtigen Autoren (erschienen ist bisher „Kafka für die Schule" [1996]) und zum anderen durch thematisch interessante Hefte im „Deutschunterricht".

1982 veröffentlichte Fingerhut einen Band „Umerzählen. Ein Lesebuch mit Anregungen für eigene Schreibversuche in der Sekundarstufe II". Der Titel zeigt recht genau an, worum es geht: Fingerhuts produktionsbezogene Arbeiten wenden sich an die Sekundarstufe II (und sind oft recht anspruchsvoll). Produktive Verfahren sind kein spielerischer Selbstzweck, sollen auch nicht kreative Fähigkeiten der Schüler entbinden und sie zu eigenem literarischen Schreiben befähigen, sondern sind streng in Literatur eingebunden: „Umerzählen" meint zunächst den Vorgang, dass Schriftsteller nicht selten auf literarische Texte mit eigenen Texten reagieren, sie umschreiben, umerzählen. Der Band ist eine Sammlung verschiedener Original- und Umerzählungstexte (zu Märchen, Fabeln, Sagen, dem Alten Testament, Kafka, Kleist, Brecht), eben ein „Lesebuch", und die Aufgabe für die Schüler ist zunächst, diese Umerzählungstexte und ihr Verhältnis zu den Originaltexten zu analysieren, wonach sie dann selbst auch in ähnlicher Weise Originaltexte umerzählen und das Verhältnis ihrer Texte zu den originalen diskutieren können. Sie machen so Erfahrungen mit spezifischen Merkmalen literarischer Texte.

Umerzählen ist für Fingerhut „ein Sonderfall allgemeiner innerliterarischer Regel-
mäßigkeiten. Kein Werk der Literatur ist ein ‚Original', das aus dem Nichts kommt.
[…] Insofern als sich ein literarischer Text also immer mit Texten, die vor ihm da
waren, schreibt, ist eigentlich jedes Kunstwerk zugleich die Umgestaltung von Elementen der literarischen Tradition." (S. 1f.) Diese Intertextualität literarischer
Texte wird für die Schüler im eigenen Umerzählen erfahrbar. Und sie erfahren außerdem, „was im Text anders sein könnte", verstehen den originalen Text durch die
Differenzerfahrung dessen, was er nicht ist, aber auch sein könnte, – für Fingerhut
eine Grundvoraussetzung für die Interpretation eines Textes: „Denn wie sollte ein
Leser produktiv ein kritisches oder zustimmendes Urteil begründen, wenn er nicht
davon ausginge, daß der Autor Auswahlentscheidungen aus möglichen Alternativen getroffen hat?" (S. 5)

Das produktive Verfahren des Umerzählens ist dabei kein Selbstwert, ist auch als
Verfahren des Textumgangs nicht selbstständig, sondern unterstützt und ergänzt
die Textanalyse: „Produktive Formen des Textumgangs sollen analytische Arbeits-
schritte entlasten" (S. 6). Ihre Voraussetzung ist die vorgängige Analyse: „‚Kreative' Operationen an Texten, gezielte Veränderungen, Ergänzungen, Umgestaltun-
gen setzen immer analytische Operationen voraus" (Fingerhut / Melenk 1980,
S. 495). So können produktive Verfahren auch in der Regel nicht vor der Analyse
stehen und vor allem – dies war 1981 der Gegenstand unserer Diskussion (Fingerhut / Melenk / Waldmann 1981) – nicht selbst Analysemittel bilden und gegebenenfalls an die Stelle der Analyse des literarischen Textes treten und sie erübrigen.
Dass diese Konzeption produktiven Textumgangs so streng am literarischen Text
und seiner Analyse orientiert ist, hat zur Folge gehabt, dass Fingerhut die teilweise
freier orientierte Entwicklung des produktiven Literaturunterrichts recht misstrau-
isch und kritisch gesehen und auf die wirklichen und möglichen Probleme – etwa
des Begriffs der Handlungsorientierung (1987) oder überhaupt des Schreibens im
Literaturunterricht (1990) und seiner Begründung (1994) – hingewiesen hat.

Seine neueren Arbeiten zum produktiven Umgang vor allem mit Kafka (u. a. 1993;
1996) bleiben im Prinzip im Rahmen der beschriebenen Konzeption, erweitern die
methodischen Zugriffe aber durchaus. Das Schreibkonzept heißt nun „heuristi-
sches Schreiben"; es ist „ein experimentierendes Schreiben", das „im Gelesenen
Geheimnissen nachzuspüren" sucht, „sich auf das Ungeklärte, Widersprüchliche
im Text" konzentriert und es durch „weiterphantasierendes Ausgestalten" zu erfassen sucht (1996, S. 20f.). – (Stellungnahmen zu der Konzeption von Fingerhut
u. a.: Fritzsche 1994, Bd. 3, S. 199f.; Paefgen 1996, S. 23, 32)

4 Verfahren

4.1 Systematischer Katalog produktiver Verfahren des Literaturumgangs

(zum didaktischen Phasenmodell 2.1)

Dieser Katalog heißt so, weil er eine Aufzählung (griech. *katalégein*: aufzählen) der wichtigeren Verfahren produktiven Umgangs mit Literatur enthält. Wenn jemand dabei an einen Versandhauskatalog denkt, ist das an sich kein Nachteil, denn aus diesem bestellt er für gewöhnlich ja auch nicht einfach alles, was ihm gerade gefällt, sondern nur das, was er wirklich gebrauchen kann. Analog ist auch dieser Katalog nicht als eine Art Grabbelkiste gemeint, aus der jemand alles das nimmt, was ihm soeben besonders Spaß macht, sondern als Repertoire, von dem man nur das verwendet, was man für die bestimmte Arbeit mit einem bestimmten Text wirklich gebrauchen kann.

Es ist ein Katalog der Art, wie er 1984 im „Handbuch ‘Deutsch’ " erschienen war (Waldmann 1984, S. 117–127). Wenn Kügler ihm unlängst noch die Ehre tat, ihn einen „berühmten Katalog" zu nennen, ihn aber doch als ein „Gruselkabinett" empfindet (1996, S. 18), so zeigt sich daran gut, dass er einerseits viel genutzt und verwertet, aber auch entschieden kritisiert wurde, das aber nicht nur von denjenigen, die wie Kügler dem produktiven Textumgang skeptisch gegenüberstehen, sondern auch vom Standpunkt des produktiven Umgangs mit Literatur selbst, vor allem weil er einer bloß mechanischen Verwendung produktiver Verfahren Vorschub leiste. Der vorliegende Katalog ist etwa doppelt so umfangreich, und die Kritiker könnten nun sagen, er sei also doppelt so fragwürdig wie der alte, weil er doppelt so viele Möglichkeiten böte, ihn falsch zu gebrauchen. Ich würde lieber zunächst herausstellen, dass jemand, der für bestimmte Absichten mit einem bestimmten Text einen ganz bestimmten produktiven Zugriff sucht, jetzt doppelt so viele Chancen hat, ihn zu finden. Doch will ich mich nicht so stellen, als ob ich die weitgefächerten Möglichkeiten falscher Benutzung eines solchen Katalogs nicht sähe. Doch bestehen sie generell und ganz unabhängig von einem Katalog.

Erfreulicherweise haben produktive Verfahren in der Schule inzwischen einige Verbreitung erfahren und sind manchmal sogar behördlich verordnet. Wenn ich aber höre, wie und wozu sie da manchmal verwendet werden, bin ich ziemlich unvergnügt; und was ich in Aufsätzen, Beiträgen, Büchern, in Arbeitsmaterialien, Lese- und Sprachbüchern gelegentlich als Verwendung produktiver Verfahren vorfinde, ist so komplett mechanisch, textuell unfunktional und literarisch unsensibel, dass ich es nur für schrecklich kontraproduktiv, ja für rufschädigend halten kann. Ich ziehe daraus aber nicht den Schluss, dass ich dann auf einen Katalog besser verzichten sollte, sondern tue einiges dafür, dass er richtig genutzt wird: Ich ordne seine Verfahren strikt bestimmten Phasen des Verstehens zu, setze bei allen Verfahren, wenn es sich nicht ganz von selbst versteht, dazu, wozu sie dienlich sind, und sage im übrigen in Abschn. 4.2.2 noch einmal laut und übersichtlich, wie der Katalog und wie er bitte nicht benutzt werden sollte.

Der folgende Katalog produktiver Verfahren ist dem in Abschn. 2.1 dargestellten didaktischen Phasenmodell zugeordnet und bringt die wichtigeren Verfahren, mit denen die einzelnen Verstehensphasen jeweils produktiv realisiert werden können. In dem Anhang 4.1.5 schlage ich noch einige freie Produktionsaufgaben vor, mit denen die Schüler, nachdem sie an literarischen Texten und beim produktiven Umgang mit ihnen literarische Formen kennengelernt haben, auch selbstständig in ihnen schreiben können. Die Verfahren der Abschnitte 4.1.0–4.1.4 beziehen sich, um den Katalog nicht zu umfangreich und unhandlich werden zu lassen, nur auf mehr oder weniger konventionelle Texte, wie sie vorwiegend im Literaturunterricht verwendet werden. Für den produktiven Umgang mit speziellen Textsorten und -formen erlaube ich mir, auf andere Veröffentlichungen von mir zu verweisen, in denen er teilweise ausführlich dargestellt ist: Für ausgefallene und experimentelle Lyrikformen auf das Lyrikbuch (1998), für ungewöhnliche moderne Roman- und Erzählformen auf das Erzählbuch (Waldmann / Bothe 1992), für dekonstruktive Formen des Dramas der Gegenwart auf das Dramenbuch (1996, S. 193–267), für besondere trivialliterarische Textsorten auf die beiden Bände „Literatur zur Unterhaltung" (1980). Auch sehr spezielle und besonders komplizierte produktive Verfahren wurden i. a. nicht aufgenommen. In dem Katalog finden sich natürlich die bekannten und bewährten Verfahren, aber auch viele neue. (Die Literaturverweise sollen i. a. nicht die Urheberschaft eines Verfahrens, die oft nur schwer festzustellen ist, angeben, sondern verweisen auf mehr oder weniger umfangreiche Ausführungen zu einem Verfahren.)

4.1.0   Literaturspiele
(zur Vorphase des Phasenmodells 2.1.0)

4.1.0.1 Literaturspiele zur Lyrik

– *Reimspiel 'Reihumgedicht'*: Jeder schreibt auf ein Blatt zwei Verszeilen, die sich reimen, dazu eine dritte Verszeile mit einem neuen Reim. Er faltet das Blatt so, dass nur noch die letzte Verszeile zu sehen ist, und gibt das Blatt an seinen Nachbarn weiter. Der schreibt eine reimende Verszeile und eine mit einem neuen Reim, knickt das Blatt und gibt es weiter. Wenn es wieder zu dem Verfasser der ersten Zeilen zurückkommt, schreibt der eine Schlusszeile und die Überschrift.

– *Reimspiel 'Reißverschlussgedicht'*: Jeder schreibt eine Verszeile eines Gedichts, denkt sich eine damit reimende Verszeile, ohne sie aber aufzuschreiben, schreibt eine dritte Verszeile mit neuem Reim hin und gibt das Blatt an seinen Nachbarn weiter. Der ergänzt die zweite Verszeile, denkt sich eine vierte, schreibt eine fünfte hin und gibt das Blatt weiter usw.

– *Reimspiel 'bestelltes Gedicht'*: Jeder schreibt am rechten Rande eines Blattes ein Wort, das das letzte Wort einer Verszeile sein soll, und gibt das Blatt an seinen

Nachbarn weiter. Der schreibt unter das erste Wort ein Reimwort und gibt weiter. Der Nächste schreibt ein Wort mit anderem Endklang, der Folgende das
Reimwort dazu usw. Wenn das Blatt zu dem, der das Anfangswort geschrieben
hat, zurückkommt, schreibt der ein Gedicht mit den Wörtern, die er erhalten
hat, als Endreime.

- *Reimspiel 'Umdichten'*: Jeder wählt einen Partner, beide suchen ein kurzes
  Reimgedicht (oder eine Reimstrophe), bei dem man alle Wörter bis auf die
  Reimwörter streichen kann, und einigen sich auf ein Gedicht. Jeder schreibt zu
  dessen Reimwörtern ein eigenes neues Gedicht, einer liest die beiden neuen und
  das originale Gedicht vor, und die Klasse soll das Original erraten.

- *Allegoriespiel „Ich als . . .“*: Jemand aus der Klasse 'denkt' sich einen Mitschüler.
  Jetzt wird er reihum gefragt: Was wäre dieser Mitschüler als . . . (Tages- / Jahres-
  zeit / Wetter, Blume / Pflanze / Baum, Tier, Musikinstrument, Kleidungsstück,
  Sportgerät, Gebäude usw.)? Er antwortet, und die Klasse rät, auf wen die Bilder
  passen. Nachdem das Spiel mehrmals gespielt worden ist, wählt jeder ein Bild,
  das ihm für seine Person am besten zu passen scheint, und schreibt dazu ein Gedicht in freien Versen: „Ich als . . .“ (s. Meckling 1987, S. 79f.; Fritzsche / Bothe /
  Rammoser 1989, S. 89f.).
  Alternative: Es bilden sich Arbeitsgruppen von 5–6 Schülern. Jeder wählt für
  sich einen bestimmten Bildbereich (sie können vorgängig angeschrieben werden; s. o.), denkt sich für jeden in der Gruppe aus, was er daraus sein könnte, und
  schreibt es auf. Dann nennt jeder seinen Bildbereich und – nicht in der Reihenfolge der Sitzordnung – die Bilder, die er sich für die Mitglieder seiner Gruppe
  aufgeschrieben hat; die Gruppe rät, wer mit welchem Bild gemeint ist. Dann
  wählt jeder das Bild von sich, das ihm am meisten zusagt, und schreibt dazu ein
  Gedicht in freien Versen: „Ich als . . .“ (vgl. Abschn. 5.2, Aufgabe A 1).

- *Metaphernspiel 'Zusammengesetztes auseinandergedacht'*: Jeder wählt einen
  Partner und beide überlegen sich ein ursprünglich bildliches Substantiv, das aus
  zwei Wörtern ganz verschiedener Bereiche zusammengesetzt ist, was heute aber
  i. a. nicht mehr empfunden wird (z. B. Schürzen-Jäger, Häuser-Meer, Buch-
  Rücken, Flaschen-Hals, Glüh-Birne, Wort-Bruch usw.). Jeder nimmt eine Wort-
  hälfte und schreibt dazu ein Gedicht in freien Versen mit sechs Zeilen. Dann werden beide Gedichte zeilenweise vermischt, und das neue Gedicht wird vorgelesen. Die Klasse versucht, das zusammengesetzte bildliche Substantiv zu erraten.

- *Metaphern-Baukasten*: Aus zwei Reihen von je sechs Wörtern aus ganz verschiedenen Bereichen (etwa: haftpflichtversichert – pflegeleicht – leistungsorientiert
  – schmutzabweisend – schadstoffarm – vollautomatisch; Kindheit – Freude – Liebe – Hoffnung – Sehnsucht – Trauer) würfelt jeder vier Wortpaare aus und
  schreibt sie auf (etwa: pflegeleichte Hoffnung, schadstoffarme Liebe . . .). Er
  wählt ein Wortpaar und schreibt dazu ein kurzes Gedicht in freien Versen, das
  sein Wortpaar als Überschrift oder letzte Zeile hat (s. Waldmann 1998, S. 162–
  164).

- *Synästhesien-Baukasten*: Aus zwei Reihen von je sechs Wörtern aus verschiedenen Wahrnehmungs- bzw. Empfindungsbereichen (etwa: grün – gelb – braun – rot – blau – schwarz; Lust – Lachen – Weinen – Sehnsucht – Trauer – Angst) würfelt jeder drei Wortpaare aus und schreibt sie auf. Er wählt ein Wortpaar und schreibt dazu ein kurzes Gedicht in freien Versen, das sein Wortpaar als Überschrift oder letzte Zeile hat (s. Waldmann 1998, S. 173f.; dort auch eine komplexere Aufgabe).

- *Fantasiereise 'Im Gebirgswald'*: Jeder schreibt auf ein Blatt Papier, über die Fläche verteilt, die Wörter „Baumstumpf", „Hütte", „Bach". Während der Lehrer die folgenden Sätze – mit längeren Pausen dazwischen – spricht, schaut jeder auf sein Blatt oder hält die Augen geschlossen: „Wir machen jetzt eine Fantasiereise: Wir stellen uns vor, wir seien ein Baumstumpf in einem Gebirgswald. – Ich bin ein Baumstumpf; ich fühle mich als Baumstumpf. – Ich schaue mich als Baumstumpf an. Wie sehe ich aus? – Was empfinde ich als Baumstumpf? – Was könnte mir als Baumstumpf widerfahren? – Jetzt lösen wir uns vom Baumstumpf-Sein. In der Nähe des Baumstumpfes ist eine Hütte. Wir werden diese Hütte. – Ich fühle mich als Hütte. – Wie sehe ich als Hütte von außen aus? – Wie sieht es in meinem Inneren aus? – Was sehe ich, wenn ich aus meinen Fenstern blicke? Wie wirkt es auf mich? – Nun hören wir auf, Hütte zu sein. Neben der Hütte fließt ein Bach. Wir werden dieser Bach. – Wie sehe ich als Bach aus? Was mache ich für ein Geräusch? – Wie fühle ich mich als Bach? – Ich stelle mir vor, der Bach würde etwas zur Hütte sagen. Was sage ich zu ihr? – Jetzt stelle ich mir vor, ich sei wieder die Hütte und spräche zum Bach. Was sage ich ihm? – Und nun mischt sich auch der Baumstumpf ein. Ich bin der Baumstumpf. Was sage ich zum Bach und zur Hütte? – Hier endet unsere Fantasiereise." Jetzt schreibt jeder ein Gedicht in freien Versen (gegebenenfalls auch einen Prosatext), in dem aber nicht alles vorkommen muss, was er fantasiert hat: „Ich bin ein Baumstumpf / eine Hütte / ein Bach im Gebirgswald" oder „Ich spreche mit einem Baumstumpf / einer Hütte / einem Bach im Gebirgswald". (Nach Kaspar H. Spinner, in: Ermert / Bütow 1990, S. 174f.; vgl. Spinner 1995c, S. 63)

4.1.0.2 Literaturspiele zum Erzählen

- *Sandwich-Geschichten*: Jeder schreibt auf ein Blatt mit zwei oder drei Sätzen den Anfang einer Geschichte. Er gibt das Blatt an seinen Nachbarn weiter, der den Text mit zwei oder drei Sätzen fortführt usw. Wenn das Blatt wieder zum Verfasser des Anfangs zurückkommt, schreibt der den Schluss und findet eine Überschrift.

- *Erloste Geschichten*: Jeder erhält drei leere Zettel in verschiedenen Farben und schreibt auf sie jeweils 1. Name, Alter, Beruf einer Figur, 2. einen Raum, einen Ort, eine Gegend, 3. das Thema oder das Problem, worum es in der Geschichte gehen soll: Liebe, Enttäuschung, Abenteuer, Verbrechen, Seltsames, Gruseliges, usw.; wenn es eine „Märchenlotterie" sein soll: 1. Märchenfigur,

Thema Märchen / Phantasiegeschichte

2. Märchenort, 3. Schicksalsschlag (s. Mosler / Herholz 1992). Die Zettel werden innerhalb der Farben gemischt, jeder zieht aus jedem Stapel einen Zettel und schreibt zu der Figur, dem Ort, dem Thema oder Problem, die er erlost hat, eine Erzählung (s. Fritzsche / Bothe / Rammoser 1989, S. 11 f.).

– *Erloste Reizwortgeschichten*: Jeder erhält vier leere Zettel und schreibt auf jeden Zettel ein Wort: einen Namen oder Ort, ein Substantiv, ein Verb, ein Adjektiv. Die Zettel werden in einer Schachtel eingesammelt. Jeder nimmt sich einen Zettel und beginnt zu dessen Reizwort eine Geschichte zu erzählen (etwa drei bis vier Sätze). Dann legt er seinen Erzählanfang auf einen Tisch, nimmt von dort einen anderen Erzählanfang und einen weiteren Zettel und setzt mit dessen Reizwort den Erzählanfang fort. In der Weise wird solange weitergeschrieben, bis der Lehrer ankündigt, dass die nächste Fortsetzung als Schluss zu gestalten ist. (S. Spinner 1990 a, S. 171)

– *„Stille Post"*: Es bilden sich Arbeitsgruppen von 5–6 Schülern. Jeder schreibt einen kurzen Erzähltext, versieht ihn mit einem Codewort und legt ihn in die Mitte in das 'Postfach'. Dann nimmt jeder einen fremden Text aus dem 'Postfach' und schreibt dazu einen Folgetext: eine Fortsetzung, vielleicht in anderer Perspektive oder in anderer Gattung, einen Antwort- oder Gegentext, eine Parodie usw. Er versieht ihn mit demselben Codewort und einer '2' und legt ihn ins 'Postfach'; er behält den ersten Text. So geht es sinngemäß weiter, bis jeder so oft, wie die Gruppe Teilnehmer hat, einen Text geschrieben hat. Dann werden die Texte nach Codeworten und in der Reihenfolge der Entstehung vorgelesen. (S. Fritzsche / Bothe / Rammoser 1989, S. 31–33)

– *Rückwärtsgeschichten*: Jeder schreibt den letzten Satz einer Geschichte unten auf die Seite eines Blattes. Er gibt das Blatt weiter, und der Nächste schreibt darüber den vorletzten Satz und gibt das Blatt weiter usw. Wer als letzter dran ist und den ersten Satz schreibt, findet auch eine Überschrift zu der Geschichte. – Eine anspruchsvollere Aufgabe ist, wenn in einer Gruppe von drei Schreibern in drei Phasen der Schluss-, der Mittel- und der Anfangsteil einer Geschichte geschrieben wird. (S. Fritzsche / Bothe / Rammoser 1989, S. 63–65)

– *Tarot-Geschichten*: Aus dem Tarotspiel (gegebenenfalls, wenn die Gruppe klein ist oder mehrere Spiele zur Verfügung stehen: aus den 22 großen Arkanen sowie Bube, Dame, König, As der kleinen Arkanen) zieht jeder drei – zuvor verdeckte – Karten: Die 1. bedeutet etwas in der Vergangenheit, die 2. ein Ereignis, ein Geschehen, ein Problem in der Gegenwart, die 3. eine Erwartung, eine Hoffnung oder ein Ereignis bzw. eine Entwicklung in der Zukunft. Mit diesen drei Elementen schreibt nun jeder eine – gegebenenfalls autobiografisch gemeinte – ein- oder auch dreiteilige Erzählung in der Er- oder Sie-Form. (Vgl. Mosler / Herholz 1992, Tarot-Schreibspiele)

– *Außen-und-Innensicht-Geschichten*: Jeder stellt sich vor, er treffe oder sehe eine Person, die ihn interessiert und die er deshalb aufmerksam, genau und lange betrachtet. Er beschreibt, was er, ohne sie zu kennen, also ganz von außen, an ihr wahrnimmt und beobachtet. Die Texte werden eingesammelt, vermischt und neu verteilt. Jeder ist nun die Person, die er erhalten hat, und schreibt in einem inneren Monolog, was er denkt, fühlt, welche Absichten, Ängste, Wünsche er hat, gegebenenfalls auch, wie er es empfunden hat, dass er beobachtet wurde, und wie er den Beobachtenden wahrgenommen hat. Unter Umständen können die beiden Texte auch von den beiden Autoren ineinandergeschnitten werden. (S. Fritzsche / Bothe / Rammoser 1989, S. 59–62; Waldmann / Bothe 1992, S. 96)

– *Aufeinander-zu-Geschichten*: Jeder wählt einen Partner und mit ihm zusammen eine Situation, in der zwei Personen aufeinander zukommen, etwa eine – freudig oder erwartungsvoll oder ängstlich – zu einer anderen unterwegs ist und die – froh oder bedrückt oder furchtsam – auf sie wartet (Klavierstunde, Nachhilfestunde, Besuch / Krankenbesuch, Treffen mit der – neuen – Freundin / dem Freund usw.). Nach der gemeinsamen näheren Bestimmung der beiden Personen (Name, Alter, Beruf, Aussehen) wählt jeder eine Person und erzählt (in einem inneren Monolog), was sie in der Zeit, in der sie unterwegs ist bzw. wartet, denkt, empfindet, erlebt, tut, gegebenenfalls auch, was sie denkt, das der/die Andere jetzt denkt, empfindet, erlebt, tut. Dann teilen beide ihre Texte in Abschnitte auf und schneiden sie ineinander zu einem Gesamttext. (S. Fritzsche / Bothe / Rammoser 1989, S. 54–58; Waldmann / Bothe 1992, S. 97)

– *Ich-Du-Er-Geschichten*: Jeder schreibt in der Ich- oder Er-Form den Anfang einer Geschichte, bei der eine Person im Mittelpunkt steht. Die Texte werden eingesammelt, gemischt und neu verteilt. Der Nächste setzt nun die Geschichte in einer anderen Erzählform (Ich-, Du-, Er-Erzählform) fort. Auch die fortgesetzten Geschichten werden eingesammelt und neu verteilt, und der Schreiber setzt die Geschichte in der bisher noch nicht verwendeten Erzählform fort und beendet sie. Es sollte immer dieselbe Person sein, die erzählt bzw. von der erzählt wird. (S. Fritzsche / Bothe / Rammoser 1989, S. 68–75; Waldmann / Bothe 1992, S. 17–19)

– *Figurengeschichten*: Jeder beschreibt eine Person, die er kennt oder einmal gesehen hat und die er besonders interessant findet: wie sie aussieht, wie sie sich bewegt und spricht, wie sie sich verhält. Die Texte werden eingesammelt, gemischt und neu verteilt. Jeder erzählt zu der Person, die er erhalten hat, gegebenenfalls in der Ich-Form, eine Geschichte, in der sie die Hauptfigur ist. (S. Waldmann / Bothe 1992, S. 35–37)

– *Raumgeschichten*: Jeder beschreibt genau ein Zimmer oder einen Raum, in dem er wohnt oder gerne wohnen möchte; er sollte dabei selbst nicht auftreten. Die Texte werden eingesammelt, gemischt und neu verteilt. Jeder beschreibt nun für die Raumbeschreibung, die er erhalten hat, die Person, der seiner Ansicht nach das Zimmer oder der Raum gehören könnte, wie sie aussieht, auch was sie in dem Zimmer oder Raum tut. Dann werden beide Texte von ihren Autoren vorgelesen. (S. Waldmann / Bothe 1992, S. 37)

4.1.0.3 Literaturspiele zum Drama

Für *Interaktionsspiele* zur vorbereitenden Erlangung und Vertiefung von Körper- und Bewegungserfahrung, Gruppengefühl und Darstellungsfähigkeit s. Schuster 1996, S. 101–119 passim; dazu auch die nächste Spielanregung:

- *Fantasiereise „Ein Tag als Tier"*: Jeder zieht einen Zettel, auf dem ein Tiername steht (jedes Tier ist zweimal, männlich und weiblich, vertreten) und fühlt sich in das Tier ein. Dann spricht der Lehrer (gegebenenfalls auch zu passender Musik) die folgenden Sätze – mit größeren Pausen dazwischen –, und die Schüler spielen einen Tag im Leben ihres Tieres: „Ich schlafe. – Ich wache auf, streife umher. – Ich gehe auf Nahrungssuche, ich fresse und trinke. – Es ist Mittag, ich werde schläfrig; ich lege mich hin. – Ich höre ein verdächtiges Geräusch: ein Feind schleicht sich an. – Ich gehe in Abwehrstellung, greife an; ich kämpfe. – Der Kampf ist vorbei, ich putze und pflege mich. – Der Abend kommt, ich suche meinen Partner. – Ich gebe mich zu erkennen. – Ich finde meinen Partner und zeige ihm, wie ich mich darüber freue. – Ich verlasse mit ihm gemeinsam die Spielfläche." (Nach Boal 1989, S. 50, 143 f.)

- *Figurendrama 1*: Jeder skizziert kurz eine Figur: Name, Alter, Aussehen, Eigenschaften, Beruf. Die Figurenskizzen werden vorgelesen und jeder wählt sich einen passenden Figurenpartner, beide überlegen sich eine Handlung für ihre Figuren und schreiben zusammen eine Dramenszene / ein Kurzdrama. (S. Mosler / Herholz 1990, Dialoge 1)

- *Figurendrama 2*: Es bilden sich Schreibgruppen von drei Teilnehmern. Jeder skizziert eine Figur: Name, Alter, Aussehen, Eigenschaften, Beruf. Die Figurenskizzen werden in der Gruppe vorgelesen und jeder schreibt nun mit ihnen eine Dramenszene / ein Kurzdrama.

- *Dramen erlosen*: Jeder erhält drei leere Zettel in verschiedenen Farben und schreibt auf sie jeweils 1. Name, Alter, Beruf, besonderes – inneres oder äußeres – Merkmal einer durchschnittlichen oder sympathischen Figur; 2. Name, Alter, Beruf, besonderes – inneres oder äußeres – Merkmal einer ungewöhnlichen oder unsympathischen Figur; 3. Ort oder Raum, wo das Drama spielen soll. Die Zettel werden innerhalb der Farben gemischt, jeder zieht aus jedem Stapel einen Zettel und schreibt zu den beiden Figuren und dem Ort, die er erlost hat, eine Dramenszene / ein Kurzdrama.

4.1.1 Aktives und produktives Lesen – teilweise veränderter – literarischer Texte

(zur 1. Phase des Phasenmodells 2.1.1)

4.1.1.1 Aktives Hören und Sehen von Texten

- Hören von Gedichten oder kurzen Erzähltexten, die Schüler besonders mögen und die sie den Mitschülern vorstellen wollen, gegebenenfalls in einer eigenen Vorlesestunde.

- Anhören von Liedern, Gedichten (gegebenenfalls als Rezitation oder Lesung des Autors), von Hörspielen, Dramenaufführungen auf Schallplatten / Kassetten / CDs; freies Gespräch über das Gehörte.

- Ansehen verschiedener Inszenierungen desselben Stücks (oder auch nur einzelner Szenen oder Sequenzen aus ihnen) auf Video und freies Gespräch über die Unterschiede der verschiedenen Inszenierungen und deren mögliche Absichten.

- Anhören von Hörspielfassungen von Erzähltexten auf Schallplatten / Kassetten / CDs, Ansehen von Film- oder Fernsehbearbeitungen von Erzählungen, Novellen, Romanen auf Video, danach gemeinsames Lesen der Originale oder einzelner Teile oder Stellen aus ihnen; freies Gespräch über die Unterschiede, die Wirkung, die Vor- und Nachteile der verschiedenen Fassungen.

4.1.1.2 Aktives Lesen von Texten

- 'Erprobendes (lautes) Lesen' eines Gedichts oder Erzähltextes bzw. -anfangs durch leierndes, gelangweiltes, nachdrückliches, pathetisches usw. Lesen oder durch gespieltes Lesen in besonderen Situationen (in einem Krankenzimmer / einem Museum, in der lauten Disco, als Trainer auf dem Fußballplatz, als Pfarrer von der Kanzel usw.), um die dem Text angemessene Art seines Lesens und so den Text zu erkunden (s. Ingendahl 1991, S. 23–25).

- 'Verzögertes Lesen' eines mit Pausen zeilenweise angeschriebenen kürzeren Gedichts (am besten in freien Versen) und schriftliches oder gemeinsames mündliches Kommentieren jeder Verszeile (s. Frommer 1981).

- 'Unterstreichendes Lesen' eines Textes durch – je nach Wichtigkeit – einfaches, geschlängeltes, unterbrochenes oder doppeltes Unterstreichen, durch Umkreisen oder Einrahmen der wichtig erscheinenden Wörter oder Wortgruppen; Nennen der jeweils am stärksten hervorgehobenen (s. Abschn. 5.2., Aufgabe A 3).

- 'Kommentierendes Lesen' eines Textes oder eines wichtigen Teils von ihm, indem er abschnittweise schriftlich kommentiert wird (s. Paefgen 1996, S. 201–322) oder indem darüber, darunter, daneben und zwischen die Zeilen Bemerkungen, Einwände, Berichtigungen, Fragen, Ausrufe usw., gegebenenfalls auch als Sprech- und Denkblasen, geschrieben werden.

- Lesen eines Textes durch die einzelnen Schüler und Unterstreichen oder Umrahmen der Stellen, die sie a) allgemein interessant oder wichtig finden, bei denen ihnen eigene Erlebnisse einfallen oder wo sie sich ähnlich verhalten würden, b) die sie unverständlich oder inakzeptabel finden und bei denen sie anders handeln würden; Herausschreiben oder (wenn auf Fotokopien gearbeitet wird) Herausschneiden der Stellen, jeweiliges Zusammenstellen (Aufkleben) zu den beiden Aspekten auf großen Blättern und Stellungnehmen zu ihnen mit eigenen Kommentaren, Gegenvorschlägen, Veränderungen usw., gegebenenfalls auch in Form von Sprechblasen oder als Zeichnungen; Aushängen der Blätter und gemeinsames Gespräch über sie.

– Gemeinsames Erlesen von Erzähltexten oder auch Balladen, wenn diese größere Gesprächspassagen aufweisen, mit verteilten Rollen in den Leserollen des Erzählers und der Figuren, die an verschiedenen Stellen des Raums stehen.

– Gemeinsames Erlesen eines Dramentextes in der Weise, dass in einem Sitzkreis
jeder reihum jeweils einen Satz (als Sätze gelten auch die Namen der Figuren und
Regieanweisungen) oder eine Satzgruppe liest, oder dass reihum jeder jeweils einen Redebeitrag einer Figur liest (ein 'Spielleiter' liest die Regieanweisungen)
und sich dazu auf einen für die bestimmte Figur vorgesehenen Stuhl in der Mitte
des Sitzkreises setzt.

– Gemeinsames Erlesen eines Dramentextes mit verteilten Rollen, wobei die
Sprecher der Figuren und der Regieanweisungen auf passend angeordneten
Stühlen vor den anderen oder in der Mitte eines Sitzkreises sitzen.

4.1.1.3 Visualisierendes Lesen von Texten

– 'Kolorierendes Lesen' eines Textes durch verschiedenfarbiges Anmalen oder
Überstreichen, An- und unterschiedliches Unterstreichen sowie Einkreisen oder
Einrahmen von Wörtern und Wortgruppen mit Überstreich- und Farbstiften, um
so das eigene Sinnverständnis des Textes darzustellen.

– 'Schreibendes Lesen' eines Gedichts oder seines entscheidenden Vorgangs durch
seine typografische Gestaltung.

4.1.1.4 Antizipatives Lesen von Texten

– Lesen des angeschriebenen Titels oder von zwei bis drei Kernwörtern eines Gedichts, Bilden von Assoziationen zu ihnen und Vermuten, worum es in dem Gedicht gehen könnte, gegebenenfalls auch Entwurf eines eigenen Gedichts dazu;
Lesen des originalen Textes (s. Spinner 1995 c, S. 46 f.).

– Lesen des Anfangs eines Erzähl- oder Dramentextes (oder einzelner Kapitel
bzw. Akte/Szenen) und Vermuten, gegebenenfalls vermutendes Auserzählen des
folgenden Handlungsverlaufs; Lesen oder Vorlesen der Kernstelle eines zu lesenden Erzähltextes und gemeinsames Gespräch darüber, gegebenenfalls
schriftliche Erarbeitung ihres zentralen Problems.

– Gemeinsames abschnittweises Lesen eines Erzähl- oder Dramentextes oder eines Teils von ihm durch Lesen bis zu den einzelnen Gelenkstellen, Feststellen der
jeweiligen Handlungsfortschritte und Vermutungen über den Fortgang der
Handlung.

– Genaues Lesen von fünf bis sieben bunt gemischten kurzen Stellen eines zu lesenden Erzähltextes, Herstellen einer sinnvollen Reihenfolge und Vermuten seines Handlungsgeschehens (s. Meckling 1985, S. 81 f. u. Lh. S. 66–68).

– Genaues Lesen des Anfangs eines zu lesenden Erzähltextes und von seinem und
zwei anderen Erzählschlüssen: Vermuten, welcher der drei Schlüsse zu dem Erzählanfang gehört und wie die Erzählung wohl auf ihn zuführt.

– Genaues Lesen von je zwei Textstellen aus einem zu lesenden und einem anderen Erzähl- oder Dramentext mit 1. Figurenbeschreibungen und 2. Redeteilen; Zuordnen der Redeteile danach, welche wohl von welcher Figur gesprochen werden, Vermuten des Handlungsgeschehens.

4.1.1.5 Aktives und produktives Lesen von veränderten Texten

– Zusammenfügen der Verszeilen eines zerschnittenen Gedichts in freien Versen zu einem neuen Gedicht (die Verszeilen können in alphabetischer Reihenfolge geschrieben vorgelegt werden); Vergleichen mit dem Original (vgl. Haas 1997, S. 56–63).

– Feststellen des Textes eines Gedichts, bei dem die Kernwörter bzw. Kernwortgruppen dreifach, mit den originalen und zwei selbst eingesetzten Wörtern erscheinen (das Herstellen solcher Multiple-Choice-Gedichte kann auch durch die Schüler für ihre Mitschüler erfolgen); Vergleichen mit dem Original.

– Erörtern des Schlusses eines Gedichts oder eines Erzähltextes, die mit dem originalen und zwei selbstausgedachten Schlüssen (Schlussstrophen; Schlusssätzen / Schlussabschnitten) vorgelegt werden; Vergleichen mit dem Original.

– Kritisches Rezipieren eines vorgelesenen, teilweise inhaltlich veränderten Erzähl- oder Dramentextes oder eines Teils von ihm, bei dem Zeit oder Ort der Handlung, Aussehen, Verhalten, soziale Stellung der Figuren, Art oder Lösung der Konflikte verändert wurden; Feststellen möglicher Irritationen und Vorschläge, sie zu beseitigen; Vergleichen mit dem Original.

4.1.1.6 Rekonstruierendes Lesen von veränderten Texten

– Rekonstruieren eines Gedichts oder Erzähltextes, bei dem eine Anzahl von Wörtern (die Anzahl kann angegeben werden) durch andere, semantisch nicht passende ersetzt worden sind; Vergleichen mit dem Original.

– Zusammenfügen der ausgeschnittenen oder zerlegten und vermischt geschriebenen Wörter und Wortgruppen oder der alphabetisch geschriebenen Wörter (s. Spinner 1992, S. 79–84) eines Gedichts zu einem eigenen Gedicht in freien Versen oder zu einer Textcollage unverbundener Wörter und Wortgruppen (wobei nicht alle Wörter verwendet werden müssen); Vergleichen untereinander und mit dem Original (s. Mattenklott 1979, S. 193–198).

– Rekonstruieren eines zerlegten und vermischten kürzeren Textes: eines Reimgedichtes, dessen Verszeilen, eines Erzähltextes, dessen Abschnitte miteinander vertauscht wurden, und Überlegen, welche formalen und/oder inhaltlichen Merkmale und Vorgänge den Text bestimmen, nach denen er rekonstruiert werden kann; Vergleichen mit dem Original.

– Rekonstruieren eines Reimgedichts, das in fortlaufender Prosaanordnung geschrieben ist, und Überlegen, nach welchen Regeln (Reim-, Vers-, Strophenform, Satzbau) es gebaut ist und was diese leisten; Vergleichen miteinander und mit dem Original.

– Rekonstruieren eines Gedichts in freien Versen, das in Prosaanordnung geschrieben ist, zu eigenen freien Versen; Überlegen, welche Sinnakzentuierungen
bestimmte Verszeilenanordnungen (Mehrwörter-, Vielwörter-, Einwortzeilen, in
Zeilenstil und mit Enjambements) ergeben; Vergleichen miteinander und mit
dem Original (s. Haas 1997, S. 88–95; Waldmann 1998, S. 21–23, 32–34).

– Rekonstruieren eines Reimgedichts, bei dem Reimwörter durch nicht reimende
Wörter ersetzt oder jeweils eins der Reimwörter oder alle Reimwörter weggelassen wurden; oder Ergänzen der allein mitgeteilten Reimwörter zu vollständigen
eigenen Gedichten; Vergleichen mit dem Original, um die Funktion und Leistung des Endreims zu erkunden (s. Waldmann 1998, S. 100–102, 118–122).

– Ergänzen eines kürzeren Erzähltextes oder eines Teils von ihm, bei dem alle Erzählerrede getilgt und nur die direkten Reden stehengeblieben sind, zu einem
vollständigen Text (s. Rupp 1987, S. 141–149).

– Lesen einer Dramensequenz, in der der Nebentext (Namen, Szenenanmerkun-
gen, Regieanweisungen) getilgt ist und nur noch der Haupttext (die 'direkte Rede' der Figuren) stehengeblieben ist, und Vermuten, wann und wo welcher Vorgang zwischen welchen Figuren stattfindet; Ergänzen des Textes zu einem vollständigen Dramentext und Vergleichen mit dem Original, um die Bedeutung des
Nebentextes und die besondere Struktur eines Dramentextes zu erkunden.

– Kritisches Lesen einer Dramensequenz, bei der Dialogbeiträge der Figuren vertauscht wurden: Rekonstruieren des originalen Textes durch Identifikation von
Charakter, Redeweise und Motivlage der Figuren und Zuordnung der zu den Figuren gehörenden Reden.

4.1.1.7 Rekonstruierendes Lesen von vermischten Texten

– Kritisches Lesen und 'Entflechten' einer Textvorlage, bei der zwei kürzere Gedichte oder Erzähltexte versweise ineinander verschnitten bzw. satz- oder abschnittweise miteinander vermischt wurden: Identifizieren und Rekonstruieren
der originalen Texte durch Feststellen der sie bestimmenden Merkmale.

– Kritisches Lesen und 'Säubern' eines Gedichts, eines Erzähl- oder Dramentextes
oder eines Teils von ihm, in den Stellen aus einem anderen Gedicht, Erzähl- bzw.
Dramentext eingefügt wurden: Identifizieren des originalen und des fremden
Textes nach seinen inhaltlichen, formalen, stilistischen Merkmalen und Ausson-
dern des fremden Textes.

4.1.1.8 Ergänzendes Lesen von Texten mit getilgten Textteilen

– Ergänzen der getilgten Kernwörter bzw. Kernwortgruppen eines möglichst unbekannten Gedichts; Vergleichen mit dem Original.

– Ergänzen eines 'Gedichtskeletts': eines auf seine (versweise geschriebenen)
Kernwörter und Kernwortgruppen reduzierten, möglichst unbekannten Gedichts zu einem vollständigen Gedicht; Vergleichen mit dem Original (s. Waldmann 1998, S. 233f.).

– Ergänzen eines kürzeren Erzähltextes, bei dem ein für die Schlusslösung wichtiges Mittelstück ausgelassen wurde, in der Weise, dass durch die Ergänzung der Schluss sinnvoll möglich wird: Begründen des eigenen Mittelstücks und Vergleichen mit dem Original.

– Ergänzen des ausgelassenen Schlusses eines Erzähl- oder Dramentextes in der Weise, dass der Erzähl- oder Dramenvorgang zu einer sinnvollen Lösung oder zu einem überzeugenden Ende geführt wird; Begründen des eigenen Schlusses und Vergleichen mit dem Original.

4.1.2 Produktive Konkretisation literarischer Texte
(zur 2. Phase des Phasenmodells 2.1.2)

4.1.2.1 Darstellende Konkretisation von Texten

– 'Szenisches Lesen' eines Dramentextes oder von Kernstellen aus ihm mit passend verteilten Rollen und nur angedeuteter oder sparsamer Darstellung von Intonation und Sprechhaltung, Gestik und Mimik, gegebenenfalls Geh- und Stehhaltung der Figuren mit dem Text in der Hand.

– 'Szenisches Darstellen' ('szenisches Interpretieren') von Gedichten und kurzen Prosatexten.

– Darstellen eines (gegebenenfalls aus dem Off gesprochenen) Gedichts als Pantomime, durch Bewegung und Tanz (Eurhythmie), Laute (z. B. Stimmungslagen und -verläufe durch bestimmte Vokale und/oder Konsonanten, gegebenenfalls auf bestimmten Tonhöhen) und Klängen (z. B. mit Orff-Instrumenten).

– 'Multi-Media-Show': Rezitieren von Gedichten und Erzähltexten mit verbindender oder unterlegter – vielleicht eigener – Musik oder vertonten Gedichten, bei gleichzeitigem Zeigen von interpretierenden, verstärkenden, kontrastierenden Dias / Bildern vom Overhead-Projektor / Videoclips.

4.1.2.2 Visuelle Konkretisation von Texten

– Herstellen eines Umschlagbildes, einer Werbeanzeige oder eines Werbeplakats für einen literarischen Text.

– Illustrieren von Gedichten oder von den Schüler interessant erscheinenden Stellen eines Erzähltextes durch Bilder und Collagen, unter die gegebenenfalls die Textstellen gesetzt werden, auf die sie sich beziehen.

– Umsetzen eines Erzähl- oder Dramentextes oder einer wichtigen Sequenz aus ihnen in einen Comic, der gegebenenfalls Textstellen als Sprechblasen oder als überleitende Erzählblocks verwendet.

– Darstellen der Aussage oder des Vorgangs eines Gedichts oder eines Erzähltextes durch ein Bild, eine Bildmontage, eine Bild-Text-Collage, einen Videoclip (s. Haas 1997, S. 131–136), Darstellen der Stimmung eines Gedichts / einer Ballade oder der Atmosphäre eines Erzähltextes durch eine abstrakte Form- oder Farbkomposition.

4.1.2.3 Konkretisation der Handlung von Texten

– Verdeutlichendes Darstellen der Konfliktsituation eines Erzähl- und Dramentextes, einer Ballade, auch antizipierende Darstellung möglicher Konfliktlösungen im Rollenspiel.

– Fortführen der Handlung eines Erzähl- oder Dramentextes über den Schluss hinaus mit Vorgängen, die den Schluss genauer darstellen und so deuten, etwa seine Folgen und Auswirkungen darstellen.

– Hineindichten der eigenen Person in eine schwierige Erzähl- oder Dramensituation und Ausführen dieser Szene.

– Auserzählen oder Dramatisieren von wichtigen Vorgängen, die im Erzähl- oder Dramentext nur berichtet werden, wie vor allem Ereignisse aus der Vorgeschichte (auch 'Botenbericht', 'Mauerschau' usw.), um dadurch die durch sie bedingten oder verursachten Vorgänge deutlicher zu erfassen.

– Ausführen und Ausfabeln von wichtigen Handlungen, deren Darstellung im Erzähl- oder Dramentext abgebrochen oder – etwa als Vorgänge, die zwischen einzelnen Kapiteln bzw. Akten/Szenen liegen – ausgespart und übersprungen werden (Leerstellen), wenn dadurch die durch sie bedingten oder verursachten Vorgänge deutlicher erfasst werden können.

– Erfinden einer „Einbettung-Erzählung" (Fingerhut 1982, S. 49), die – vor allem bei didaktischen Texten, etwa Fabeln – eine Situation, am besten eine Konfliktsituation, beschreibt, in der der Text von dem Erzählenden erfunden oder erzählt worden ist, um seine Absichten zu verwirklichen oder seine Interessen zu vertreten.

4.1.2.4 Konkretisation der Figuren von Texten

– Vorstellen einer Erzähl- oder Dramenfigur in der Ich-Form: „Ich bin ...", „Ich heiße ...".

– Genaueres Beschreiben der Erscheinung einer Erzählfigur: des Gesichts, der Gestalt, des Sprechens, der Mimik und Gestik, des Verhaltens, der Kleidung, durch Schreiben eines Steckbriefs von ihr.

– Genaueres Beschreiben einer Dramenfigur durch Schreiben einer Rollenbiografie für sie, in der ihr Äußeres: Gesicht, Gestalt, Sprechen, Mimik, Gestik, Verhalten, Kleidung, ihre Geschichte und Entwicklung, ihr Alltag, ihr Selbstbild usw. ausgeführt werden (s. Scheller 1993, S. 48–51; Waldmann 1996, S. 121).

– Szenisches Erarbeiten von Körper- und Sprechhaltung einer Dramenfigur; szenisches Darstellen ihrer inneren Vorgänge durch Stop-Technik, Doppeln, innere Stimme, ein Hilfs-Ich; Bauen von Standbildern zu einer Figur (s. Scheller 1993, S. 46–107 passim; Waldmann 1996, S. 121–124).

– Darstellen der inneren Vorgänge einer Balladen-, Erzähl- oder Dramenfigur durch das Einmalen von Denkblasen in den Text.

– Darstellen der inneren Vorgänge einer Dramenfigur (gegebenenfalls auch einer
  Erzählfigur) durch Verfassen von Subtexten zu ihrem Text, in denen sie 'beiseite'
  oder in einem (von jemand Anderem gesprochenen) inneren Monolog das aus-
  spricht, was sie bei dem, was sie sagt und tut, gerade fühlt, fürchtet, hofft, denkt,
  beabsichtigt usw. (s. Frommer 1995, S. 77–102).

– Darstellen der Überlegungen einer Erzähl- oder Dramenfigur in Bezug auf wichtige – auch zukünftige – Handlungen von ihr, die im Text nicht ausdrücklich oder
  nur knapp begründet, erklärt, gerechtfertigt werden, durch Schreiben eines Gesprächs mit einer im Text vorkommenden oder auch hinzuerfundenen Figur oder
  mit einem von der Figur selbst erfundenen imaginären Gesprächspartner.

– Ausführen der Einstellung einer Erzähl- oder Dramenfigur zu dem, was sie getan
  hat oder was geschehen ist, durch Verfassen von Tagebucheintragungen der Figur
  dazu (s. Abschn. 5.2, Aufgabe A 4), von Briefen, die sie einer anderen Figur dazu
  schreibt, oder auch durch Aufschreiben der Träume, die sie darüber hat.

– Hinzuerfinden von Episoden aus der Jugend oder dem vor dem Erzähl- oder
  Dramenbeginn liegenden Leben einer Hauptfigur; oder Ausgestalten bzw. Hin-
  zuerfinden von Episoden der Hauptfigur mit Neben- oder Randfiguren, um die
  Prägungen und Motive der Hauptfigur zu verdeutlichen.

– Schreiben von persönlichen Fragen an die Erzähl- oder Dramenfiguren mit direkten Anreden an sie, die in den Text eingeschoben werden; oder Verfassen von
  kritischen Briefen zu auffälligen oder problematischen Handlungsvorgängen an
  sie sowie von Antwortbriefen der Figuren, die die Mitschüler schreiben.

– Lesen einer besonders schwierigen oder problematischen Dramenszene mit verteilten Rollen oder als szenische Lesung und danach Kreuzverhör der Rollendar-
  steller durch die Klasse zu ihren Motiven, Einstellungen und Absichten.

– Sichversetzen in die Hauptfigur eines Erzähl- oder Dramentextes und Umschreiben ihres Textes oder von Teilen ihres Textes, wie man selbst an ihrer Stelle sprechen oder handeln würde.

– Schildern des Erscheinens einer Erzähl- oder Dramenfigur in der eigenen Lebenswelt (Familie, Schule, Sportverein usw.), oder auch Versetzen der Figur in
  eine andere Erzählung bzw. ein anderes Drama und Schreiben einer Szene.

– Darstellen des eigenen Verhältnisses zu einer Balladen-, Erzähl- oder Dramenfigur durch die Schilderung einer Begegnung und des Gesprächs mit ihr: auf der
  Straße, bei einer Wanderung, im Zug, im Cafe, im Kino usw.; oder Schreiben eines Nachrufs, einer Grabrede auf sie (auch in 4.1.4.1 möglich).

4.1.2.5 Konkretisation von Zeit und Ort von Texten

– Genauere Darstellung der Zeit, zu der ein Erzähl- oder Dramentext spielt, etwa
  als Schilderung wichtiger politischer und kultureller Ereignisse, die für das Er-
  zähl- oder Dramengeschehen von Belang sind, durch eine Figur, oder bei Dramentexten als Erweiterung der Szenenanmerkung vor dem 1. Akt / der 1. Szene.

– Genaueres Beschreiben oder auch Malen wichtiger Orte und Räume, an und in denen ein Erzähl- oder Dramengeschehen spielt (mit ihnen vielleicht sogar des 'Milieus', das sie bestimmt), bei Dramen in Form einer umfangreichen Szenenanmerkung oder als Entwurf eines Bühnenbildes.

- Genaueres Beschreiben oder Zeichnen von Dingen bzw. Requisiten, die für das Erzähl- oder Dramengeschehen eine entscheidende Rolle spielen, bei Dramentexten auch in Form einer Regieanweisung oder als Teil einer Szenenanmerkung.

4.1.3   Produktive Veränderung literarischer Texte
(zur 3. Phase des Phasenmodells 2.1.3)

4.1.3.1 Veränderung der Handlung von Texten

– <u>Kürzen einer Dramenszene</u> (etwa unter der fiktiven Vorgabe, man sei der Regisseur und sie sei aus zeitlichen Gründen nur so aufführbar) auf die Hälfte ihres Umfangs, um so diskutierbar zu machen, was an ihr handlungsmäßig wirklich wichtig und was unwichtiger ist.

– <u>Umstellen von Szenen eines offenen Dramas</u> (wie Büchners „Woyzeck") oder eines Stationendramas, um so die Kausalität der ursprünglichen im Gegensatz zu einer veränderten Szenenfolge zu erkennen.

– Spielen von Varianten eines Dramentextes in der Art von Boals „Forumtheater" (1989, S. 82–85; s. Waldmann 1996, S. 95–97): Spielen (oder szenisches Lesen) eines Dramentextes oder einer entscheidenden Sequenz aus ihm; zweites Spielen (oder szenisches Lesen) und Eingreifen – „Stop!" – der Zuschauer, wenn sie Vorgänge oder Lösungen nicht akzeptieren, die dann an die Stelle der kritisierten Spieler treten und versuchen, gegen die anderen Spieler, die ihr bisheriges Spiel weiterzuführen suchen, ihre Version oder Lösung durchzusetzen, bis sie mit ihrer Variante zufrieden sind oder aufgeben, wonach das Spiel weitergeht; danach Diskutieren der verschiedenen Varianten und Lösungen.

– <u>Schreiben von „Parallelszenen"</u> wichtiger Erzähl- und Dramenvorgänge (im Sinne Brechts[8]) mit analoger Handlung, aber kontrastierendem Personenarsenal (Originaltext: Adlige – Paralleltext: Bauern; Originaltext: Erwachsene – Paralleltext: Kinder usw.), um so das originale Erzähl- oder Dramengeschehen kontrastiv zu verfremden und so zu verdeutlichen.

– <u>Umschreiben eines Erzähl- oder Dramenschlusses</u> zu einem Ende oder einer Lösung, wie sie nach Art der Handlung und der Figuren auch sein könnten oder wie sie gemäß der eigenen Einstellung zu ihnen im Grunde sein sollten; Überlegen, welche anderen literarischen, kulturellen, welche anderen Norm- und Wertvorstellungen dann dargestellt würden und welche den originalen Text bestimmen.

– Spielen von Entscheidungs- und Konfliktsituationen eines Erzähl- oder Dramentextes im Rollenspiel und Erspielen und Erproben eigener Entscheidungen und Konfliktlösungen.

– Erfinden einer Diskussion zwischen dem Autor eines Textes und einer Erzähl-
oder Dramenfigur über eine problematische Szene oder Handlung der Figur mit
Änderungsvorschlägen der Figur und Stellungnahmen des Autors dazu.

4.1.3.2 Veränderung der Figuren von Texten

– Verändern der wichtigsten Charaktereigenschaft der Hauptfigur eines Erzähl-
oder Dramentextes und Umschreiben bzw. Schreiben einer Sequenz oder Szene
mit ihr, um zu erkunden, in welchem Grade die Erzähl- bzw. Dramenhandlung
durch einen bestimmten Charakter der Hauptfigur geprägt ist.

– Verändern des Alters oder des Geschlechts oder des Berufs der Hauptfigur eines
Erzähl- oder Dramentextes und Umschreiben bzw. Schreiben einer Sequenz
oder Szene mit ihr, um zu erkunden, in welchem Grade ihr Handeln durch bestimmte, gegebenenfalls zeitbedingte Alters-, Geschlechts-, berufsspezifische
Rollenauffassungen bestimmt ist.

– Herstellen einer Anti-Figur: Umdrehen aller Merkmale einer Hauptfigur eines
Erzähl- oder Dramentextes: des Äußeren, der Charaktereigenschaften, des Verhaltens, und Umschreiben bzw. Schreiben einer Sequenz oder Szene mit ihr, um
zu erkunden, in welchem Grade die Erzähl- bzw. Dramenhandlung überhaupt
durch die Hauptfigur geprägt ist.

– Verändern des Helden / der Heldin eines Erzähl- oder Dramentextes in eine
Feindfigur und der Feindfigur in eine Sympathiefigur und Umschreiben bzw.
Schreiben einer Sequenz oder Szene mit ihnen, um zu erkunden, in welchem
Grade das Handlungsgeschehen einem, gegebenenfalls historisch bedingten,
Freund-Feind- oder ingroup-outgroup-Denken verpflichtet ist (vgl. Waldmann /
Bothe 1992, S. 32–35).

4.1.3.3 Veränderung von Zeit und Ort von Texten

– Transponieren eines Erzähl- oder Dramentextes oder von Sequenzen bzw. Szenen aus ihm in eine frühere Zeit und deren Orte: Athen, Sparta, Rom, Mittelal-
ter (Rittertum, Mönchstum, Minnesang), Conquista, Bauernkriege, Absolutismus, Nationalsozialismus usw., um durch die notwendigen Veränderungen oder
die entstehenden Inkongruenzen des Geschehens die spezifische geschichtliche
Prägung des Erzähl- bzw. Dramentextes zu erfahren.

– Transponieren eines in der Vergangenheit spielenden Erzähl- oder Dramentextes oder von Sequenzen bzw. Szenen aus ihm in die Gegenwart und ihre Orte, um
etwa durch die heutige Irrelevanz mancher früherer Probleme und Konflikte deren geschichtliche und gesellschaftliche Bedingtheit zu erfahren.

– Transponieren eines (vor allem in der Gegenwart spielenden) Erzähl- oder Dramentextes oder von Sequenzen bzw. Szenen aus ihm in die nähere, weitere oder
fernste Zukunft und deren Orte, um entweder durch die Antizipation einer posi-
tiven Entwicklung der gesellschaftlichen Möglichkeiten (Utopie) eine Lösung
der Konflikte des Erzähl- bzw. Dramentextes vorstellbar zu machen, oder um

durch die Antizipation einer weiterhin negativen Entwicklung der vorhandenen Probleme und Missstände (Anti-Utopie) eine Verschärfung und ein Unlösbar-werden der Konflikte, in jedem Falle um die Zeitbedingtheit der Konflikte des Erzähl- bzw. Dramentextes zu erfahren.

4.1.3.4 Veränderung der Sprachform von Texten 1: Lyrik

– Umformen eines kürzeren Gedichts in – fortlaufend geschriebene – Alltagssprache, Vergleichen mit dem Original und Erörtern der spezifischen Wirkung und Leistung der lyrischen Sprache (und Form).

– Umschreiben eines Gedichts in sehr gewählter Sprache in Umgangssprache, Dialekt, in betont flapsige oder stark jargonhafte Sprache, um den Text zu verfremden und diskutierbar zu machen (s. Brenner 1990, S. 51–54).

– Umformen des Satzbaus eines Gedichts mit komplizierter und schwieriger („harter") syntaktischer Fügung in normale und einfache („glatte") Fügung; Umformen eines Gedichts mit „glatter" in eins mit „harter" Fügung: lautes Lesen der verschiedenen Fassungen und Vergleichen, Beurteilen der Funktion und Leistung 'lyrischer' syntaktischer Fügung (s. Waldmann 1998, S. 225–231).

4.1.3.5 Veränderung der Sprachform von Texten 2: Erzähltexte

– Umformen – am besten gruppenweise – einer kurzen, üblich erzählten Er-Erzählung mit einigen Figurenreden:
  1. Umschreiben in reine Erzählerrede (im Präteritum), sodass keine direkten und indirekten Figurenreden mehr bestehen;
  2. Verwandeln aller Figurenreden in indirekte Rede;
  3. Umschreiben der Erzählerrede ins Präsens;
  4. Verwandeln der Erzählerrede, soweit irgend möglich, in Figurenreden, sodass der Text (fast) nur noch aus Dialogen besteht;
  5. gegebenenfalls und je nach Eignung des bearbeiteten Textes auch Umwandeln in indirekte Erzählerrede, erlebte Rede oder inneren Monolog.
  Lautes Lesen und Vergleichen der verschiedenen Fassungen, Erörtern von Funktion, Leistung und Wirkung der verschiedenen Redeformen des Erzählens (s. Waldmann / Bothe 1992, S. 116–130).

4.1.3.6 Veränderung der Sprachform von Texten 3: Drama

– Umschreiben eines unsymmetrischen Dialogs, in dem ein Redepartner ganz dominant ist und den Anderen nicht zur Geltung oder zu Wort kommen lässt und nicht auf ihn eingeht, in einen symmetrischen Dialog mit gleichwertigen Redebeiträgen gleichberechtigter Dialogpartner, um so das kommunikativ diskrepante Verhältnis der Redepartner im Dramentext deutlicher auffassbar zu machen (s. Waldmann 1996, S. 166, 168).

– Ergänzen eines Dialogs, in dem ein Dialogpartner wegen der Redesituation nicht sagen kann, was er wirklich – u. a. über den Partner – denkt und was er eigentlich will, durch Beiseitesprechen und (größere) Anreden ad spectatores dieses Dialogpartners.

– Übersetzen einer sprachlich sehr elaborierten oder stark pathetischen oder mit großem ethisch-moralischen Anspruch gesprochenen Dramenszene oder -sequenz in Umgangssprache, in Dialekt, in Jugend-, Subkultur- oder Szene-Sprache, um so etwa das Gesprochene konkret auf Jugendliche zu beziehen, vor allem um es in seinem Geltungsanspruch zu verfremden und diskutierbar zu machen.

– Umschreiben einer Dramenszene oder -sequenz in indirekte Rede, die von den Figuren gesprochen wird, um so eine völlige Verfremdung des konventionellen Dramas und seiner Formmittel zu erzielen und seine Hauptmerkmale und -leistungen auffassbar zu machen (vgl. Waldmann 1996, S. 259–267).

4.1.3.7 Veränderung der literarischen Form von Texten 1: Lyrik

– Umformen eines kurzen metrischen Gedichts (oder einer Gedichtstrophe) von vier- in fünf- und dreihebige Verszeilen, von unregelmäßig in regelmäßig gefüllte, von daktylischen in alternierende, von nicht-auftaktigen und stumpfen in auftaktige und klingende Verszeilen, um Funktion und Leistung des Metrums und verschiedener metrischer Formen zu erkunden (s. Waldmann 1998, S. 50–61).

– Umformen eines nicht zu langen Reimgedichts (oder einer Strophe von ihm) in der Weise, dass Metrum, Reime und alle metrisch betonten Vokale, auch viele Konsonanten beibehalten werden, mit ihnen aber beliebige andere Wörter, auch Unsinnswörter, gebildet werden; lautes Lesen und Vergleichen der beiden Gedichte, um Funktion und Leistung des Klangcharakters, hier klanglich gleicher und inhaltlich völlig veränderter Gedichte zu erkunden (s. Waldmann 1998, S. 89–91).

– Umstellen der Verszeilen eines nicht zu langen Reimgedichts mit vierzeiligen Strophen (im Zeilenstil), sodass Paarreim (aabb), Kreuzreim (abab) und umarmender Reim (abba) vorliegen, gegebenenfalls auch Umformung in Reihenreim (aaaa) und unterbrochenen Reim (xaxa), lautes Lesen und Vergleichen der Fassungen, um Funktion und Leistung des Endreims und der Reimstellungen zu erkunden (s. Waldmann 1998, S. 110–116).

– Umformen eines Gedichts mit mehreren oder vielen Bildern (Metaphern, Allegorien), sodass – nach Möglichkeit – ein Text ohne alle Bildlichkeit entsteht; Vergleichen mit dem Original und Beurteilen, was Bilder in Gedichten bedeuten und leisten; gegebenenfalls nun noch Wahl eines anderen Bildbereichs als im Original und Umformen des bildfreien Textes mit Bildern aus ihm (vgl. Waldmann 1998, S. 176–181).

– Umformen eines Gedichts in freien Versen mit starken Enjambements (Zeilensprüngen oder -brüchen) in eins im Zeilenstil (bei dem mit dem Zeilenende auch die syntaktische Einheit endet) und eines Gedichts im Zeilenstil in eins mit starken Enjambements; lautes Lesen und Vergleichen der Textfassungen, um

Funktion, Leistung und Wirkung des Enjambements zu erkunden (s. Waldmann 1998, S. 206–210, 214).

– Zeilenweises <u>Verschneiden (Collagieren)</u> eines Gedichts mit einem anderen, kontrastierenden Gedicht zum gleichen Thema oder Gegenstand.

– Rubrikweises Herausschreiben der Substantive, Verben und Adjektive aus einem – nicht zu langen – Gedicht (auch Reimgedicht), das jeder Schüler sich selbst ausgesucht hat, Weitergeben oder Verlosen des Wortmaterials in der Klasse, aus dem der Empfänger ein neues Gedicht in freien Versen macht; Vergleichen mit dem Original.

– Reduzieren eines Gedichts auf sein 'Skelett': seine Kernwörter bzw. Kernwortgruppen, und deren Anordnung in freien Versen, um so sein Verständnis des Gedichts in einem eigenen Text darzustellen (s. Waldmann 1998, S. 233f.); in einer 2. Phase können die ausgetauschten 'Skelettgedichte' von Mitschülern zu vollständigen Gedichten ergänzt und diese dann mit den Originalen verglichen werden.

4.1.3.8 Veränderung der literarischen Form von Texten 2: Erzähltexte

– Umschreiben einer Erzählung in Dialogform, in ein Hörspiel, ein Drehbuch, ein Drama.

– Umerzählen einer Er-Erzählung oder eines Teils von ihr in die Ich-Form und umgekehrt (s. Abschn. 5.1, Aufgabe A 4); Umerzählen eines kurzen Erzähltextes in der Er-Form in die Ich-Form, erneutes Umschreiben dieses Textes in die Du-Form; Vergleichen der Fassungen: Erkunden von Funktion und Leistung der Er-, Ich- und Du-Form (vgl. Waldmann / Bothe 1992, S. 14–19).

– Umerzählen einer kurzen, in üblicher Weise erzählten Geschichte in der Er-Form in entschieden auktoriale, deutlich personale und völlig neutrale Er-Erzählformen, Vergleichen der Fassungen: Erkunden von Funktion und Leistung der drei Erzählhaltungen (s. Waldmann / Bothe 1992, S. 20–28).

– Erzählen einer Ich- oder Er-Erzählung in der Ich-Form aus der Perspektive einer anderen als der Hauptfigur: Erkunden der Wirkung des Perspektivewechsels (s. Abschn. 5.2, Aufgabe A 6).

– Umerzählen einer Er- oder Ich-Erzählung mit mehreren handelnden Figuren so, dass jede der Figuren die gleiche Geschichte in der Ich-Form völlig aus ihrer Sicht und gegebenenfalls ganz anders erzählt; Vergleichen der Fassungen: Erkunden von Funktion und Leistung konsequent perspektivischen Erzählens (s. Waldmann / Bothe 1992, S. 87–93).

4.1.3.9 Veränderung der literarischen Form von Texten 3: Drama

– Einfügen von desillusionierenden 'dramenfremden Personen' in einen Dramentext (in der Art Tieckscher Komödien, etwa des „Gestiefelten Kater"): des Autors, des Regisseurs, des Beleuchters, der Souffleuse, einer Garderobenfrau, von Zuschauern, eines Theaterkritikers usw., die das Dramengeschehen kommentieren, bewerten, kritisieren, auch in es eingreifen und es verändern.

– Einfügen von 'epischen' Instanzen (im Sinne Brechts) in den Dramentext: eines 'Sprechers', 'Ansagers', 'Spielleiters', eines „Jokers" (s. Boal 1989, S. 14), eines kleineren oder größeren 'Chors', die Szenen oder Sequenzen im Sinne des Dramentextes oder auch gegenläufig und kritisch zu ihm einleiten und vor allem kommentieren.

– Beschaffen dokumentarischen Materials, das im Sinne des epischen Theaters die geschichtliche oder politische Situation eines Dramenvorgangs beleuchtet und verdeutlicht: Texte und Bilder, die an passenden Stellen als Spruchbänder auf Wandtafeln oder mit Hilfe von Projektionen gezeigt werden könnten.

– Spielen (oder auch Schreiben) einer schwierigen oder problematischen Szene bzw. Sequenz eines Dramentextes als Theaterprobe mit einem sehr progressiven Regisseur und äußerst eigenwilligen, aber engagierten Schauspielern, die gemeinsam ganz besondere Auffassungen und daher Aufführungsweisen, auch Streichungs- und Änderungsmöglichkeiten des Stücks diskutieren und probieren.

– Umschreiben einer Dramenszene oder -sequenz mit starkem pädagogischen oder moralischen oder auch religiösen Anspruch in eine Szene mit sich absurd verhaltenden, handelnden und gegebenenfalls auch sprechenden Figuren, um dadurch den pädagogischen, moralischen, religiösen Sinnhorizont des Textes zu verfremden und diskutierbar zu machen.

– Umschreiben einer Dramenszene oder -sequenz in eine Erzählung, eine Chronik, einen Bänkelsang, einen Zeitungsbericht, einen Polizeibericht, eine Reportage usw., die sich affirmativ oder kritisch zu dem berichteten Dramengeschehen verhalten.

4.1.4 Produktive Auseinandersetzung mit literarischen Texten
(zur 4. Phase des Phasenmodells 2.1.4)

4.1.4.1 *Produktive Darstellung des Gesamtverständnisses von Texten*

– Schreiben oder vorbereitetes Spielen einer Befragung, eines Verhörs, einer Gerichtsverhandlung, einer Pro-und-Contra-Diskussion, in denen Fehlverhalten, Verfehlung, Schuld oder Unschuld der Hauptfigur eines Erzähl- bzw. Dramentextes dargestellt und kontrovers diskutiert werden, gegebenenfalls mit offenem Schluss, damit die anderen Schüler als 'Zuschauer' an der Meinungsbildung oder Urteilsfindung beteiligt werden können (s. Abschn. 5.1, Aufgabe A 6).

– Schreiben von Anhängen zu einem Erzähltext, von Nachspielen zu einem Drama, in denen nach einigen Jahren die Hauptfigur / die Hauptfiguren noch einmal auftreten und die Folgen oder Auswirkungen der Erzähl- oder Dramenhandlung, die so gedeutet und bewertet wird, dargestellt werden.

– Schreiben eines Briefs an die Hauptfigur eines literarischen Textes (s. Abschn. 5.1, Aufgabe A 9), eines Nachrufs, einer Grabrede (vgl. ebd., Aufgabe A 8); eines – fiktiven oder realen – Briefs an den Autor über Erfahrungen und Probleme mit seinem Text, Einwände gegen ihn und Fragen zu ihm; Verfassen eines fiktiven Interviews mit einem – auch lange verstorbenen – Autor.

– Schreiben eines fiktiven Briefs des Autors eines literarischen Textes an einen Kollegen, an seinen Verleger (s. Abschn. 5.1, Aufgabe A 7), an einen Rezensenten, im Falle eines Dramas an den Regisseur seines Stücks, an einen Theaterkritiker usw. zu bestimmten Verständnisfragen und Deutungsproblemen seines Werks.

– Verfassen eines 'Waschzettels' für den Schutzumschlag oder die Rückseite, einer Buchanzeige oder einer Besprechung eines Erzähltextes.

– Verfassen eines 'Programmheftes' für eine fiktive Aufführung eines Dramas: Personenverzeichnis (gegebenenfalls mit bekannten Schauspielern), eigene Kostümentwürfe und Bühnenbilder, Inhaltsangabe des Dramas und Darstellung seiner wesentlichen Aussagen, Äußerungen des Autors zu seinem Werk, Materialien zum Autor, zu seinem Werk und gegebenenfalls zu der Zeit, in der das Drama spielt, fiktives Interview mit dem Regisseur über die Intentionen seiner Inszenierung usw. (als Gruppenarbeit).

4.1.4.2 Nachproduktion von Formen literarischer Texte

– Nachproduzieren von Laut-, Scherz-, Unsinnsgedichten und Konkreter Poesie.

– Schreiben weiterer Strophen eines Gedichts, weiterer Episoden von Schildbürger-, Eulenspiegel-, Münchhausen-Geschichten, weiterer Stationen eines Stationendramas.

– Schreiben eines Textes zur eigenen Lebenssituation nach dem Muster oder mit dem Konflikt oder in der Art der Rolle der Hauptfigur einer behandelten Erzählung (s. Abschn. 5.2, Aufgabe A 8).

– Schreiben eigener Texte in den Formen und mit den Konstruktionsmerkmalen behandelter Gedichte, Märchen, Fabeln, Kurzgeschichten, Erzählungen, Novellen, Dramen, Hörspielen usw. mit anderen, von jedem Schüler oder auch gemeinsam gewählten, gegebenenfalls aktuellen und persönlichen Problemen und Themen.

4.1.4.3 Aktualisierung von in der Vergangenheit spielenden Texten

– Umschreiben eines Märchens, einer Sage, einer Legende, einer in der Vergangenheit spielenden Erzählung in der Weise, dass Vorgänge, Probleme, Konflikte der Gegenwart, gegebenenfalls aktuelle Probleme der Schüler thematisiert und dargestellt werden und u. a. die Eignung der Textform dafür erprobt wird.

– Ausstatten eines in der Vergangenheit spielenden Erzähl- oder Dramentextes oder von Sequenzen bzw. Szenen aus ihm mit anachronistischen, auf die aktuelle Gegenwart bezogenen Äußerungen und Kommentaren der Figuren, um so u. a. die Distanz des Textes zu den heutigen Vorgängen und Problemen kritisch darzustellen.

– Umschreiben eines in der Vergangenheit spielenden Erzähl- oder Dramentextes oder einer Sequenz bzw. Szene aus ihm in eine aktualisierte Fassung, die Figuren und Handlung der ursprünglichen Fassung beibehält, aber in die unmittelbare

Gegenwart versetzt und so entweder die nach wie vor bestehende Aktualität oder auch die Zeitgebundenheit ihrer Probleme und Konflikte darstellt.

– Umschreiben eines in der Vergangenheit spielenden Erzähl- oder Dramentextes oder einer Sequenz bzw. Szene aus ihm in eine aktualisierte Fassung, die Handlungsgerüst und Konfliktsituation der ursprünglichen Fassung beibehält, die Figuren aber durch Personen (gegebenenfalls bekannte Personen aus Politik, Kultur, Wissenschaft, Sport usw.) der Gegenwart ersetzt, die die heutige Sprache sprechen, die dramatischen Probleme und Konflikte mit heutigen Augen betrachten, diskutieren und lösen und so deren Zeitbedingtheit, vielleicht ihre Irrelevanz dartun.

4.1.4.4 *Umformung von Texten in eine Gegenfassung, Schreiben von Gegentexten*

– Gemeinsames Umschreiben eines Erzähl- oder Dramentextes bei übernommenem Inhalt in verschiedene, von den einzelnen Schülern zu wählende Textsorten: Märchen, Heldensage, Bänkelsang, Satire, Liebes- oder Kriminalgeschichte, Drehbuch, „Bild"-Nachricht, „Spiegel"-Interview usw., um das eigene, gegebenenfalls kritische Verständnis des Textes darzustellen.

– Umschreiben eines Erzähl- oder Dramentextes bzw. einer Sequenz oder Szene aus ihm in eine Trivialfassung: Liebesszene in sentimentaler oder Kitsch-Form, Konflikt und Konfliktlösung in Western- oder Krimimanier, Lösungssuche in Detektivweise usw., um dadurch die besondere Art des originalen Textes zu verdeutlichen oder zu kritisieren.

– Umschreiben des Schlusses eines Erzähl- oder Dramentextes in eine Gegenfassung mit veränderter oder umgedrehter Konfliktlösung, etwa mit einem Happyend statt einer tragischen Lösung, um so die eigene Einschätzung des originalen Schlusses darzustellen.

– Umschreiben eines Erzähl- oder Dramentextes bzw. von Sequenzen oder Szenen aus ihm in einen märchenhaften, fantastischen, utopischen Text, in seine Grotesk- oder Nonsensfassung (etwa durch Einfügen von Figuren aus ganz anderen Textsorten: Herakles, Siegfried, Rotkäppchen, Tarzan, Superman, Donald Duck usw.), um so den originalen Text überzukonturieren oder zu verfremden und dadurch zu verdeutlichen oder zu kritisieren.

– Schreiben einer Parodie zu einem lyrischen Gedicht, einer Ballade, einem Erzähl- oder Dramentext bzw. einer Sequenz oder Szene aus ihnen.

– Schreiben eines Gegentextes zu einem Gedicht (zu einem gefühlvoll-idyllischen Naturgedicht ein Gedicht zur Umweltzerstörung usw.).

– Schreiben eines gegenläufigen ‚Zweiten Teils' oder einer selbstständigen Gegen-Erzählung / eines Gegen-Dramas zu einem Erzähl- bzw. Dramentext, um so seine Einstellung zu ihm, seine Einwände gegen ihn und seine Kritik an ihm zu artikulieren und darzustellen.

4.1.5 Anhang: Freie Produktionsaufgaben zur Erprobung eigenen Schreibens in literarischen Formen

4.1.5.1 Schreiben nach textuellen oder inhaltlichen Vorgaben

– Fortführen des Anfangs eines (den Schülern mit Sicherheit unbekannten) Erzähltextes, Ergänzen einer herauspräparierten Erzählsequenz oder Ausführen eines vom Autor nicht fortgeführten Erzählanfangs, eines kurzen Erzählfragments, einer Erzählskizze (wie sie z. B. von Kafka in größerer Zahl vorliegen) zu einer eigenen Erzählung.

– Herstellen eines Zusammenhangs zwischen zwei herauspräparierten, aus verschiedenen Erzähltexten stammenden kurzen Erzählsequenzen und Schreiben einer eigenen Erzählung dazu.

– Schreiben eines Erzähl- oder Dramentextes auf der Grundlage einer vorgegebenen oder von der Klasse oder den einzelnen Schülern entworfenen Personenkonstellation (z. B.: 'Schülerin – ausländischer Freund – Schulkamerad – Vater und Mutter – Großvater') oder eines Handlungsvorgangs (z. B.: 'Ein Schüler droht, sich vom Dach der Schule zu stürzen, weil er nicht versetzt werden soll').

– Schreiben von Texten in mehreren Textsorten zu einer von den Schülern gesuchten (gegebenenfalls auch vom Lehrer eingebrachten) Zeitungsnachricht: Märchen, Satire, Liebes-, Kriminal-, Science Fiction-Geschichte, Tagebuchroman, Drama, Drehbuch usw.

4.1.5.2 Schreiben nach fantastischen Vorgaben und nach Bildern

– Schreiben von Erzählungen, in denen Szenen aus dem Alltag des Schülers im Jahr 2007/2027/2047 oder in denen ein Tag aus der Wunschbiografie des Wunsch-Ichs des Schülers dargestellt wird (vgl. Werder 1986, S. 120f.).

– Schreiben von Erzählungen oder auch Gedichten über fantastische Dinge oder Gegenstände, ihre Herstellung und Verwendung, über fantastische Gegenden und die Erlebnisse in ihnen, über fantastische Lebewesen und die Begegnung mit ihnen.

– Schreiben von Erzählungen und Gedichten, in denen man sich und seine Erlebnisse in einer Traum- oder Fantasiewelt schildert: in der Welt der Mythen, Sagen und Märchen (Prometheus, Odysseus, Siegfried, Dornröschen …), der Dinosaurier, auf dem Grund des Meeres in einer versunkenen Stadt, in einem Berühmte-Köpfe-Museum, dessen Köpfe man ausleihen und aufsetzen kann (s. Waldmann / Bothe 1992, S. 72f.), in einem Zookäfig, in einer Gitarre usw.

– Schreiben von Erzählungen und Gedichten nach Bildern (Reproduktionen, Kunstpostkarten, Fotografien, Postern) mit vielen Handlungsvorgängen (etwa in der Art von Hieronymus Bosch, Pieter Breughel d. Ä.) oder mit besonders handlungs- oder stimmungsstarkem Inhalt, wobei man einem – sich gegebenenfalls entwickelnden – Geschehen des Bildes zusieht oder in es hineingeht und sein Geschehen miterlebt oder mit einer Person des Bildes spricht oder selbst eine Person des Bildes ist und an seinem Geschehen beteiligt ist.

4.1.5.3 Gemeinsames Schreiben literarischer Texte

– Gruppenweises Schreiben eines Kollektiv-Romans oder eines Kollektiv-Dramas (etwa eines Stationendramas) zu einem bestimmten, gemeinsam besprochenen Thema oder Problem, bei dem innerhalb eines vorher festgelegten inhaltlichen und formalen Rahmens (Figuren, Ort und Zeit, Handlung, Erzähl- bzw. Dramenform) jede Gruppe ein bestimmtes Kapitel des Romans bzw. eine bestimmte Szene (eine 'Station') des Dramas schreibt.

– Gemeinsames, gegebenenfalls gruppenweises Schreiben eines 'Gedicht-Zyklus', einer 'Erzähl-Rallye', einer 'Dramen-Revue' zu einem bestimmten, gemeinsam besprochenen Thema oder Problem, bei dem jeder bzw. jede Gruppe in verschiedenen literarischen Formen schreibt: Gedichte (freie Verse, Reim- und Strophengedichte, Sonette, Balladen, Centos, Limericks, Bänkelsang, Schlagertexte usw.) oder Erzähltexte (in Er-, Ich-, Du-Form, Märchen, Sagen, Legenden, Fabeln, Satiren, Dialekterzählungen, triviale Liebes-, Kriminal-, Science Fiction-Geschichten usw.) oder Kurzdramen bzw. Dramenszenen (in geschlossener, offener, epischer, dokumentarischer Form, als absurdes Theater, Dramenparodie, Kasperltheater, Puppen- und Schattenspiele usw.), die dann zu einem 'Zyklus', einer 'Rallye', einer 'Revue' zusammengestellt und gegebenenfalls veröffentlicht (im Falle der 'Dramen-Revue': aufgeführt) werden.

4.2 Methodische Überlegungen zum produktiven Umgang mit Literatur im Unterricht

Wann, bei welchen Gelegenheiten können oder sollten produktive Verfahren, wie sie der vorstehende Katalog aufführt, im Literaturunterricht verwendet werden?

– Die Behandlung der allermeisten literarischen Texte (auch aus dem Lesebuch) und die Besprechung aller Lektüren sollte in einem wohlabgewogenen Wechselspiel vor allem analytischer und produktiver Verfahren im Sinne des Phasenmodells von Abschn. 2.1 erfolgen.

– Für die Besprechung einzelner literarischer Formen und Gattungen sind bei ihrer Erarbeitung und für ihre Anwendung und Erprobung neben analytischen produktive Verfahren so gut wie unerlässlich.

– Kleinere oder größere Unterrichtssequenzen, Unterrichtseinheiten oder auch Projekte, in denen entweder (mehr oder weniger systematisch) bestimmte literarische Aspekte und Bereiche produktiv erarbeitet werden oder in denen auch (etwa gattungsmäßig oder thematisch orientiert) freie Texte geschrieben werden, sind ein bis zweimal im Schuljahr sinnvoll; das neue Klett-Lesebuch „Unterwegs" (Bleier-Staudt [u. a.] 1992–96) bietet in jedem Band mehrere produktive Unterrichtseinheiten an.

– Auch ohne Anbindung an die Besprechung literarischer Texte, Gattungen und Formen sind zwischendurch immer einmal einzelne kreative Schreibaufgaben, gegebenenfalls mit spielhaftem Charakter, in Wettkampf- oder Rateform, als Partner-, Gruppen- oder Kollektivarbeit, möglich.

Wenn umfangreichere Texte geschrieben werden, die mehr als nur eine Teilfunktion in einem Arbeitsprogramm haben, sollten für das Schreiben und Besprechen der Texte Doppelstunden benutzt oder eingerichtet werden. Und es ist elementar wichtig, dass die Lehrerin oder der Lehrer dann mitschreiben.

4.2.1 Zum Umgehen mit dem didaktischen Phasenmodell

Das Phasenmodell organisiert für die Zwecke des Unterrichts das an sich einheitliche Verstehen literarischer Texte als idealtypische Folge aufeinander aufbauender Phasen. Die einzelnen Phasen haben ihren logischen Ort innerhalb des Gesamtvorgangs literarischen Verstehens und können nicht ohne weiteres vertauscht werden; das Phasenmodell stellt das Idealmodell einer Textbehandlung dar. Sehr wichtig ist aber, dass es nicht rigide und mechanisch, sondern flexibel genutzt wird (dafür liefert die Unterrichtseinheit in Abschn. 5.2 ein Modell):

– Bei größeren, in mehreren Ansätzen behandelten Texten kann es sinnvoll sein, auch nach der Textarbeit im Sinn der 3. und 4. Phase noch einmal auf die 2. und sogar die 1. Phase zurückzugreifen.

– Bei historisch, gesellschaftlich oder literarisch stark geprägten Texten kann es notwendig sein, die Darstellung dieser Zusammenhänge, wie die 4. Phase sie vorsieht, schon in die 3. Phase hineinzunehmen.

– Die Vorphase kann sowieso verwendet oder nicht verwendet werden (ein Beispiel für ihre Verwendung gibt das Unterrichtsmodell in Abschn. 2.5.1), doch kann sich auch bei kleineren oder einfachen Texten die eine oder andere Phase erübrigen.

– Bei besonderen Unterrichtsformen können sich Phasen überlagern und ineinanderschieben (Beispiele dafür bilden die Aufgaben A 2 und A 4 in der als offener Unterricht konzipierten Unterrichtseinheit in Abschn. 5.2), aber auch umakzentuieren.

Wie und wie eingehend einzelne Phasen im Unterricht behandelt werden, liegt an der Klassenstufe und der Klasse, vor allem aber am Text, den Schwierigkeiten, die er aufweist, und den Anforderungen, die er an das Verstehen der Schüler stellt. Hier lassen sich in Bezug auf die einzelnen Phasen unter anderem folgende Fragen stellen:

Unterrichtliche Fragen zum didaktischen Phasenmodell

Vorphase

Ist der Text besonders schwierig oder schwer zugänglich, sodass es nützlich wäre, ihn nach seinen schwierigen Merkmalen vorgängig spielhaft zu erkunden und so in ihn einzustimmen?

Oder soll er besonders auf literarische Formen hin besprochen werden, für die zunächst spielhaft Interesse geweckt werden könnte?

1. Phase

Soll jeder Schüler den Text selbst zu Hause lesen, oder kann er bzw. ein Teil von ihm gemeinsam in der Klasse gelesen werden?

Sollten, weil der Text schwierig oder ungewohnt ist, dafür besondere Formen des Einlesens gewählt werden?

Und sollte den Schülern durch besondere Leseverfahren gleich schon Gelegenheit gegeben werden, sich mit ihren Bedürfnissen und Erfahrungen aktiv zum Text zu verhalten?

Sollte, um ein intensives und bewussteres Lesen zu gewährleisten, der Text antizipierend gelesen werden, oder sollte er vielleicht umgestellt, mit Lücken versehen, inhaltlich und formal verändert werden, um von den Schülern dann ergänzend und rekonstruktiv gelesen zu werden?

2. Phase

Ist der Text seinem Vorgang oder seiner Form nach vielleicht so fremd oder entlegen oder schwer zu verstehen, dass es unsicher ist, ob die Schüler überhaupt eine Beziehung zu ihm haben, müsste ihnen deshalb die Aneignung des Textes erleichtert werden?

Und wie ist zu erreichen, dass die Schüler sich dabei auch mit ihren eigenen Bedürfnissen und Interessen in den Text einbringen?

Sollten deshalb besondere Verfahren des Textumgangs und -verstehens gewählt werden, bei denen die Schüler mit ihrer Fantasie auf den Text reagieren, ihn so imaginativ aneignen und auf ihre eigene Erfahrungswelt beziehen können?

3. Phase

Ist der Text, wenn er dergestalt subjektiv angeeignet ist, von den Schülern schon in seiner eigentlich literarischen Gestalt, durch die er diese Aneignung i. A. erst ermöglicht, verstanden?

Welche literarischen Merkmale, Strukturen, Formen des Textes müssen unbedingt in ihren Funktionen, Leistungen und Wirkungen von den Schülern aufgefasst werden, damit sie den Text als literarischen Text verstehen?

Welche genügend motivierenden Verfahren, die die Schüler nicht überfordern und ihnen die Lust am Text und der Arbeit mit ihm nicht nehmen, sind dafür angezeigt?

4. Phase

Ist mit der bisherigen Arbeit der Text von den Schülern auch in seinen übergreifenden, etwa geschichtlichen, gesellschaftlichen, literarischen Zusammenhängen, die
ihn entscheidend prägen, aufgefasst und verstanden worden, oder sollten sie noch
erarbeitet werden?

Haben die Schüler mit der bisherigen Textarbeit ein Gesamtverständnis des Textes
erlangt, oder sollte es noch ausdrücklich formuliert werden?

Und hatten sie Gelegenheit, den Text ihrem eigenen Selbst- und Weltbild zuzuord-
nen, sein Verhältnis zu der eigenen Erfahrungswelt und ihre Einstellung zu ihm –
und seiner Besprechung im Unterricht – zu artikulieren?

Welche Verfahren im Einzelnen in den verschiedenen Phasen zu wählen sind, wann
insbesondere analytische und wann produktive Verfahren angezeigt sind und in
welchem Verhältnis sie zueinander stehen sollten, hängt zunächst von der genauen
Analyse des bestimmten Textes durch die Lehrerin oder den Lehrer sowie von den
Verstehensabsichten ab, die sie für ihre bestimmte Klasse mit der Behandlung dieses Textes verfolgen. Die allseits bekannten Verfahren analytischen Textumgangs
müssen hier nicht besonders empfohlen werden; zu den produktiven Verfahren
sind aber wohl noch Anmerkungen nützlich.

4.2.2 Zum Umgehen mit dem systematischen Katalog produktiver Verfahren

Der Katalog umfasst 166 produktive Verfahren. Sie sind (bis auf den Anhang) i. a.
kein kreativer Selbstzweck, sondern sollen dem produktiven Verstehen literarischer Texte dienen. Sie dienen ihm aber nur, denn kein Verfahren funktioniert automatisch, wenn sie unmittelbare Funktion für die Erarbeitung bestimmter, für das
Textverstehen wichtiger Merkmale und Strukturen des bestimmten literarischen
Textes haben. Dazu eignen sich in der jeweiligen Phase des Textverstehens nie alle,
nie die Mehrzahl, sondern immer nur ganz wenige Verfahren des entsprechenden,
der jeweiligen Verstehensphase zugeordneten Katalogabschnitts. Herauszufinden,
welche das sind, herauszufinden durch genaue Analyse des Textes und sorgfältige
Reflexion der eigenen Verstehensabsichten mit diesem Text in dieser bestimmten
Klasse, ist die unabdingbare Voraussetzung für eine sinnvolle Arbeit mit den in
dem Katalog aufgelisteten produktiven Verfahren. – Wenn Sie, liebe Leserin, lieber
Leser, mir aber nicht glauben und es – Gestatten Sie ein bisschen *Ironie*? Danke. –
lieber falsch machen möchten, dann beherzigen Sie doch wenigstens die folgenden
fünf Goldenen Regeln, um es auch gründlich falsch zu machen:

Fünf Goldene Regeln zum falschen Gebrauch des Katalogs

1. Lesen Sie den literarischen Text, den Sie mit Ihren Schülern behandeln wollen,
    nur ganz flüchtig, damit er Gelegenheit hat, sich Ihnen während seiner Be-
    sprechung von unbekannten Seiten zu zeigen, und der Unterricht so auch für
    Sie noch ein wenig interessant ist. Versuchen Sie in keinem Fall, vorher zu ver-
    stehen, worum es in dem Text geht. Sie könnten sonst kaum den Verdacht ent-

kräften, Sie wollten den Schülern Ihr eigenes Textverständnis aufnötigen, was autoritär wäre. Text und Schüler sollten sich frei aneinander entfalten können.

2. Suchen Sie nicht planmäßig und krampfhaft nach einem produktiven Verfahren, das zu Ihrem Text passt, und lassen Sie sich vor allem nicht von der Phasenzuordnung der Verfahren gängeln; das wäre unspontan. Einigen Ansprüchen an Spontaneität genügt schon, wenn Sie den Katalog locker durchblättern und das nehmen, was Ihnen zuerst ziemlich zusagt. Höhere Ansprüche erfüllt, wenn Sie den Katalog blind aufschlagen und mit dem Kugelschreiber – gleichfalls blind – auf eine Stelle der aufgeschlagenen Seite tippen. Höchsten Ansprüchen genügt, wenn Sie Ihr Verfahren mit dreimaligem Würfeln ermitteln. Erwürfelt wird die 3. und 4. Stelle der Abschnittszahl und die Nummer des Spiegelstrichs; wenn da keine Aufgabe mehr ist, dürfen Sie nochmal würfeln.

3. Die ganze Textarbeit sollte nun aber nicht planlos vonstatten gehen, sondern eine gewisse Ordnung aufweisen, – welche ist unwichtig. Wichtig ist nur, dass Sie sie sich nicht vom Text aufzwingen lassen; das wäre unkreativ. Gut bewährt hat sich, die im Katalog auf Ihr Verfahren folgenden sieben bis acht Verfahren zu wählen. Möglich ist aber auch, die auf den nachfolgenden und/oder vorhergehenden linken bzw. rechten Seiten an gleicher Stelle der Seiten stehenden Verfahren zu nehmen.

4. Sehr wichtig ist, dass die produktive Textarbeit einen sinnvollen Abschluss findet. Der kann nicht darin bestehen, dass – etwa mit 4.1.4.1 des Katalogs – eine abschließende Deutung des Textes erarbeitet ist. Literarische Texte sind bekanntermaßen vieldeutig, was Sie nicht durch eine bestimmte Deutung Ihres Textes unterlaufen sollten; das wäre unsensibel. Ein Abschluss im eigentlichen Sinne des Wortes ist es allerdings auch noch nicht, wenn Sie die vorgesehene Unterrichtszeit aufgebraucht haben. Sondern hier entscheidet die Instanz der Schüler: Erst wenn diese deutlichen Verdruss über die unablässig von ihnen zu fertigenden Produktionen äußern, sich im Idealfalle weigern, noch einmal zu produzieren, können Sie sicher sein, produktiven Textumgang mit ihnen nachhaltig genug, mithin erfolgreich betrieben zu haben.

5. Sollten wider Erwarten Sie oder gar Ihre Schüler finden, diese Unterrichtseinheit sei insgesamt doch nicht so ertragreich, dann dürfen Sie die Schuld daran keinesfalls bei sich suchen; das wäre uncool. Sie liegt zweifelsfrei an dem Katalog, den Sie benutzt haben, wenn nicht an dem ganzen produktiven Ansatz, und Sie sollten sich ernsthaft überlegen, ob Sie sie weiterhin verwenden wollen. Doch.

Das betrifft, liebe Leserin, lieber Leser, Sie alles gar nicht? Es ist für Sie ein bloßer Scherzartikel, mit dem Sie überhaupt nicht gemeint sind? Das ist ja ganz vorzüglich, dann müsste der Unterricht bei Ihnen doch gut laufen! Also denn: Gutes Gelingen!

4.2.3 Zu offenem und von den Schülern selbstorganisiertem produktiven Textumgang

Einem größeren Problem, das sich bei produktivem Umgang mit Literatur im Unterricht stellt, haben wir bislang noch keine Aufmerksamkeit gewidmet: Je genauer die Lehrerin oder der Lehrer sich vorher über die Absichten ihrer Arbeit mit dem literarischen Text klar werden und je sorgfältiger sie die Verfahren auswählen, mit denen am Text gearbeitet werden soll, umso ertragreicher wird die produktive Arbeit der Schüler sein. Wird sie deshalb immer besonders motiviert sein? Je genauer und sorgfältiger die Lehrerin oder der Lehrer die produktive Arbeit ihrer Schüler planen, umso mehr wird sie zu einer Veranstaltung, bei der die Schüler nur die Rolle der Ausführenden von etwas einnehmen, das sie nicht selbst gewollt, gewählt und geplant haben, das ihnen eigentlich nur verordnet wird. Das prägt – leider – zwar auch sonst weithin den Schulalltag und macht die Schule für viele Schüler so unerträglich und ertraglos, dass es aber gerade im Bereich produktiven Literaturumgangs der Fall ist, der den Schülern ja eigentlich die Möglichkeit eigenen und selbstbestimmten Arbeitens bieten sollte, ist recht unbefriedigend. Und dass die Kreativität, die die Schüler dabei entwickeln und erfahren sollen, letztlich vom Lehrer angeordnet wird, ist etwas widersprüchlich.

Auch nicht problemlos ist, dass die Verfahren produktiven Umgangs mit Literatur ja doch vor allem dadurch begründet sind, dass ein literarischer Text seine konkrete Existenz erst in der Rezeption des jeweiligen Lesers, also Schülers hat (weshalb seiner subjektiven Aneignung des Textes ja auch einiger Raum gegeben ist), diese subjektive Aneignung dann i. a. aber doch in ein straff vom Lehrer organisiertes Unterrichtsgeschehen hineingenommen wird, an dessen Planung der Schüler keinen Anteil und auf dessen Verlauf er keinen Einfluss hat.

Gerade bei einem mit produktiven Verfahren arbeitenden Literaturunterricht sollte die eigene Aneignung und das eigene Verstehen des literarischen Textes durch den Schüler besonderes Gewicht haben. Sicherlich sind die Erträge solchen Textumgangs dann nicht mehr klasseneinheitlich, sie sind manchmal 'subjektiv', auch vorläufiger und kognitiv weniger verarbeitet als bei einer zentral und straff geführten Textarbeit. Doch sind die so erlangten Erfahrungen individueller und intensiver als bei ihr, und da produktiver Umgang mit Literatur ja stark auf die Vermittlung von *Erfahrungen* mit Literatur zielt, in entscheidender Hinsicht ein Erfahrungslernen darstellt, ist dies ein wichtiger Vorteil eines offeneren Literaturunterrichts, der dem eigenen Textverständnis der Schüler sein Recht und seinen Raum gibt.

Für die Unterrichtspraxis bedeutet es bespielsweise, dass dem Schüler in der 2. Phase der subjektiven Aneignung des Textes nicht nur etwas freier Auslauf gegeben, er danach aber wieder an kurzer Leine geführt wird, sondern dass seine subjektive Aneignung als ein ernstgenommenes Textverstehen gilt, das danach nur noch genauer gefasst und weiter ausgebaut wird; auch dass seine Stellungnahme zum Text in der 4. Phase nicht nur als 'Dampfablassen' gegenüber dem Text und dem Unterricht, sondern als Teil seines Verstehensvorgangs genommen und akzeptiert wird.

Darüber hinaus ist aber auch möglich und sollte dann und wann praktiziert werden, die Schüler in einem offenen Unterricht ihr Verständnis eines literarischen Textes ganz selbstständig erarbeiten und analytisch oder produktiv darstellen zu lassen. Das ist bei einfachen Texten kein größeres Problem, ist aber auch bei schwierigen und sehr schwierigen Texten möglich, wenn zuvor durch produktive oder analytische Vorarbeiten ein Deutungsrahmen bereitgestellt ist, der so weit ist, dass die Schüler innerhalb seiner ihr eigenes Textverständnis entfalten können, das aber doch die Sicherheit bietet, dass sie dem Text nicht hilflos gegenüberstehen. (Im Abschn. 5.2 habe ich an einem zureichend schwierigen Text, an Kafkas „Verwandlung", ein Unterrichtsmodell dafür ausgeführt.)

Nicht ganz einfach ist es allerdings, wenn bei der Textarbeit produktive Verfahren von den Schülern gewählt werden sollen. Sie überblicken nicht die vielfachen Möglichkeiten produktiven Vorgehens, wie sie etwa der vorstehende Katalog bietet, und sie kennen den zu behandelnden Text i. a. nicht so gut, dass sie kompetent entscheiden könnten, welche Verfahren dem Text und bestimmten Absichten mit ihm gemäß sind und welche nicht. Doch haben sie den Text ja auch gelegentlich selbst vorgeschlagen und gewählt (sollten es jedenfalls) und können auch manchmal an der Wahl der produktiven Verfahren beteiligt werden:

– Für manche produktive Aufgaben können alternative Verfahren angeboten werden, aus denen die Schüler jeweils eines auswählen.

– Für bestimmte Aufgaben können vom Lehrer mehrere Vorschläge für produktive Verfahren gemacht werden, aus denen die Klasse dann gemeinsam ein Verfahren auswählt.

– Wenn die Schüler Erfahrung mit produktivem Literaturumgang haben, kann die Klasse dann und wann selbst Vorschläge für produktive Verfahren machen, die an der Tafel zusammengestellt werden und aus denen jeder ein Verfahren für sich wählt (s. Spinner 1990b, S. 19).

– Gelegentlich können die Schüler aus einem für sie handhabbaren Mini-Katalog selbst für einen Text produktive Verfahren auswählen.

Einen solchen Mini-Katalog, wie ich ihn im Folgenden abdrucke (den die Lehrerin oder der Lehrer aber auch selbst zusammenstellen können), kann man einer (höheren) Klasse, insbesondere wenn sie den zu behandelnden Text mit ausgesucht hat, fotokopiert in die Hand geben. Nach dem Lesen des Textes diskutiert sie mit ihrer Lehrerin / ihrem Lehrer darüber, welche Verfahren sich zu seiner produktiven Erarbeitung eignen und wie seine Behandlung insgesamt organisiert und produktiv und analytisch angesetzt werden soll, und schlägt dann vor oder bestimmt selbst, mit welchen produktiven Verfahren sie – gegebenenfalls arbeitsteilig – an dem Text arbeiten will. Ich gebe im Folgenden einen Katalog für die dafür geeignetste literarische Gattung, für Erzähltexte:

Mini-Katalog von Verfahren produktiven Umgangs mit Erzähltexten für die Hand der Schüler

1. Lesen des Textes

– 'Kommentierendes Lesen' des Textes (oder eines wichtigen Teils von ihm), indem darüber, darunter, daneben und zwischen die Zeilen Bemerkungen, Einwände, Berichtigungen, Fragen, Ausrufe usw., gegebenenfalls auch als Sprech- und Denkblasen, geschrieben werden.

– 'Kolorierendes Lesen' des Textes durch verschiedenfarbiges Überstreichen, An- und unterschiedliches Unterstreichen sowie Einrahmen wichtiger Wörter und Wortgruppen mit Überstreich- und Farbstiften.

2. Konkretisierende Aneignung des Textes

– Ausführen von im Text nur knapp erzählten Stellen; Ausfüllen von Handlungslücken und -sprüngen; Schreiben von Parallelepisoden; Erfinden einer Rahmenhandlung.

– Hineindichten von sich selbst in eine schwierige Situation oder einen Konflikt des Textes und Ausführen der Szene.

– Vorstellen der Figuren in der Ich-Form; genaueres Beschreiben einer Figur (gegebenenfalls als Steckbrief), Hinzuerfinden einer Vorgeschichte; genauere Darstellung von Randfiguren und Erfinden ihrer Lebensgeschichte.

– Einfügen von Äußerungen und Überlegungen der Figuren zu wichtigen Vorgängen und Handlungen (als Sprech- und Denkblasen, im inneren Monolog, als Tagebucheintragungen, im Dialog mit anderen Figuren des Textes).

– Schreiben von Briefen zu auffälligen oder problematischen Handlungsvorgängen an die Figuren sowie von Antwortbriefen der Figuren, die die Mitschüler schreiben.

3. Arbeiten am Text

– Spielen von Entscheidungs- und Konfliktsituationen des Textes im Rollenspiel und Erspielen und Erproben eigener Entscheidungen und Konfliktlösungen.

– Herstellen von Varianten der Kernstellen; Umschreiben des Schlusses.

– Verändern des Äußeren und des Charakters einer Figur; Verändern bzw. Vertauschen von Alter, Beruf, Geschlecht der Hauptfiguren; Umdrehen einer Figur von der Freund- zur Feindfigur und umgekehrt.

– Verändern der Erzählform von der Er- in die Ich-Form (gegebenenfalls innerer Monolog) und umgekehrt; Erzählen einer Ich- oder Er-Erzählung in der Ich-Form aus der Perspektive einer anderen als der Hauptfigur oder gleichzeitig aus der Perspektive mehrerer Figuren.

– Umformen des Erzähltextes in Dialogform, in ein Hörspiel, ein Drehbuch, ein Drama, in einen Comic.

4. Auseinandersetzung mit dem Text

– Vorbereiten und Durchführen einer Befragung, eines Verhörs, einer Gerichtsverhandlung über Fehlverhalten, Verfehlung, Schuld oder Unschuld der Hauptfigur.

– Verfassen von Briefen an die Hauptfigur zum Gesamtvorgang der Erzählung; Schreiben einer Diskussion zwischen der Hauptfigur und dem Autor; Verfassen von (wirklichen und fingierten) Briefen an den Autor.

– Schildern des Erscheinens der Hauptfigur in der eigenen Lebenswelt (Familie, Schule, Sportverein usw.); Darstellen der eigenen Einstellung zu ihr durch Schildern einer Begegnung mit ihr oder durch Schreiben einer Grabrede oder eines Nachrufs auf sie.

– Schreiben einer Fortsetzung, in der die Folgen oder Auswirkungen der Handlung nach einigen Jahren dargestellt werden.

– Transponieren der (unveränderten) Handlung aus der Vergangenheit in die Gegenwart; Aktualisieren des Textes; Umschreiben des Textes in eine realistische (etwa Zeitungsbericht), triviale, utopische, parodistische usw. Fassung; Schreiben eines gegenläufigen 'Zweiten Teils' oder einer Gegen-Erzählung.

– Schreiben einer eigenen Erzählung in der Erzählform des Textes mit aktuellem Inhalt; Reagieren mit einem eigenen freien Text auf den Erzähltext.

4.2.4 Zum Umgehen mit Schülerproduktionen

Produktiver Umgang mit literarischen Texten soll Freude an und Lust auf Literatur machen; sie ist aber i. a. nicht Selbstzweck, geschieht nicht spaßeshalber und um des Spieles willen, sondern soll dem produktiven Verstehen literarischer Texte, ihrer Inhalte und Formen, ihrer Funktionen, Wirkungen und Leistungen dienen. Deshalb sollte über die Produktionen der Schüler gesprochen werden. Es sollte u. a., wenn irgend möglich, ausdrücklich verbalisiert, diskursiv erörtert und kognitiv erfasst werden, was die produktive Arbeit für das Verstehen des literarischen Textes gebracht hat. Wenn das aber nicht möglich ist, wenn das Gespräch darüber mühsam und karg bleibt oder vielleicht einmal gar nicht zustande kommt, ist nicht gleich aller Ertrag der produktiven Arbeit infrage gestellt.

Die Arbeit an Literatur mit produktiven Verfahren richtet ja vor allem ein Erfahrungslernen ein (s. Abschn. 1.6. u. 2.2.). Dafür ist primär wichtig, welche – u. a. auch emotionalen und imaginativen – Erfahrungen die Schüler bei ihrem produktiven Umgang mit Literatur machen. Diese Erfahrungen können und sollten nach Möglichkeit, wie gesagt, verbalisiert und kognitiv erfasst werden. Der entscheidende Lernertrag der produktiven Textarbeit liegt aber in den verschiedenen Erfahrungen, die die Schüler durch diese Arbeit mit Literatur gemacht haben; und der bleibt auch bestehen (und wird gegebenenfalls erst längerfristig wirksam), wenn er wenig, kaum und sogar wenn er einmal gar nicht explizit verbalisiert und kognitiv verarbeitet ist, – etwa bei Schülern, die dazu weniger disponiert oder in der Lage sind.

Wie geht man nun konkret mit den Texten um, die die Schüler bei produktiven Arbeitsaufgaben geschrieben haben? Über sie sollte, wie gesagt, gesprochen werden, damit die Schüler überhaupt eine Rückmeldung auf ihre Arbeit haben, und sie sollten auch beurteilt werden, damit die Schüler ihre Arbeit einschätzen können. Aber sie sollten i. a. nicht als Klassenarbeits- oder Prüfungsaufgaben gestellt, und sie sollten nicht *benotet* werden. Hält man es aber doch für richtig oder ist es institutionell gefordert, so sollte man wenigstens keine freien Aufgaben stellen, sondern solche, die die Anwendung bestimmter literarischer Formen und Kunstmittel oder die Verwendung bestimmter Verfahren des Textumgangs verlangen. Wie angemessen und aufgabengerecht, dabei textuell kohärent und stimmig, sprachsicher oder -gewandt, auch einfallsreich und anschaulich, insgesamt überzeugend, ertragreich, kunstvoll sie verwendet werden, liefert brauchbare Kriterien für die Beurteilung und Benotung der Schülertexte (s. genauer Müller-Michaels 1993, der – wie Merkelbach 1993, S. 106–110 – für eine Notengebung produktiver Arbeiten plädiert).

Nach Möglichkeit sollten größere Texte, die in einer Klasse oder in einem Kurs geschrieben worden sind, auch in und von ihr <u>besprochen</u> und <u>beurteilt</u> werden. Doch ist es gar nicht so leicht, in einer Klasse ein ertragreiches Gespräch über einen Schülertext zustande zu bringen. <u>Die Schüler reagieren oft abwehrend und verweigern sich, wenn ihre Texte</u> – und vor allem dann, wenn sie sich persönlich stärker in sie <u>eingebracht haben</u> (diese können auf Wunsch der Schüler aber auch anonym besprochen werden) – von der Klasse diskutiert und beurteilt werden sollen. Auch sind die Schüler meist nicht gewohnt, mit eigenen Texten ihrer Klassenkameraden umzugehen, und sie verhalten sich dann oft unbeholfen und dabei schroff, unsachlich und verletzend. Da kann es nützlich sein, auch das Besprechen von Schülertexten zu üben, und hilfreich, wenn dafür feste Formen zur Verfügung stehen, an die die Schüler sich halten können. Ich mache einige Vorschläge, wie man mit größeren eigenen Texten der Schüler in der Klasse oder im Kurs umgehen kann (meist nach Fritzsche / Bothe / Rammoser 1989, S. 116f.):

Verfahren der Besprechung von Schülerproduktionen

'Autorenfolter'

Der Autor liest seinen Text vor. Danach sprechen und diskutieren die Anderen über ihn. Der Autor muss während der Besprechung schweigen, – auch wenn es ihm schwer fällt. Am Ende hat er dann Gelegenheit zu einer Stellungnahme.

'Feed-back'

Der Autor liest seinen Text vor. Jeder Zuhörer notiert sich dabei oder danach einen Satz: eine Frage, eine Beobachtung, einen Einfall, einen Kommentar. Die Zuhörer lesen reihum ihre Sätze vor, danach nimmt der Autor (der sich Notizen gemacht hat) zu ihnen Stellung. – *Variante*: Die Notizen der Zuhörer werden eingesammelt und dem Autor gegeben, der sie liest und seine Stellungnahme etwas genauer vorbereiten kann.

'Ritual'

Der Autor liest seinen Text vor. In einer 1. Runde sagt jeder Zuhörer, was ihm an dem Text gefallen hat; in einer 2. Runde („Lupe"), welches Detail ihm besonders aufgefallen ist; in einer 3. Runde stellt er dem Autor eine Frage zu seinem Text.

'Kommentarlawine'

Der Text liegt schriftlich vor und geht reihum. Jeder Leser schreibt etwas – nicht zu viel – darunter: eine Frage, einen Kommentar, eine Idee, ein Urteil. Er kann dabei auch auf die Bemerkung eines anderen Lesers eingehen.

'Antworttexte'

Der Text wird vorgelesen oder liegt schriftlich vor. Jeder Leser bzw. Hörer antwortet mit einem eigenen Text auf ihn, etwa indem er ihn weiterführt, ein Detail oder einen Satz aus ihm aufgreift und ausführt, ihn umschreibt, einen Gegentext zu ihm schreibt usw.

'Lektorieren' (vor allem, wenn Texte veröffentlicht werden sollen)

Der Text wird einem 'Lektor' vorgelegt, der sagt, ob er veröffentlicht und wie er gegebenenfalls verändert werden sollte. Er kann auch von einem spezialisierten Team von 'Lektoren' durchgesehen werden, die – gegebenenfalls reihum – verantwortlich sind für 1. inhaltliche Stimmigkeit, 2. Wortwahl, Stil, 3. Grammatik, Satzbau, Gliederung, 4. Rechtschreibung.

Was soll mit den Schülertexten geschehen? Die einzelnen Schüler können ihre selbstständigen Produktionen während des Schuljahres oder über die Schuljahre hinweg sammeln und etwa ein 'Text-', ein 'Lyrik-' oder 'Erzählbuch' anlegen. Die Schülerproduktionen können auch veröffentlicht werden, etwa als

– 'Klassengedichtbuch' oder 'Klassenerzählbuch', in dem die nach Ansicht der Schüler besten Gedichte oder Erzählungen einer Unterrichtseinheit, handgeschrieben, getippt oder gedruckt, zusammengestellt werden und das vervielfältigt wird;

– als Ausstellung in der Klasse oder in der Schule;

– bei Rezitationsveranstaltungen oder Leseabenden aus Anlass von Elternabenden, Klassen- oder Schulfesten, gegebenenfalls visualisiert, von – auch eigener – Musik eingerahmt, mit ihr unterlegt, als Multi-Media-Show.

5   Modelle

5.1 Unterrichtsmodell produktiven Umgangs mit E. T. A. Hoffmanns Erzählung „Der Sandmann"[9]

Dieses Unterrichtsmodell soll vor allem zeigen, wie die Behandlung auch eines schwierigen Aspekts eines literarischen Textes durch produktive Verfahren möglich und ergiebig ist. Es soll darüber hinaus darstellen, wie die einzelnen Verstehensphasen des didaktischen Phasenmodells in einem 'normalen' Unterrichtsverlauf realisiert werden können.

5.1.1 Textanalytische und methodische Vorüberlegungen

Wer E. T. A. Hoffmanns Erzählung „Der Sandmann" im Unterricht behandeln und dafür u. a. produktive Verfahren des Textumgangs wählen will, muss sich zunächst (im Sinn des in Abschn. 4.2.2 Ausgeführten) darüber klar werden, wie er den Text selbst versteht und welche Merkmale und Vorgänge er an ihm vor allem wichtig findet, sodann welche Absichten er mit seiner Behandlung im Unterricht verbindet und was er durch sie den Schülern vor allem vermitteln will. Erst dann kann er abschätzen, wann welche produktiven (und wann analytische) Verfahren für diese Arbeit in Betracht kommen. Meine Vorüberlegungen sind diese:

E. T. A. Hoffmanns „Sandmann" weist viele unheimliche und beängstigende Vorgänge auf, doch sollte die Behandlung sich wohl keinesfalls darauf richten, allein das auszukosten und den Autor so als den „Gespenster-Hoffmann" darzustellen, was dem Werk wie dem Rang seines Autors nicht gerecht würde. Gemäßer wäre es schon, das Unheimliche und Groteske der Erzählung als Merkmal des Fantastischen zu fassen, dessen Meister Hoffmann fraglos war, und dies genauer zu erkunden. Dabei könnte es als das eigentlich 'Poetische' in Gegensatz gestellt werden zum 'Philiströs'-Bürgerlichen, eine Opposition, die für Hoffmann wichtig ist und die auch den „Sandmann" bestimmt. Es wäre allerdings nicht ganz leicht, diesen Ansatz in Beziehung zur Lebenswelt der Schüler zu setzen und für sie wichtig werden zu lassen (zudem ist die genannte Opposition nicht für Hoffmann spezifisch; es gibt sie bei mehreren Romantikern). Spezifisch für Hoffmann ist allerdings die bestimmte Stellung zwischen Romantik und Realismus, die er dabei einnimmt; nur ist auch diese literaturgeschichtliche Situierung für Schüler i. A. nur von geringem Interesse und außerdem ohne genauere Kenntnis von Romantik und Realismus, die meist nicht vorausgesetzt werden kann, nicht mit Ertrag zu behandeln.

Dennoch: Das Verhältnis von 'phantastisch-poetischer' (in gewissem Sinne 'romantischer') und 'realistischer' Sicht der Wirklichkeit ist ein Grundmerkmal des Werks von Hoffmann und auch des „Sandmanns", das eine Behandlung der Erzählung in jedem Falle berücksichtigen sollte. Und das möchte ich auch tun, doch in der Weise, dass ich eine besondere, nämlich erzähltechnische Ausprägung dieses Verhältnisses in den Mittelpunkt der Behandlung stelle, die die Literaturwissenschaft seit einiger Zeit gesehen und diskutiert hat (und für die insbesondere der „Sandmann" wichtig ist): Hoffmanns „außerordentliches Raffinement perspektivischen Erzählens" (Matt 1971, S. 93), seinen „ausgeprägten erzähltechnischen Perspektivismus" (Kaiser 1988, S. 151), der ein ganz spezifisches und bedeutsames Merkmal des Werks von Hoffmann ist, mit dem er „die großen Neuerungen des Romans des 20. Jahrhunderts vorwegnimmt" (Magris 1980, S. 6) und eine entscheidend wichtige Lebenserfahrung des modernen Menschen gestaltet.

Es scheint mir wichtig und lohnend zu sein, die Schüler mit dieser spannenden und interessanten Erzählweise Hoffmanns bekannt zu machen, wichtig und lohnend vor allem deshalb, weil es dabei ja nicht 'bloß' um eine abstrakte Erzähltechnik geht, sondern weil mit ihr und durch sie eine bestimmte moderne Weltsicht dargestellt ist, die die Schüler in Beziehung zu ihrem eigenen Lebensgefühl setzen können und von der aus sie ihr eigenes Welt- und Selbstverständnis reflektieren und diskutieren können.

Wenn das als mein Verständnis des Textes und der Absichten, die ich mit seiner Besprechung verbinde, feststeht, kann ich produktive Verfahren wählen, durch die die Schüler die Perspektivität der Erzählung schrittweise mitvollziehen und selbst erfahren können,[10] und ich kann auch einplanen, wo die produktive Erarbeitung durch analytische Verfahren gestützt oder verdeutlicht oder weitergeführt werden soll. – In welchen Klassen kann eine solche Behandlung des „Sandmanns" erfolgen? Die Erzählung weist so viele seltsame und spannende Vorgänge auf, dass sie schon in der 8. und 9. Klasse und sogar in der 7. Klasse [11] gern gelesen wird und den entscheidenden Aussagen nach mitvollzogen werden kann. Für die 10. und 11. Klasse eignet sie sich vor allem, aber noch für die 12. und 13. Klasse ist sie lohnend und – wenn alle im Folgenden vorgeschlagenen Aufgaben bearbeitet werden – recht anspruchsvoll.

Zum methodischen Vorgehen eine kurze theoretische Vorüberlegung: Jeder literarische Text ist einmal von seinem Autor Satz für Satz und Seite nach Seite geschrieben worden, und auch wenn er gelesen wird, geschieht es Satz für Satz und Seite nach Seite. Da kann es bei produktivem Umgang mit ihm manchmal von Vorteil sein, wenn er einmal nicht als Ganzer gelesen ist und gleichsam als 'fertiger' Text besprochen wird, sondern wenn er – analog zu seinem Produktions- und Rezeptionsprozess – zeitlich gestreckt, also nach und nach eingebracht, gelesen und erarbeitet wird. In unserem Falle kann etwa die erste Hälfte des Textes nach und nach in der Form von Fotokopien in die Klasse gegeben werden. Das folgende Unterrichtsmodell arbeitet mit diesem Verfahren, doch kann der Lehrer, dem das zu aufwendig ist, auch ohne weiteres gleich mit der ganzen Lektüre arbeiten und muss dann eben darauf vertrauen, dass die Schüler auf seine Bitte den Text nicht vorauslesen.

Die Unterrichtseinheit realisiert mit ihren Arbeitsaufgaben die übliche Abfolge der einzelnen Phasen des didaktischen Phasenmodells (Abschn. 2.1): Eine bestimmte Form des Erlesens des Textes (1. Phase) geschieht mit der Aufgabe A 1; eine subjektive Konkretisation des Erzählgeschehens (2. Phase) richten von den beiden Hauptfiguren aus die Aufgaben A 2 und A 3 ein; eine genauere Erkundung der literarischen Gestalt des Textes (3. Phase) erlaubt – produktiv – für die Erzählform die Aufgabe A 4 und – analytisch – für den Leitmotivgebrauch die Aufgabe A 5; das Gesamtverständnis des Textes (4. Phase) wird in der Form einer Gerichtsverhandlung in Aufgabe A 6 erarbeitet, es wird mit der Aufgabe A 7 in den weiteren literarischen Zusammenhang einer Vorfassung des Textes gestellt und dadurch präzisiert, und in den Aufgaben A 8 und A 9 haben die Schüler Gelegenheit, ihr eigenes Verständnis der Erzählung bzw. ihre Einstellung zu ihr zu artikulieren. Da in dieser Unterrichtseinheit ein bestimmtes Verständnis eines speziellen Aspekts des Textes erzielt werden soll, ist die Arbeit der Schüler in ihr – anders als bei der folgenden Arbeit über Kafkas „Verwandlung" – verhältnismäßig stark geführt.

5.1.2 Hinführung zur Thematik 'reale' – 'fantastische' Welt

Der Einstieg in den Text soll so geschehen, dass die Schüler gleich an einer besonders spannenden und aussagestarken Textstelle in das Geschehen der Erzählung eintauchen, wobei Neugier auf den weiteren Verlauf geweckt wird und eine erste Berührung und Auseinandersetzung mit einem zentralen Problem der Erzählung, dem Verhältnis von 'realer' und 'fantastischer' Welt, stattfindet. Dazu wird die 'Alchemisten-Szene' aus dem 1. Brief Nathanaels vorgelesen (die Erzählung ist von den Schülern noch nicht gelesen):

Ich war festgezaubert. Auf die Gefahr entdeckt, und, wie ich deutlich dachte, hart gestraft zu werden, blieb ich stehen, den Kopf lauschend durch die Gardine hervorgestreckt. Mein Vater empfing den Coppelius feierlich. „Auf! – zum Werk", rief dieser mit heiserer, schnarrender Stimme und warf den Rock ab. Der Vater zog still und finster seinen Schlafrock aus und beide kleideten sich in lange schwarze Kittel. Wo sie *die* hernahmen, hatte ich übersehen. Der Vater öffnete die Flügeltür eines Wandschranks; aber ich sah, daß das, was ich so lange dafür gehalten, kein Wandschrank, sondern vielmehr eine schwarze Höhlung war, in der ein kleiner Herd stand. Coppelius trat hinzu und eine blaue Flamme knisterte auf dem Herde empor. Allerlei seltsames Geräte stand umher. Ach Gott! – wie sich nun mein alter Vater zum Feuer herabbückte, da sah er ganz anders aus. Ein gräßlicher krampfhafter Schmerz schien seine sanften ehrlichen Züge zum häßlichen widerwärtigen Teufelsbilde verzogen zu haben. Er sah dem Coppelius ähnlich. Dieser schwang die glutrote Zange und holte damit hellblinkende Massen aus dem dicken Qualm, die er dann emsig hämmerte. Mir war es als würden Menschengesichter ringsumher sichtbar, aber ohne Augen – scheußliche, tiefe schwarze Höhlen statt ihrer. „Augen her, Augen her!" rief Coppelius mit dumpfer dröhnender Stimme. Ich kreischte auf von wildem Entsetzen gewaltig erfaßt und stürzte aus meinem Versteck heraus auf den Boden. Da ergriff mich Coppelius, „kleine Bestie! – kleine Bestie!" meckerte er zähnfletschend! – riß mich auf und warf mich auf den Herd, daß die Flamme mein Haar zu sengen begann: „Nun haben wir Augen – Augen – ein schön Paar Kinderaugen." So flüsterte Coppelius, und griff mit den Fäusten glutrote Körner aus der Flamme, die er mir in die Augen streuen wollte. Da hob mein Vater flehend die Hände empor und rief: „Meister!

Meister! laß meinem Nathanael die Augen – laß sie ihm!" Coppelius lachte gellend auf und rief: „Mag denn der Junge die Augen behalten und sein Pensum flennen in der Welt; aber nun wollen wir doch den Mechanismus der Hände und der Füße recht observieren." Und damit faßte er mich gewaltig, daß die Gelenke knackten, und schrob [schraubte] mir die Hände ab und die Füße und setzte sie bald hier, bald dort wieder ein. „'s steht doch überall nicht recht! 's gut so wie es war! – Der Alte hat's verstanden!" So zischte und lispelte Coppelius; aber alles um mich her wurde schwarz und finster, ein jäher Krampf durchzuckte Nerv und Gebein – ich fühlte nichts mehr. Ein sanfter warmer Hauch glitt über mein Gesicht, ich erwachte wie aus dem Todesschlaf, die Mutter hatte sich über mich hingebeugt. „Ist der Sandmann noch da?" stammelte ich. „Nein, mein liebes Kind, der ist lange, lange fort, der tut dir keinen Schaden!" – So sprach die Mutter und küßte und herzte den wiedergewonnenen Liebling. –[12]

Das gemeinsame Gespräch über diese Szene wird auf die Frage führen, ob manche seltsamen Vorgänge eigentlich wirklich oder nur von Nathanael vorgestellt, geträumt und fantasiert sind. Die Fragestellung etwas zugespitzt: Welche Art von Darstellung liegt in der vorgelesenen Textstelle vor: Ist sie ein Bericht über erlebte wirkliche Ereignisse (der Beginn beispielsweise lässt das vermuten)? Oder ist sie eine Erzählung von Angstvorstellungen und Traumvisionen (der Schluss etwa legt das nahe)? Ist die Fragestellung klar, wird der fotokopierte Text der vorgelesenen Stelle verteilt, und die Schüler erhalten den folgenden Arbeitsauftrag (in einer höheren Klasse kann das, worum es in ihm geht, nach dem Lesen des Textes auch im gemeinsamen Gespräch erarbeitet werden):

A1: *'Reale' – 'fantastische' Welt?* (1. Phase)

Teilen Sie sich in Gruppen und lesen Sie den Text. Wählen Sie als Gruppe eine der beiden folgenden Aufgaben:

1. Es sind Stellen herauszusuchen, bei denen für Nathanael Wirkliches zu Vorgestelltem und Phantastischem wird.

2. Es sind Stellen herauszusuchen, die überhaupt nicht mehr als Bericht über wirkliches Geschehen aufgefasst werden können.

Überlegen Sie in den Gruppen, ob nach Ihren Textstellen der Text insgesamt als Bericht über reale Ereignisse oder als Erzählung bloßer Fantasien Nathanaels aufzufassen ist.

Stellen zu 1. sind: Das Gesicht des Vaters „schien" eine Teufelsfratze zu sein, „Er sah dem Coppelius ähnlich." Und: „Mir war es als würden Menschengesichter ringsumher sichtbar", ohne Augen und mit „schwarzen Höhlen" statt ihrer (vielleicht veranlasst durch die „schwarze Höhlung" der Alchemisten-Küche).

Stellen zu 2. sind: Coppelius greift mit der Hand ins Feuer und will dem Kind „glutrote Körner [...] in die Augen streuen"; der Vater wendet es ab. Coppelius schraubt ihm Hände und Füße ab und setzt sie anderswo wieder an.

Insgesamt wird sich für die Art der Darstellung ergeben: Der Text bringt eine Eskalation immer fantastischerer Vorstellungen und Ereignisse. Er beginnt zwar als

Bericht eines realen Geschehnisses, weist dann aber solch unrealistische und fantastische Ereignisse auf, dass er eher als Erzählung von Traumvorstellungen und Vi-
sionen angesehen werden muss. Wie es sich des Genaueren damit verhält, zeigt
sich, wenn der Kontext der Textstelle gelesen ist.

5.1.3 Die rationale Sicht fantastischer Ereignisse

Jetzt wird eine Fotokopie des ganzen ersten Briefs von Nathanael und des Anfangs
des Briefs von Clara (bis „[...] daran wohl wenig teilhatte." S. 13) verteilt und von
den Schülern gemeinsam oder auch zu Hause gelesen. Aus dem Brief Nathanaels
wird klar, dass er nicht, wie zunächst vermutet werden konnte, als Traumvorstel-
lung oder Vision erzählt ist, sondern einen Bericht bildet, der beansprucht, reale
Geschehnisse darzustellen: Nathanael will aus seiner ‚frühern Jugendzeit so viel
[...] erzählen", dass „alles klar und deutlich" vor Augen steht (S. 4).

Damit sind die fantastischen Ereignisse aus der 'Alchemisten-Szene' aber wieder
nicht mehr einzuordnen. Doch liefert der Anfang des Briefs von Clara ein Deu-
tungsmuster, nämlich eine rationale Erklärung solch scheinbar fantastischer Vorgänge aus bestimmten 'inneren' Erlebnissen, Erfahrungen und Ängsten Nathanaels. Weil dieses Erklärungsmuster einen der entscheidenden Aspekte dieser Erzählung bildet, sollten die Schüler es zunächst einmal selbst praktizieren und erproben, indem sie den Brief Claras zu Ende schreiben und dabei Nathanael seine fantastischen Erlebnisse, vor allem diejenigen aus der 'Alchemisten-Szene', rational
zu erklären versuchen. Eine Arbeitsaufgabe dazu:

A 2:   *Claras Sichtweise: ihr verständiger Brief* (2. Phase)
        Schreiben Sie den Brief der „verständigen Clara" (S. 21) zu Ende und versu-
        chen Sie darin, Nathanael zu beruhigen, indem Sie ihm seine beängstigen-
        den Erlebnisse vernünftig erklären.

Zu erklären wären hier beispielsweise

– aus dem starken Eindruck, den das Ammenmärchen vom Sandmann auf Nathanael gemacht hat: zunächst seine Neigung zum Fantastischen und Wunderbaren
  (S. 6), dann die Ineinssetzung des Coppelius mit dem 'Sandmann'; später, dass
  er sich und seine Augen durch Coppelius bedroht fühlt und wähnt, dieser wolle
  ihm glühende Körner in die Augen streuen;
– aus dem Schrecken und Abscheu, den der widerliche, kinderfeindliche Coppelius in ihm erregt hat: dass er für ihn der 'Sandmann' wird, von dem er sich verfolgt
  fühlt; dass er meint, er habe seinen Vater erschlagen; dass Coppola für ihn zu
  Coppelius wird;
– aus den alchemistischen Versuchen, die sein Vater gemeinsam mit Coppelius un-
  ternimmt: warum Coppelius von der Mutter gefürchtet wird und sein Erscheinen
  etwas Geheimnisvolles und Bedrohliches hat; warum er scheinbar – ein wichtiger
  Bestandteil bei alchemistischen Versuchen – die Augen des Kindes haben will;
  auch warum der Vater umkommt.

Nach dem Anhören der Schülerarbeiten wird den Schülern der vollständige Brief Claras, der zweite Brief Nathanaels und die weitere Erzählung bis zur Erwähnung von Nathanaels dichterischer Tätigkeit (also von „Widerwärtig genug […]“, S. 13, bis „[…] wie wenig sie davon angesprochen wurde." S. 22) fotokopiert zum Lesen vorgelegt. Der Brief Claras kann zunächst daraufhin untersucht werden, ob die Erlebnisse Nathanaels hier ähnlich erklärt werden, wie die Schüler es in ihren Arbeiten getan haben. Dann sollte gefragt und diskutiert werden, ob die Sichtweise Claras, die die Schüler nun mitvollzogen haben, auch wirklich im Sinne des Autors E. T. A. Hoffmann ist:

Wie stellt Hoffmann Clara dar? Vielleicht als gemüt- und fantasielosen, engstirnigen, bornierten Verstandesmenschen, dessen Ansichten letztlich ohne Belang sind? Es wird zwar gesagt, dass Clara „von vielen kalt, gefühllos, prosaisch gescholten" wird (S. 20), andererseits heißt es aber, sie habe „die lebenskräftige Fantasie des heitern unbefangenen, kindischen Kindes" und neben ihrem „gar hellen scharf sichtenden Verstand" ein „tiefes weiblich zartes Gemüt"; deshalb gilt für diejenigen, „die das Leben in klarer Tiefe aufgefaßt" haben: sie „liebten ungemein das gemütvolle, verständige, kindliche Mädchen" (S. 20). Das bedeutet: Clara ist für den Autor keinesfalls eine Negativfigur, und ihre Sichtweise, wie die Schüler sie in ihren Produktionen mitvollzogen haben, ist legitim und belangvoll.

5.1.4 Die poetisch-fantastische Sicht von Ereignissen

Dennoch ist zu fragen, ob Clara mit ihrer Sichtweise, so berechtigt sie an sich auch sein mag, Nathanael wirklich ernst nimmt und beispielsweise den Erlebnissen und Erfahrungen seiner Jugend, die ihn nun einmal seelisch entscheidend geprägt haben, gerecht wird: Wenn seine Bedrohungen aus seinem „Inneren" kommen, so sind sie deshalb für ihn ja nicht weniger bedrohlich, als wenn sie aus der „Außenwelt" stammten. (Wenn etwa für eine Frau, die einmal vergewaltigt wurde, Männer eine Bedrohung darstellen, so kommt dies zwar aus ihrem „Innern", ist als Bedrohung aber ganz real und sehr ernst zu nehmen.)

Deshalb ist zu fragen, ob nicht auch die andere Sichtweise des Geschehens, eben die Nathanaels, ebenfalls ihre Berechtigung hat; und dafür ist zu berücksichtigen, dass Nathanael, der sich nicht nur in der Wissenschaft, sondern auch in der „Kunst kräftig und heiter bewegte" (S. 20), ein *Dichter* ist, der poetische Werke geschrieben hat und schreibt und für den deshalb ein Erleben auf der „Bahn des Wunderbaren" (S. 6) etwas Naheliegendes ist. Eben das, was Nathanael bestimmt: „im äußern Leben wirklich sich ereignen zu sehen was sich nur als Geburt meines Geistes, meiner Fantasie"[13] gebildet hat, ist für Hoffmann ein entscheidendes Merkmal wirklichen Dichtertums. Es ist nämlich ein wesentlicher Bestandteil des „Serapiontischen Prinzips", mit dem er seine Auffassung des Poetischen formuliert hat.

Jedenfalls sollten die Schüler Nathanael nicht für einen bloßen „Geisterseher" (S. 3, vgl. 26), einen Träumer und Spinner halten, sondern auch seine Sicht vom „Innern" aus, seine Sicht des Wunderbaren und Fantastischen wie seine Erfahrung von Angst und Bedrohung sollten ernst genommen, nämlich mitvollzogen werden, und zwar in *seinem* Medium, in dem der Dichtung. Das soll durch die Bearbeitung der folgenden Arbeitsaufgabe (die auch in Partner- oder Kleingruppenarbeit geschehen kann) erfolgen.

A 3:   *Nathanaels Sichtweise: seine Dichtung* (2. Phase)

Versetzen Sie sich in den Dichter Nathanael. Verfassen Sie eine Erzählung, ein Märchen, einen Traum, eine Vision, einen inneren Monolog Nathanaels mit allen oder einigen der inzwischen in den Blick gekommenen Personen (Coppelius und/oder Coppola, Spalanzani, Olimpia, Clara, Lothar) und stellen sie dar, wie in der Fantasie Nathanaels das Geschehen weitergehen und enden könnte.

Diese Schülertexte des Dichters Nathanael werden meist mehr eine auf Fantastisches gerichtete Orientierung haben oder die Ängste Nathanaels aufgreifen und dann auf einen tragischen Ausgang hingehen. Sie sollten, wenn schon nicht alle vorgelesen werden, doch von allen gelesen werden können und etwa an einer Pinnwand in der Klasse angeheftet werden. – Nun wird der Rest der Erzählung zum Lesen gegeben. Die Schüler können ihre Arbeiten mit Nathanaels Dichtung (S. 22f.) und dem Gesamtverlauf der Erzählung vergleichen. Sie werden finden, dass das Fantastische bei Nathanael und in der Erzählung großen Raum einnimmt und dass die Bedrohungen, die Nathanael empfindet, ihn am Ende zerstören, sodass es für eine angemessene Auffassung der Erzählung richtig war, nicht nur die Sichtweise Claras, sondern auch die Nathanaels ernst zu nehmen.

5.1.5 Die Sicht des Erzählers

Mit den beiden Produktionen aus der Sicht Claras und Nathanaels sind die beiden für die Erzählung wie für Hoffmann überhaupt wichtigen entgegengesetzten Sichtweisen des 'Rational-Realistischen' und des 'Poetischen' als gleich wichtig nachvollzogen. Damit ist deutlich geworden, dass in dieser Erzählung offenbar *Mehrperspektivität* entscheidende Bedeutung hat. Deshalb ist es wichtig, auch noch Erfahrung mit der dritten die Erzählung bestimmenden Perspektive zu machen, mit der des *Erzählers* (vgl. Sommerhage 1987): Die drei Briefe sind in der Ich-Form geschrieben, der Erzähler erzählt den ganzen weiteren Verlauf der Geschichte aber in der Er-Form. Ich- und Er-Form sind grundlegende Möglichkeiten der Erzählung und bedeuten verschiedene Perspektiven des Erzählens. (Sollen Er- und Ich-Erzählform genauer durch Eigenproduktionen erkundet und erarbeitet werden, können dafür auch noch Arbeitsaufgaben herangezogen werden aus: Waldmann / Bothe 1992, S. 14–28.) Wir erkunden deshalb kurz, was die Er-Erzählform für die Sichtweise des Erzählens bedeutet:

A 4:   *Die Sichtweise des Er-Erzählers: Er- statt Ich-Erzählform* (3. Phase)

Der Erzähler hat geschwankt, ob er die Erzählung mit „Es war einmal" oder mit „In der kleinen Provinzial-Stadt S. lebte" anfangen lassen sollte, und hat dann die drei Briefe und damit eine Ich- statt einer Er-Erzählform als Anfang gewählt (S. 18). Das gibt es häufiger, dass Autoren zwischen der Ich- und Er-Form schwanken, u. a. deshalb, weil sie verschiedene Sichtweisen darstellen.

Stellen Sie sich nun vor, der Erzähler hätte doch beginnen wollen: „In der kleinen Provinzial-Stadt S. lebte", er hätte das erzählen wollen, was jetzt in den Briefen berichtet wird, und es deshalb in die Er-Form umschreiben müssen. Nehmen Sie ihm einmal einen Teil der Arbeit ab und schreiben Sie die spannendste Stelle aus dem ersten Brief Nathanaels von „Dieser [Coppelius] schwang die glutrote Zange [...]" bis „[...] – ich fühlte nichts mehr." (S. 9) in die Er-Form um.

Überlegen Sie dann: Stellt das, was Sie nun geschrieben haben, eine andere Sichtweise der Vorgänge als die Claras und Nathanaels dar? Und hatten Sie deshalb Schwierigkeiten?

Die Erfahrung, die die Schüler bei der Umwandlung machen, ist vor allem, dass die Er-Form distanzierter, sachlicher und insgesamt objektiver scheint als die Ich-Form, die ja aus der subjektiven Perspektive der Personen erzählt. Deshalb bereiten die beiden Stellen, bei denen Coppelius Nathanael glühende Körner in die Augen streuen will und ihm Hände und Füße abschraubt, auch besondere Schwierigkeiten. Sie einfach in die Er-Form zu setzen, bedeutet bei dem Objektivitätsanspruch des Er-Erzählers, dass beispielsweise Nathanael wirklich Hände und Füße abgeschraubt wurden. Es müsste daher so erzählt werden, als habe Nathanael das nur so erlebt. Damit wäre aber der Vorgang völlig zur bloß subjektiven Angstvision Nathanaels geworden.

Insgesamt ergibt sich, dass mit dem *Er-Erzähler* in der Erzählung eine weitere Sichtweise auftritt, die gegenüber den subjektiven Sichtweisen Claras und Nathanaels den Anspruch auf ‘*Objektivität*' erhebt. Das hängt mit der besonderen Erzählerrolle zusammen, die der Er-Erzähler (als ‘auktorialer' Erzähler, der mit seinem Leser spricht und allwissend ins Innere seiner Figuren sieht) hier meist innehat. Umso wichtiger wird dann, dass dieser Anspruch im Verlauf der Erzählung entschieden relativiert und auch der Er-Erzähler perspektiviert wird; dies soll später behandelt werden. (Falls Schüler jetzt schon Zweifel an der ‘Objektivität' des Erzählers in dieser Erzählung haben, kann man ihnen die Aufgabe stellen, das näher zu untersuchen, und ihnen dann in dem „Strafverfahren gegen Coppelius alias Coppola ..." in A 6 die Rolle des ‘Literaturwissenschaftlichen Gutachters der Verteidigung' übertragen.) Was diese ‘Perspektivität' der beiden Erzählfiguren und des Erzählers bedeutet, soll im folgenden Abschnitt erarbeitet werden.

5.1.6 Die Mehrperspektivität der Erzählung: Die Leitmotive „Augen" und „Perspektiv"

Damit die Unterrichtseinheit nicht zu einförmig produktionsorientiert verläuft, ist der folgende Teil analytisch angelegt. Wir sahen: In den Briefen Nathanaels und Claras erscheinen die unterschiedlichen *subjektiven Perspektiven* der Erzählfiguren. Ihnen gegenüber ist die Perspektive des Er-Erzählers eine dem Anspruch nach (darin dann allerdings auch wieder relativierte) *'objektive' Perspektive*. Wichtig sind nun nicht nur die einzelnen, voneinander verschiedenen Perspektiven und ihr Verhältnis zueinander, vor allem wichtig ist die Tatsache, dass überhaupt mehrere Perspektiven nebeneinander stehen, ist die *Mehrperspektivität des Erzählens* (s. Drux 1992, S. 51–58). Was mit ihr abgebildet ist, ist der übergreifende Tatbestand, dass Wirklichkeit für den Menschen nicht als solche und nicht 'an sich', sondern nur in den verschiedenen Wahrnehmungs- und Vorstellungsweisen (Kant), in den unterschiedlichen Sichtweisen oder 'Perspektiven' der einzelnen Subjekte gegeben ist. Dargestellt ist im „Sandmann" also die grundsätzliche *Perspektivität* unserer Wirklichkeit (vgl. Kaulbach 1980). Diese in unserer Tradition zuerst poetisch erkundet und dargestellt zu haben, ist das große Verdienst der *Romantik*, der Hoffmann insgesamt zuzurechnen ist. Daher ist auch gelegentlich diese Perspektivität als das entscheidende Merkmal des Romantischen beschrieben worden. Bei Brentano heißt es etwa:

> Alles, was zwischen unserm Auge und einem entfernten zu Sehenden als Mittler steht, uns den entfernten Gegenstand nähert, ihm aber zugleich etwas von dem seinigen mitgiebt, ist romantisch. [... –] Das Romantische ist also ein Perspectiv oder vielmehr die Farbe des Glases und die Bestimmung des Gegenstandes durch die Form des Glases.[14]

Die folgende Arbeitsaufgabe soll höheren Klassen die Gelegenheit geben, diese Mehrperspektivität der Erzählung an ihren Leitmotiven festzumachen; in unteren Klassen kann die Analyse vereinfacht in gemeinsamer Textarbeit erfolgen.

A 5:   *„Augen", „Perspektiv" und die Perspektivität der Wirklichkeit* (3. Phase)

        Suchen Sie heraus, wo im Text die Motive „Augen" und „Perspektiv" auftreten. Untersuchen Sie, welche Bedeutung das Motiv „Augen" und damit u. a. das 'Sehen' für die Handlung der Erzählung hat. Überlegen Sie dann, was das Motiv „Perspektiv" für das 'Sehen' und für eine mögliche 'Perspektivität' des Sehens bedeutet.

Das Leitmotiv „Augen" ist „das Schlüsselmotiv des Werks" (Matt 1971, S. 80) und ein besonders differenziert, dicht und stimmig realisiertes Motiv (s. Köhn 1966, S. 104 f.; Hohoff 1988, S. 277–298; Drux 1994, S. 59–66); einige Aspekte in textlicher Reihenfolge:

– Die Augen sind durch den „Sandmann" bedroht (S. 5 u. 9);
– Augen werden für das alchemistische Experiment gebraucht (S. 9);

- befremdlich an Olimpia, nämlich ohne Leben, sind zunächst die Augen (S. 16 u. 27), sie sind es dann im weiteren Verlauf, die Nathanael an ihr bezaubern;
- Claras Augen sind klar und heiter (S. 19) und bedrohen doch Nathanael (S. 22 f.);
- Augen bedeuten Leben und Tod in Nathanaels Gedicht (S. 22 f.);
- Augen scheint Coppola bedrohlicherweise mit seinen Brillen zu verkaufen (S. 26);
- die von Coppelius gegen ihn geschleuderten Augen Olimpias stürzen Nathanael in den Wahnsinn (S. 36);
- mit dem Schrei „Sköne Oke" stürzt Nathanael sich vom Turm (S. 40).

Das bedeutet unter anderem: Die *Augen* sind das wichtigste Organ, mit dem der Mensch die Wirklichkeit wahrnimmt (daher auch die Bedeutung für die Alchemie). Was sie bedroht (der Sandmann, Coppelius, Coppola), bedroht den Einzelnen überhaupt. Die Welt und auch andere Menschen sind nur so, wie jeder sie jeweils mit seinen Augen sieht (der Extremfall: Olimpia, wie Nathanael sie sieht). Andererseits ist jeder aber auch für den anderen – der „Blick des Andern" (Sartre) – der, als den dieser ihn sieht, und kann sich deshalb durch dessen „Blick" festgelegt und bedroht fühlen wie Nathanael durch Claras „hellen Blick" (S. 20, vgl. 19), was er zunächst in seinem Gedicht darstellt und dann in dem Vorwurf „Du lebloses, verdammtes Automat!" (S. 24) ausdrückt.

Besonders eindringlich wird der Aspekt des subjektiven, des 'perspektivischen' Sehens an dem Motiv des „*Perspektivs*" dargestellt: Ein Mädchen mit „strahlenden Augen" (S. 28) „voll Liebe und Sehnsucht" (S. 30), in das er sich heftig verliebt, ist Olimpia für Nathanael erst, nachdem er sie durch sein Perspektiv gesehen hat (wobei erotisierend wohl das Voyeur-Erlebnis wirkt, jemanden von ganz nah sehen zu können, ohne dass dieser einen bemerkt; s. Wawrzyn 1976, S. 125), also allein in der Perspektive Nathanaels. Ein seelenloser Automat („Holzpüppchen"), den er vom Turm stürzen will, ist Clara für Nathanael, als er sie durch sein Perspektiv sieht (S. 39): Was Olimpia und Clara für Nathanael sind, sind sie nur in seiner bestimmten Perspektive. – Perspektivität, die damit als eine zentrale Aussage der Erzählung erkannt worden ist, sollte nun auch für ihren Gesamtvorgang erarbeitet werden, und zwar produktiv an der Gestalt des „Sandmanns".

5.1.7 Die Perspektivität des Gesamtvorgangs der Erzählung

A 6:   „*Strafverfahren gegen Coppelius alias Coppola wegen Mordes an Nathanael X.*" (4. Phase)

Von fremder Hand geschrieben, fand sich im Nachlass E. T. A. Hoffmanns bei dem Manuskript des „Sandmanns" folgende Notiz:

> Noch am gleichen Tag, an dem Nathanael sich vom Ratsturm gestürzt hatte, wurde Coppelius ergriffen, als er die Stadt verlassen wollte. Er wurde vor Gericht gestellt und angeklagt, Nathanael ermordet zu haben. Der Prozeß

erregte großes Aufsehen. Die Beweislage war allerdings sehr schwierig, denn das Beweisstück, auf das das Gericht sich allein stützen konnte, der Schriftsatz des inzwischen verstorbenen Gerichtsrats am Kammergericht in Berlin Ernst Theodor Wilhelm Hoffmann, wies manche Merkwürdigkeiten und Widersprüche auf. Es wurde so ein sehr schwieriges Verfahren. Leider sind die teilweise glänzenden Plädoyers von Staatsanwalt und Verteidigung und sind auch die scharfsinnigen Gutachten der Sachverständigen bei dem großen Brand am 31. September 1817 verloren gegangen.

Sie könnten sie einmal neu schreiben, nämlich
– das Plädoyer des Staatsanwalts,
– das Plädoyer des Verteidigers,
– das Gutachten des Psychiaters als ersten Sachverständigen der Verteidigung,
– das Gutachten des Literaturwissenschaftlers als zweiten Sachverständigen der Verteidigung.

Wählen Sie eine der Aufgaben, bilden Sie Gruppen und schreiben Sie in Ihrer Gruppe Ihr Plädoyer bzw. Gutachten. Dabei können Sie vor allem diese Textstellen heranziehen:

Staatsanwalt:
S. 11, Z. 2–18,
S. 11, Z. 29 – S. 12, Z. 2,
S. 26, Z. 30–37,
S. 27, Z. 34 – S. 28, Z. 23,
S. 35, Z. 25 – S. 36, Z. 21,
S. 40, Z. 13–25.

Verteidiger:
S. 13, Z. 6–33,
S. 15, Z. 4–13,
S. 16, Z. 2–10,
S. 27, Z. 9–14,
S. 36, Z. 18–37,
S. 39, Z. 20–30.

Psychiater:
S. 5, Z. 5 – S. 6, Z. 5,
S. 7, Z. 9 – S. 8, Z. 11,
S. 22, Z. 18 – S. 23, Z. 5,
S. 31, Z. 24–31,
S. 36, Z. 21–37,
S. 39, Z. 20–30.

Literaturwissenschaftler:
S. 17, Z. 10 – S. 19, Z. 4,
S. 35, Z. 4 – S. 38, Z. 9.

Tragen Sie die Plädoyers und Gutachten dann in einer 'Gerichtsverhandlung' vor und diskutieren Sie sie. Formulieren Sie danach jeder in der Rolle des Richters schriftlich das 'Urteil' über Coppelius alias [?] Coppola.

In diesem 'Strafverfahren' könnten beispielsweise folgende Positionen eingenommen werden:

Der Staatsanwalt: Für ihn ist Coppelius und Coppola dieselbe Person. Er hält Coppelius alias Coppola für schuldig, Nathanael wie schon zuvor dessen Vater getötet zu haben. Er habe Nathanael von Jugend auf verfolgt und durch finstere Machenschaften vorsätzlich und gezielt in den Tod getrieben, den er nur deshalb auch öffentlich ankündigen konnte.

Der Verteidiger: Für ihn sind Coppelius und Coppola zwei völlig verschiedene Personen. Er bestreitet überhaupt, dass Nathanael durch Einwirkung eines Anderen, also durch Coppelius, ums Leben gekommen ist. Er habe sich in geistiger Verwirrung vom Ratsturm gestürzt, und alle Bedrohungen durch Coppelius wie auch dessen Identität mit Coppola hätten nur in seiner Fantasie bestanden.

Der Psychiater: Nathanaels Geisteszustand ist für ihn dadurch bestimmt, dass er häufiger von ihm nur Vorgestelltes für Wirkliches hält. Sein Verhältnis zu Coppelius sei, ausgelöst durch traumatische Kindheitserlebnisse, paranoider Natur, also von Verfolgungswahn geprägt.

Der Literaturwissenschaftler: Nach ihm hat der Kammergerichtsrat Ernst Theodor Wilhelm Hoffmann den Text „Der Sandmann" als der Dichter E. T. A. Hoffmann in der Form einer fiktionalen literarischen Erzählung geschrieben. Zu klären sei deshalb vor allem, in welcher Rolle der Erzähler diese Erzählung eigentlich erzählt und ob er durch die Art seines Erzählens einen Anspruch auf Objektivität und Wahrheit des von ihm Erzählten erhebt. Dabei könne als sicher gelten, dass der Erzähler den Anschein von Eindeutigkeit und Objektivität seines Erzählens absichtlich zerstört. – Dies ist der schwierigste Part; er kann gegebenenfalls auch vom Lehrer übernommen oder ganz weggelassen werden. Wichtig ist nur, dass vor oder auch nach der 'Urteilsfindung' durch die Schüler die zweite Textstelle des Literaturwissenschaftlers (S. 35–38, die Kernstellen daraus sind im Folgenden zitiert) in das Gespräch eingebracht, am besten gemeinsam gelesen und diskutiert wird.

Das Ergebnis, das sich im 'Urteil' der Schüler niederschlagen soll, wird dann wohl sein, dass bei entscheidenden Fragen, wie etwa nach dem Verhältnis Coppelius-Coppola oder nach dem wirklichen Anteil, den Coppelius an dem Schicksal Nathanaels hat, keine eindeutige Wahrheit und damit keine klare Entscheidung für die Position des Staatsanwalts oder des Verteidigers zu gewinnen ist – und Coppelius deshalb im 'Strafverfahren', etwa aus Mangel an Beweisen, wohl freigesprochen werden sollte. Das bedeutet aber, dass einige entscheidende Fragen, die die Erzählung aufwirft, etwa die, ob Coppelius nun Coppola ist oder nicht, ganz und gar offen bleiben.

Und das ist auch die Einsicht, zu der die 'Gerichtsverhandlung' führen soll: Dass in Hoffmanns Erzählung eine elementar andere Sicht von Ereignissen besteht als in unserer Alltagswelt, als beispielsweise bei der Rechtsprechung, der es darum geht,  möglichst objektiv *den* wahren Sachverhalt zu ergründen, wobei immer vorausgesetzt wird, dass es ihn gibt. Bei Hoffmann geht es darum, die Erfahrung zu vermitteln, dass es den 'wahren' Sachverhalt eben nicht gibt, sondern nur verschiedene Perspektiven, in denen ein Sachverhalt je verschieden aufgefasst wird.

Das Geschehen der Erzählung erscheint in der subjektiven Perspektive Nathanaels und in der subjektiven Perspektive Claras, und beide Perspektiven behalten ihr eigenes Recht. Die noch hinzukommende Perspektive des Er-Erzählers beansprucht zunächst, objektiv zu sein: Der Erzähler scheint Berichterstatter und Herausgeber zu sein („die drei Briefe, welche Freund Lothar mir gütigst mitteilte", S. 18); er

spricht distanziert mit dem Leser über Erzählprobleme (S. 17 f.), ironisch über die
Folgen des Auftretens von Olimpia für die Teezirkel (S. 37 f.), und er erzählt aukto-
rial und allwissend über seine Figuren und ihre inneren Vorgänge. Doch schon der
Beginn der Erzählerrede ist doppeldeutig: „Seltsamer und wunderlicher kann
nichts erfunden werden", als was nun über Nathanael erzählt werden soll (S.
17), – ist „erfunden" als in der Wirklichkeit 'aufgefunden' oder als 'erdichtet' zu verstehen? Vor allem: Der Erzähler „verschmilzt gelegentlich mit den auftretenden Personen und spricht aus deren Perspektive" (Kayser 1957, S. 80; vgl. Magris 1980,
S. 10 f.). Er bezeichnet nämlich teilweise Coppola bei dessen Streit mit Spalanzani
(S. 35 f.) als den, den der zuschauende Nathanael in ihm sieht: als Coppelius, lässt
aber auch einen Anderen Coppola Coppelius nennen und zerstört mit diesem ver-
wirrenden wechselnden Gebrauch der Namen gezielt den Anspruch auf erzählerische Eindeutigkeit und Objektivität:

> Es waren Spalanzanis und des gräßlichen <u>Coppelius</u> Stimmen, die so durcheinander
> schwirrten und tobten. Hinein stürzte Nathanael von namenloser Angst ergriffen.
> Der Professor hatte eine weibliche Figur bei den Schultern gepackt, der Italiener
> <u>Coppola</u> bei den Füßen [...], aber in dem Augenblick wand <u>Coppola</u> sich mit Riesen-
> kraft drehend die Figur dem Professor aus den Händen [...]. Nun warf <u>Coppola</u> die
> Figur über die Schulter [...]. Aber er [Spalanzani] raffte seine Kräfte zusammen. –
> „Ihm nach – ihm nach, was zauderst du? – <u>Coppelius</u> – <u>Coppelius</u>, mein bestes Auto-
> mat hat er mir geraubt [...]". [Und der Schlußsatz der Szene:] <u>Coppola</u> war auch ver-
> schwunden. (S. 35–38; Hervorhebungen von mir)

Dass erzählerische Mehrdeutigkeit hier die literarische Absicht Hoffmanns ist,
geht auch daraus hervor, dass er einen Satz der handschriftlichen Fassung, der für
die genannte Szene mehr Eindeutigkeit herstellte, in der Druckfassung tilgt. Die
Olimpia-Episode endete in der Handschrift: „auch Coppola ließ sich nicht mehr
sehen. Am Ende war es doch wohl der gräßliche Sandmann Coppelius. –" (Hohoff
1988, S. 134) In der Druckfassung bleibt nur: „Coppola war auch verschwunden.–"
(S. 38)

Was so insgesamt dargestellt ist, ist – wie etwa im „Goldenen Topf", im „Kater
Murr" – Perspektivität. Damit ist aber nicht mehr im romantischen Sinne nur die
Perspektivität der Subjekte gemeint (wie sie sich in Claras und Nathanaels Sicht
darstellte), sondern hinzukommt mit dem Er-Erzählerteil ein relativierter Schein-
Anspruch auf Erfassung der Wirklichkeit, sodass es insgesamt nicht mehr möglich
ist, „die in Frage stehende Wirklichkeit auf ein subjektives oder objektives 'Prinzip'
zurückzurechnen" (Preisendanz 1976, S. 290) und weder subjektive noch objektive
Perspektive allein, sondern beide zusammen in ihrer gegenseitigen Wechselwirkung, Durchdringung und Relativierung gültig sind. Eben das ist es auch, was mit
Hoffmanns poetischem Konzept, mit dem „Serapiontischen Prinzip", insgesamt
gemeint ist: die „Duplizität [...], von der eigentlich allein unser irdisches Sein bedingt ist":

Es gibt eine innere Welt, und die geistige Kraft, sie in voller Klarheit, in dem vollen-
detsten Glanze des regesten Lebens zu schauen, aber es ist unser irdisches Erbteil,
daß eben die Außenwelt in der wir eingeschachtet, als der Hebel wirkt, der jene
Kraft in Bewegung setzt. Die innern Erscheinungen gehen auf in dem Kreise, den
die äußeren um uns bilden.[15]

Die Perspektive einer „inneren Welt" wie der Nathanaels, aber auch eine 'realistische' Perspektive wie die Claras gibt es nur in ihrer Bedingtheit durch die 'objektive' Welt (des Er-Erzählers), die aber auch nicht an sich, sondern nur in ständiger
Wechselwirkung mit den, d. h. in ständiger Relativierung durch die subjektiven
Perspektiven der Personen existiert, was dann die Gesamtperspektivität der poetischen Welt in der Erzählung „Der Sandmann" ausmacht (vgl. Schumm 1974,
S. 158–162; Preisendanz 1976, S. 278–291). Sie stellt, um ein anderes Bild zu wählen, keine 'Widerspiegelung' der Wirklichkeit, sondern eine äußerst 'verspiegelte'
Darstellung der perspektivischen Lebenswelt dar. Hoffmann formuliert es in unserer Erzählung selbst so: „Vielleicht wirst Du, o mein Leser! dann [nach der Lektüre
des „Sandmanns"] glauben, daß nichts wunderlicher und toller sei, als das wirkliche Leben und daß dieses der Dichter doch nur, wie in eines matt geschliffnen Spiegels dunklem Widerschein, auffassen könne." (S. 18 f.)

5.1.8 Nathanael und sein Scheitern an der Perspektivität der Wirklichkeit

Damit ist der Aspekt der Perspektivität der Erzählung und ihrer Handlung an sich
zureichend erarbeitet. Doch wäre für das Gesamtverständnis der Erzählung noch
wichtig zu erfassen, wie er genauer im Schluss der Erzählung – durch Nathanaels
Tod – realisiert ist. Vor allem aber wird die Behandlung des Textes so wieder an der
Hauptfigur, an Nathanael, als der eigentlichen Identifikationsfigur orientiert und
den Schülern damit die eigene Aneignung des Textes und eine eigene Stellungnahme zu ihm erleichtert: Das Ende Nathanaels ist bisher (da Coppelius ihn ja wohl
nicht ermordet hat) nur so erklärt worden, dass er sich „in geistiger Verwirrung vom
Ratsturm gestürzt" hat (Verteidiger). Welcher Art ist aber und woher stammt diese
„geistige Verwirrung" Nathanaels? Was hat sie mit der Nathanael bestimmenden
Perspektive und der Perspektivität der Wirklichkeit zu tun (vgl. Schmidt 1981,
S. 361–363, 368–370)?

Hoffmann hat die Gipfelstelle der Handlung, nämlich den Tod Nathanaels, für den
Druck stark verändert und wird dafür gute Gründe gehabt haben. Man kann nun
versuchen, die Absicht der Endfassung vor allem in Hinblick auf die Darstellung
Nathanaels, besser zu verstehen, wenn man überlegt, warum Hoffmann schließlich
sie und nicht die frühere handschriftliche Fassung gewählt hat:

A 7:   *„Ich, E. T. A. Hoffmann, wähle diese Textfassung des Schlusses, weil ..."*
        (4. Phase)

Handschrift:	*Druckfassung:*
1. Mit der Schnelligkeit des Blitzes rannte Lothar die ohnmächtige Clara in den Armen herab. Sie war gerettet. –	Lothar rannte herab, die ohnmächtige Schwester in den Armen. – Sie war gerettet. –
2. Nun raste Nathanael herum auf der Gallerie, da rief eine widerwärtige Stime von unten herauf: Ey Ey – Kleine Bestie – willst Augen machen lernen – wirf mir dein Holzpüpchen zu! – wirf mir dein Holzpüpchen zu – es war das klein grau Thürmchen, was Clara geschaut – aber nicht ein Thürmchen – der Advokat Coppelius stand unten am Thurm und schaute und rief so herauf –	Nun raste Nathanael herum auf der Galerie und sprang hoch in die Lüfte und schrie: „*Feuerkreis* dreh dich – *Feuerkreis* dreh dich" – Die Menschen liefen auf das wilde Geschrei zusammen; unter ihnen ragte riesengroß der Advokat Coppelius hervor, der eben in die Stadt gekommen und gerades Weges nach dem Markt geschritten war. Man wollte herauf, um sich des Rasenden zu bemächtigen, da lachte Coppelius sprechend: „Ha ha – wartet nur, der kommt schon herunter von selbst", und schaute wie die übrigen hinauf.
3. Nathanael erblickte den Coppelius und lachte: ha ha ha – Sköne Oke – Sköne Oke – Kauf sie dir ab – Kauf sie dir ab – Komm' schon – Komm schon! – Und damit sprang er über das Geländer! –	Nathanael blieb plötzlich wie erstarrt stehen, er bückte sich herab, wurde den Coppelius gewahr und mit dem gellenden Schrei „Ha! Sköne Oke – Sköne Oke", sprang er über das Geländer. –
4. Als Nathanel mit zerschmettertem Gehirn auf dem Steinpflaster lag, war Coppelius unter den Menschen, die sich um den Todten versammelten, verschwunden.[16]	Als Nathanael mit zerschmettertem Kopf auf dem Steinpflaster lag, war Coppelius im Gewühl verschwunden. – (S. 40)

Stellen Sie sich einmal vor, Sie wären E. T. A. Hoffmann und hätten Ihrem mit Ihnen befreundeten Verleger die handschriftliche Fassung des „Sandmanns" geschickt. Der war von ihr und vor allem von dem Schluss ganz begeistert. Für den Druck wollen sie aber gerade im Schluss mehrere Stellen ändern und möchten nun Ihrem Verleger erklären, warum für eine bestimmte Darstellung Nathanaels und seines Handelns einiges keinesfalls stehenbleiben könne bzw. warum dafür einige neue Stellen unbedingt nötig seien. Schreiben Sie das jeweils an die betreffenden Textstellen.

Hier kann beispielsweise dies erarbeitet werden: Die Druckfassung ist gegenüber der Handschrift im 1. und 4. Anschnitt knapper gehalten. Der 2. und 3. Abschnitt ist dagegen ausführlicher geworden; er enthält das Geschehen zwischen Nathanael und Coppelius. Hier hat sich vor allem der Anteil verändert, den Coppelius am Schicksal Nathanaels hat: In der Handschrift „raste Nathanael herum auf der Gallerie", und das ist alles, was er tut. Dann greift Coppelius ein und ruft „von unten herauf". Was er heraufruft, greift die schreckhaften Begegnungen Nathanaels mit ihm auf: „Kleine Bestie" bezieht sich auf die Alchemisten-Szene, „Augen machen lernen" auf die Begegnungen mit Coppola, „Holzpüpchen" auf die Olimpia-Episode. All dies sind Begegnungen, die Nathanaels Geist nach und nach zerrüttet haben. Der Wahnsinn, der ihn nun, als er Coppelius erblickt, in den Tod treibt, kommt gleichsam von außen, ist durch Coppelius (den Nathanael ja auch ausdrücklich anspricht: „Komm' schon – Komm schon!") veranlasst.

Das wird in der Druckfassung verändert. Auch da „raste Nathanael herum auf der Galerie", aber Hoffmann fügt nun ein: er „sprang hoch in die Lüfte und schrie 'Feuerkreis dreh dich – Feuerkreis dreh dich'". Dafür streicht Hoffmann all das, was Coppelius in der Handschrift von unten heraufruft, er ruft überhaupt nicht mehr. Das bedeutet: Was in der Druckfassung als Wahnsinn Nathanaels zum Ausbruch kommt, ist nicht allein durch Coppelius veranlasst, sondern kommt vor allem aus Nathanael selbst.

Das verdeutlicht Hoffmann, indem er das, was Nathanael zu Coppelius sagt, stark kürzt, vor allem das „Komm schon" streicht, und indem er Coppelius nun nichts mehr heraufrufen und so das Geschehen in Gang setzen, sondern es nur noch von ihm kommentieren lässt, und zwar als etwas, das Nathanael selbst bewirkt: er kommt „herunter von selbst".[17] Entscheidend aber ist dies: Während Hoffmann alles streicht, was von Coppelius her auf Nathanael zukommt, fügt er neu ein, worin sich der Wahnsinn Nathanaels jetzt äußert: seine Worte „Feuerkreis dreh dich – Feuerkreis dreh dich". Dies ist etwas, das ganz aus Nathanael, aus seiner 'inneren Welt' stammt, nämlich aus seinem Gedicht, in dem der „flammende Feuerkreis, der sich dreht mit der Schnelligkeit des Sturmes und ihn sausend und brausend fortreißt" (S. 22, vgl. 23), zweimal vorkommt: Diese Fantasiewirklichkeit hat ihn nun völlig besetzt, das vor allem ist sein Wahnsinn.

So lassen die Textänderungen Hoffmanns – und das könnte mit der Arbeitsaufgabe A 7 erarbeitet werden – insgesamt die Absicht erkennen, Nathanaels Wahnsinn nicht als etwas erscheinen zu lassen, das allein durch Coppelius verursacht ist oder das paranoid ausschließlich auf ihn reagiert, sondern als etwas – so sehr es durch die Begegnungen mit Coppelius genährt und ausgelöst worden ist –, das letztlich aus dem Inneren Nathanaels stammt, als etwas also, in dem sich die Perspektive der 'inneren Welt' des Dichters Nathanael darstellt. – Das kann nun abschließend noch im gemeinsamen Gespräch in den Kontext des Schlussteils der Erzählung gestellt werden; etwa in dieser Weise:

Der Dichter Nathanael ist im Begriff, zu heiraten und auf das kleine ererbte Gütchen zu ziehen, sich also in die 'Enge' eines kleinbürgerlichen Lebens zu begeben. Er steigt mit Clara auf den „hohen" Ratsturm und erlebt noch einmal 'Weite' („schauen in das ferne Gebirge hinein") und 'Größe' (vom Turm mit seinem „Riesenschatten" sieht man das ferne Gebirge „wie eine Riesenstadt") und so eine andere *Sicht* der Wirklichkeit, als die Welt sie aufweist, in die er sich zu begeben im Begriffe ist. Das aktiviert offenbar seine innere Perspektive. Es genügt dann Claras „Sieh doch den sonderbaren kleinen grauen Busch, der ordentlich auf uns loszuschreiten scheint", und er assoziiert und sieht Coppelius (u. a. trug dieser früher einen „aschgrauen Rock", S. 7). Der Blick durch sein Perspektiv versetzt ihn ganz in seine 'innere Welt', für die Clara und die durch sie verkörperte realistische Sehweise Beeinträchtigung und Aufhebung bedeutet. Deshalb will er Clara beseitigen, verfällt darüber in Wahnsinn, in dem es für ihn nur noch die 'innere Welt' seiner Dichtung gibt („Feuerkreis dreh dich"), und stürzt sich vom Turm, magisch von seinem Schreckbild Coppelius angezogen. Was bedeutet das?

Nathanael will als (romantischer) Dichter nur die Perspektive seiner 'inneren Welt' gelten lassen. Und natürlich muss er als Dichter die Welt zunächst in seiner inneren Perspektive sehen; sie mit Claras 'Augen' zu sehen, bedeutete, wie er es in seinem Gedicht darstellt, seinen Tod als 'romantischer' Dichter: „es ist der Tod, der mit Claras Augen ihn freundlich anschaut" (S. 23). Wenn er die Welt aber völlig aus seiner inneren Perspektive sieht, ist sie nicht nur einfach eine friedliche poetische Wunschwelt (wie für Serapion in den „Serapions-Brüdern"), sondern vor allem wahnhafte Projektion seines verwirrten Inneren: seiner unerfüllbaren Sehnsüchte (Olimpia) und seiner Zwangsvorstellungen und Ängste (Coppelius).

Sicherlich sollte er eigentlich auch die Wirklichkeit mit ihren Perspektiven zulassen und so die Perspektivität des Lebens anerkennen. Doch eben das kann er nicht, weil etwa die Perspektive Claras Gefährdung und Bedrohung für ihn bedeutet. Und er kann wegen der engen Bindung an Clara aber auch nicht einfach (wie Anselmus im „Goldenen Topf") aus der Wirklichkeit in die – für Nathanael allerdings ganz zerrüttete – innere Welt seiner Fantasie emigrieren. Seine Situation ist ausweglos. So zerbricht Nathanael daran, dass die Wirklichkeit perspektivisch ist und er ihre Perspektiven nicht miteinander und vor allem mit seiner Perspektive zu vereinbaren vermag. – Gegebenenfalls kann, was so über Nathanael und die Gründe seines Todes erarbeitet worden ist, auch noch in einer Produktion dargestellt werden:

A 8: *Siegmunds Grabrede auf Nathanael bei dessen Beerdigung* (4. Phase)

Schreiben Sie die Grabrede von Nathanaels Freund Siegmund auf ihn, in der er ihn als Dichter würdigt und seine Probleme sowie die Ausweglosigkeit seiner Situation darstellt, an denen er zerbrochen ist.

Alternativ dazu sollte aber auch eine Aufgabe angeboten werden, bei der die Schüler Gelegenheit haben, ihre eigene Einstellung zu Nathanaels Problem zu artikulieren, – etwa: Ein Mensch zerbricht daran, dass er die Welt ganz aus der Sicht seiner Individualität sehen will und sich nur so selbst verwirklichen kann, dass dies aber nur eine von vielen möglichen und legitimen Weisen ist, die Welt zu sehen und sich zu ihr zu verhalten.

A 9:   *Mein Brief an Nathanel* (4. Phase)

Lieber Nathanael!

Du bist zwar nun tot und kannst diesen Brief nicht mehr lesen, aber ich muss einfach mal loswerden, was ich über Dich und Deine Probleme so denke. Also ich finde ...

Eine andere Möglichkeit, die Besprechung der Erzählung produktiv und nun offener weiterzuführen, wäre, den Schülern Gelegenheit zu geben, Formen mehrperspektivischen Erzählens in eigenem Schreiben zu erkunden. Dafür liegen vielfältige und erfolgsichere Arbeitsvorschläge vor (Waldmann / Bothe 1992, S. 87–97: Mehrperspektivisches Erzählen; S. 97–101: Erzählen in sich verändernder Perspektive). Mit diesen mehrperspektivischen Eigenproduktionen können sie dann auch aktiv und frei erproben, was Mehrperspektivität, wie sie in Hoffmanns „Sandmann" dargestellt ist, für die Darstellung ihrer eigenen Befindlichkeit und für ihr eigenes Welt- und Selbstverständnis bedeutet.

5.2 Unterrichtsmodell produktiven Umgangs mit Franz Kafkas Erzählung „Die Verwandlung"

Dieses Unterrichtsmodell soll zunächst zeigen, dass produktiver Umgang auch und gerade mit einem schwierigen und voraussetzungsvollen literarischen Text wie Kafkas „Verwandlung" möglich und ertragreich ist. Sodann sollen Möglichkeiten dargestellt werden, wie die einzelnen Verstehensphasen und vor allem die spielhafte Vorphase unterrichtlich realisiert werden können. Es sollen aber auch die flexible Verwendung des Phasenmodells, ein Modell der Wechselbeziehung von produktiven und analytischen Verstehenszugriffen sowie die Möglichkeiten von offenem Unterricht mit produktiven Verfahren beschrieben werden.

5.2.1 Vieldeutbarer Text und offener Unterricht: Textanalytische und methodische Vorüberlegungen

Wie bei jeder Behandlung eines Textes im Unterricht, hier vielleicht etwas dringender als sonst, stellt sich für den, der den Unterricht über Kafkas „Verwandlung" halten will, zunächst die Frage, wie er den Text versteht und welche Absichten er mit seiner Besprechung verfolgt. Die Erzählung ist gut zu lesen, spannend, ja faszinierend, doch sehr hermetisch und gar nicht leicht in dem, was sie im Einzelnen und im Ganzen aussagt, zu erfassen. Sie ist einer der meistinterpretierten Texte der neueren Literatur, wird häufig im Unterricht gelesen und wurde auch mit produktiven Verfahren behandelt (Fingerhut 1982, S. 98; Scholz / Herrmann 1990).

Es gibt weit mehr als hundert unterschiedliche Interpretationen der „Verwandlung". Bei dieser faktischen Vieldeutbarkeit des Textes und wenn man zudem die Ansicht vertritt, dass ein literarischer Text erst im Lesen des Rezipienten konkret und nach seinem Sinn konstituiert wird, kann es gerade hier wohl nicht darum gehen, eine dieser Interpretationen (oder auch eine eigene neue) für die einzig richtige zu erklären und irgendwie und dabei auch produktiv an die Schüler zu übermitteln. Andererseits ist das Verfahren, zu dem mehrere Autoren inzwischen greifen, wenn sie Vorschläge für den Unterricht über Kafka machen, eine größere Auswahl an vorliegenden Deutungen vorzulegen und freimütig dem Lehrer zu überlassen, mit welcher er im Unterricht arbeiten will (s. Fingerhut 1996, S. 11), in der Sache nur bedingt hilfreich. Denn die Vieldeutbarkeit eines Textes wird nicht dadurch bewältigt, dass der Lehrer eine ihm konvenierende Deutung wählt.

Hier liegt es auch vom zu behandelnden Text her nahe, das Verstehen des Textes und seine Deutung dem einzelnen Schüler zu überlassen, nämlich ein offenes Arbeitsszenario zu wählen, bei dem die Schüler selbst ihr eigenes Verständnis des Textes erarbeiten können. Die Schwierigkeit bei so schwer zugänglichen Texten wie denen Kafkas ist allerdings, dass die Schüler leicht hilflos vor den Texten stehen, keinen sinnvollen Zugang zu ihnen finden und dass ihre Deutungen völlig beliebig werden. Die Schüler müssen also irgendwie auf den Weg zum Text gebracht werden, und nach Möglichkeit auf einen, der zu Hauptmerkmalen und Grundstrukturen des Textes führt. Welches diese Hauptmerkmale und Grundstrukturen sind, ist nun allerdings wieder eine Frage der Deutung des Textes, um die der Lehrer auch bei einer offenen Aufgabenstellung nicht herumkommt. Und wer dem Lehrer einen offenen Unterricht über Kafka vorschlägt, kommt seinerseits nicht darum herum, ihm wenigstens eine Basisdeutung von Hauptmerkmalen und Grundstrukturen anzubieten. All das versucht das folgende Unterrichtsmodell.

Es entwirft das Modell eines offenen Unterrichts über Kafkas Erzählung, bei dem die Schüler selbst ihre eigene Deutung erarbeiten und produktiv darstellen können. Diese Deutungen der Schüler geschehen innerhalb eines zuvor erarbeiteten weiten Deutungshorizontes, der sich noch nicht auf den Text bezieht, aber Strukturen und Zusammenhänge klärt, die für sein Verstehen von Belang sind. Er umfasst zwei Zugriffe: Ein erster Zugriff lässt in einem Schreibspiel und mit einer Schreibaufgabe die Schüler eigene Erfahrungen mit literarischen Tierbildern der Art, wie eines die Erzählung bestimmt, machen (A 1 u. A 2). Ein zweiter Zugriff führt in die biografische Situation des Autors Kafka ein, aus der die Erzählung entstanden ist und die unter anderem, literarisch verarbeitet, in ihr dargestellt ist (A 3). Dann – erst – lesen die Schüler die Erzählung und können produktiv darstellen, wie sie sie innerhalb dieses Deutungshorizontes selbst verstehen (A 4).

Nicht jeder Lehrer wird allerdings finden, dass er seine Klasse oder seinen Kurs so arbeiten lassen kann oder sollte. Deshalb schlage ich alternativ zur Produktionsaufgabe A 4 eine analytische Aufgabe vor, die nahe am biografischen Deutungsrahmen verbleibt und detaillierte Arbeitsanweisungen enthält (A 5); die möglichen

Erträge dieser Aufgabe sind dann genauer ausgeführt, womit gleichzeitig eine Art Basisdeutung der Erzählung gegeben ist. Der Ertrag dieser stark geführten analytischen Textarbeit kann dann gegebenenfalls in der produktiven Aufgabe A 4 festgehalten werden. (Mit dem Aufgabenkomplex A 1 – 5 ist auch ein Modell vorgeführt, wie beim Verstehen eines literarischen Textes produktive und analytische Verfahren aufeinander zu arbeiten und sich ergänzen, aber auch füreinander eintreten und einander ersetzen können.) – Danach werden noch vier unterschiedliche Aufgaben zur Vertiefung und Erweiterung des Verständnisses vorgeschlagen: Eine produktive Aufgabe über den Vorgang der „Verwandlung" aus der Sicht der Schwester (A 6), ein analytischer Textvergleich des „Urteils" mit der „Verwandlung" (A 7) und zwei freie Schreibaufgaben, in denen der Vorgang der „Verwandlung" auf die eigene Lebenssituation der Schüler bezogen (A 8) oder kritisch gesehen wird (A 9).

Die Unterrichtseinheit realisiert mit ihren Arbeitsaufgaben das didaktische Phasenmodell (Abschn. 2.1) teilweise flexibel: Ein Beispiel für die unterrichtliche Verwendung eines Literaturspiels zur spielhaften Hinführung auf ein wichtiges literarisches Merkmal (Vorphase) gibt die Aufgabe A 1; antizipierendes Lesen zusammen mit subjektiver Konkretisation eines dem Textgeschehen vergleichbaren Vorgangs (1. u. 2. Phase) erlaubt die Aufgabe A 2, aktives Erlesen eines Textes (1. Phase) die Aufgabe A 3; eine über die subjektive Konkretisation, nämlich die Identifikation mit der Hauptfigur erfolgende Deutung des literarischen Vorgangs (2. u. 3. Phase) erfolgt in der Produktionsaufgabe A 4, nur auf die Deutung des literarischen Vorgangs gerichtet (3. Phase) ist die alternative Analyseaufgabe A 5; eine Erkundung der literarischen Form und ihrer Aussage durch Veränderung der Erzählperspektive (3. Phase) richtet die Aufgabe A 6 ein; eine vertiefende – analytische – Erarbeitung eines wichtigen literarischen Zusammenhangs des Textes (4. Phase) bringt die Aufgabe A 7, die Möglichkeit, das eigene Verständnis des Textes darzustellen und – produktiv – auf die eigene Lebenssituation zu beziehen (4. Phase), die abschließenden Aufgaben A 8 und A 9.

Kafkas Werk und auch ein einzelner Text wie die „Verwandlung" sind entscheidend durch autobiografische Bezüge bestimmt; sie können oft sogar als eine Art Psychogramm des Autors gelesen werden. Und sie bilden in bestimmter Weise seine entfremdende ethnische, gesellschaftliche, religiöse, ökonomische, kulturelle, sprachliche, literarische Situation als deutschsprachiger Jude im tschechischen Prag ab, können darüber hinaus aber auch als eine Diagnose und Kritik der bürgerlichen Gesellschaft, wie sie zu Beginn dieses Jahrhunderts war und teilweise noch heute ist, verstanden werden. Und sie weisen eine besondere literarische Form mit ganz spezifischen Erzählstrukturen und -techniken auf, mit deren Hilfe sie dies alles literarisch darstellen. Einiges davon, etwa der gesellschaftskritische Aspekt (s. Jahnke 1990), könnte an der „Verwandlung" aufgefasst und behandelt werden, ich möchte mich aber auf die beschriebenen biografischen Momente beschränken. Mit ihnen ist die Erzählung einem wesentlichen Aspekt nach behandelt, und es wird zureichend viel von dem, was für Kafka und sein Werk spezifisch ist, erfasst. Sollen weitere Aspekte Kafkas und seines Werks in den Blick genommen werden, schlage ich vor, die „Verwandlung" in der im Folgenden vorgesehenen Weise der Behandlung als Einstieg zu wählen und in einem kleineren oder größeren Kurs weitere Aspekte an denjenigen Werken, an denen sie am leichtesten erfassbar scheinen, – teilweise produktiv – zu verhandeln.

5.2.2 Schreibspiel und Schreibaufgabe zur Einstimmung in den Text: Eigene Erfahrungen mit literarischen Tierbildern – Deutungsrahmen 1 –

Von grundlegender Bedeutung für das Verständnis der Erzählung ist, dass die Verwandlung Gregors in einen Käfer und seine Existenz als Käfer von den Schülern nicht nur als literarische Merkwürdigkeit hingenommen, sondern mitvollzogen und erlebnismäßig erfahren wird. Dem würde kaum dienen, wenn beispielsweise der Erzählbeginn daraufhin untersucht wird, ob es sich bei der Verwandlung Gregors in einen Käfer um einen realen oder einen nur vorgestellten Vorgang handelt: Der Käfer ist ein literarisches *Bild*, und dies wird dann vor allem verstanden, wenn man sich auf es als Bild einlässt und es imaginativ mitvollzieht. Dafür ist ziemlich unerheblich, ob man beispielsweise weiß, in welchen Traditionszusammenhängen literarischer Metamorphosen dieses Bild steht und ob es sich bei ihm um eine Allegorie oder ein Symbol handelt. Es geschieht, wenn man Kafkas Text mit genügend Sensibilität für solche Bildlichkeit liest. Um diese zu erreichen, nämlich Sinn für die Verwandlung eines Menschen in ein Tier zu gewinnen, beginne ich mit einem Schreibspiel, das dies, genauer: die Verwandlung von mir selbst in ein Tier, zum Gegenstand hat (Kafkas Erzählung sollte noch nicht gelesen sein). Vorbereitend wird an die Tafel geschrieben oder diktiert:

> *Tiere*:   Insekten
>   Fische / Reptilien
>   Vögel
>   Säugetiere

Und es wäre nützlich, wenn für jede Tierklasse gemeinsam eine Anzahl Tiere genannt wird.

A 1:   *Schreibspiel „Du als Tier"* (Vorphase)

Bilden Sie Gruppen von fünf bis sechs Mitgliedern Wählen Sie in der Gruppe jeder eine der angeschriebenen Tierklassen (dabei werden oft die Säugetiere mehrfach besetzt sein, und es macht nichts, wenn eine Klasse nicht gewählt wird). Nun denken Sie sich für jeden in der Gruppe aus, welches Tier aus Ihrer Tierklasse er sein könnte, und schreiben Sie es auf. Dann nennt jeder seine Tierklasse und – nicht in der Reihenfolge der Sitzordnung – die Tiere, die er sich für die Mitglieder der Gruppe aufgeschrieben hat, und die Gruppe rät, wer mit welchem Tier gemeint ist. Sind alle Tiere zugeordnet, wählt jeder von den Tieren, die ihm zugeschrieben wurden, dasjenige, das ihm am meisten zusagt, und schreibt dazu einen (kurzen) erzählenden oder betrachtenden Text, gegebenenfalls auch ein Gedicht in freien Versen: „Ich als ...“; dafür können sich die Gruppen auflösen. Haben alle ihre Texte geschrieben, sagen die, die es mögen, aus welchen Zuschreibungen durch die Gruppe sie ihr Tier gewählt haben, und lesen ihre Texte vor.

Diese Aufgabe greift ein altes Gesellschaftsspiel auf und modifiziert es etwas. Das, worum es inhaltlich geht, Menschen bildhaft, nämlich durch ein Tier zu bezeichnen, ist literarisch durch die Fabel bekannt und in der Sache jedem vertraut: Wenn jemand als ein Fuchs, ein Esel, eine Gans, aber auch wenn er als Löwe oder Bär oder Igel bezeichnet wird, weiß jeder, was damit gemeint ist: es ist ein Mensch, der die entscheidenden Eigenschaften aufweist, die das Tier hat (bzw. die ihm üblicherweise zugeschrieben werden).

Die Besonderheit unseres Schreibspiels ist, dass es bei seinen Tierbildern nicht um solche geht, unter denen man sich, beispielsweise in Wunschfantasien, selbst sieht: ein gefährliches Raubtier, ein einsamer Wolf, ein schlauer Fuchs zu sein (vgl. Rico 1984, S. 210–214), sondern um solche, unter denen Andere einen sehen, und das gleich in zweifacher Hinsicht: Zunächst so, dass jemand einen unter diesem Tierbild sieht, und dann, dass die Gruppe, und vielleicht sogar einhellig, einen als den, auf den die Tierzuschreibung passt, identifiziert. Eins der Tiere, die man für andere ist, muss man dann akzeptieren und in dem Text, den man schreibt, selbst sein. Das erlaubt mancherlei Erfahrungen mit sich selbst und dem, was man für andere ist, sodass einige Texte sehr persönlich sein können (und die Verfasser deshalb nicht genötigt sein sollten, sie vor der Klasse vorzulesen). Und es bringt Erfahrungen mit der literarischen Darstellung eines Menschen als Tier, womit genügend Einverständnis mit der Form von Kafkas „Verwandlung“ und Sensibilität für sie erreicht sein dürften.

Die nächste Arbeitsaufgabe soll dann etwas näher an den Erzählvorgang der „Verwandlung“ heranführen. Sie hat die Form des antizipierenden Lesens eines Erzählanfangs (im Sinne der 1. Phase des Phasenmodells), setzt sie aber nicht zu Vermutungen über den Erzählverlauf, sondern (im Sinne der 2. Phase des Phasenmodells) zur subjektiven Konkretisation und Aneignung des Textes ein. Die Textstelle Kafkas kann am Ende der Stunde, in der das Schreibspiel gemacht wurde, den Schülern gegeben oder vorgelesen und die Schreibaufgabe als Hausaufgabe gestellt werden:

A 2:   *„Ich als Tier bei mir zu Hause“* (1./2. Phase)

Franz Kafkas Erzählung „Die Verwandlung“ beginnt:

> Als Gregor Samsa eines Morgens aus unruhigen Träumen erwachte, fand er sich in seinem Bett zu einem ungeheueren Ungeziefer verwandelt. [18]

Nehmen Sie dieses Erzählmuster auf und erzählen Sie – in der Ich- oder auch Er- bzw. Sie-Form –, wie Sie als das Tier, als das Sie sich in dem Schreibspiel beschrieben haben, bei sich zu Hause (oder wo Sie leben) erscheinen –

vielleicht wie bei Kafka morgens im Bett aufwachen –, wie Sie reagieren, wie Ihre Umgebung mit ihnen umgeht usw.: „Ich als … bei mir zu Hause".

Diese Aufgabe soll die Vorstellung, der Einzelne sei das Tier, als das Andere ihn denken, fortführen zur Beschreibung des wirklichen Lebens seiner als dieses Tier in seiner vertrauten häuslichen Umgebung. Deshalb ist es auch sinnvoll, dass die Aufgabe zu Hause in eben der Umgebung, in der die Geschichte spielt, geschrieben wird. Diese Geschichte kann ziemlich komisch, ja grotesk gestaltet werden, sie kann aber auch eine sehr ernste und persönliche Auseinandersetzung mit der eigenen Situation zu Hause oder in der eigenen Lebenswelt bringen, weshalb es wiederum den Schülern überlassen bleiben sollte, ob sie ihre Texte vor der Klasse vorlesen wollen oder nicht.

Kafkas Erzählform erlaubt diese Vergegenwärtigung des Hauptvorgangs seiner Erzählung mithilfe der vorstehenden Schreibaufgabe durchaus. In dem Erzählanfang heißt es: „fand er sich […] zu einem ungeheueren Ungeziefer verwandelt". Es heißt nicht: „träumte er …" oder „kam es ihm vor, als ob …". Er träumt nicht, denn aus den Träumen ist er ja gerade „erwacht", und er stellt sich seine Verwandlung auch nicht nur vor, sondern er *ist* verwandelt. Andererseits heißt es aber auch nicht: „war er …", denn dann wäre er nichts als das Tier und hätte kein Bewusstsein darüber, dass er ein Tier ist. Dieses – menschliche – Bewusstsein seiner als Tier hat er aber, wenn *er sich* verwandelt findet („fand er sich"). Eben diese Konstellation bietet nun auch die vorstehende Aufgabe: Wer bildlich von sich als Tier erzählt, erzählt von dem Tier, das er wirklich ist, erzählt aber so, dass er weiß, was es bewirkt und bedeutet, dass er dieses Tier ist.

Die beiden ersten Arbeitsaufgaben liefern wichtige Ansätze für das Verständnis der Erzählung Kafkas. Denn eine naheliegende Verständnisfrage ist ja wohl: Warum ist Gregor in einen Käfer verwandelt worden? Oder mehr interpretativ gefragt: Was bedeutet es, dass er in einen Käfer verwandelt ist? Nach den beiden vorgängigen Produktionen liegt es nahe, auf die Fragen zu antworten: Vermutlich bedeutet es dasselbe, wie wenn in dem Schreibspiel etwa Christa für ein Reh oder Heike für einen Schmetterling gehalten wurden, dass Christa nämlich hervorstechende Eigenschaften eines Rehs (braun- und großäugig, feingliedrig, scheu …) oder Heike eines Schmetterlings (hübsch, leichtlebig, flattert von einem zum anderen …) aufweisen. Für die „Verwandlung" könnte man demgemäß (in der Art der 1. Schreibaufgabe) fragen, welche hervorstechenden Eigenschaften Gregor aufweist, die es für Kafka sinnvoll machen, ihn als einen Käfer darzustellen.

Nun ist das Bild eines Käfers zunächst ambivalent: ein Käfer kann hübsch oder niedlich oder seltsam oder ekelhaft oder bedrohlich usw. sein bzw. kann so empfunden werden. Man könnte daher (in der Art der 2. Schreibaufgabe) fragen, welche Art Käfer Gregor in der Erzählung denn genauer ist, vor allem wie die Menschen, die mit ihm zusammen sind: insbesondere sein Vater, dann seine Mutter und seine Schwester, ihn sehen und auf ihn reagieren. Solche Fragen zu stellen bzw. Deutungsansätze zu wählen, die in Richtung dieser Fragen gehen, liegt nach der

Bearbeitung der beiden ersten Arbeitsaufgaben, wie gesagt, ziemlich nahe. Antworten auf diese Fragen zu finden, ist dennoch nicht ganz leicht, denn so eindeutig
lässt die Erzählung ja nicht erkennen, wieso Gregor bei all dem, was er für seine Familie tut, nun für sie ein „ungeheueres Ungeziefer" ist. Deshalb liefert die nächste
Aufgabe einen zweiten Deutungsrahmen, der es ermöglichen soll, die Textzusammenhänge, auf die diese Fragen zielen, aus dem fraglosen biografischen Bezug der
Erzählung auf die Situation Kafkas in seiner Familie und insbesondere auf das Verhältnis zu seinem Vater zu deuten.

5.2.3 Analytische Vorbereitung der Textarbeit: Kafkas Verhältnis zu seinem Vater – Deutungsrahmen 2 –

Kafka ist entscheidend geprägt durch das Verhältnis zu seiner Familie und insbe-
sondere zu seinem Vater. Dieses Verhältnis spielt in den meisten seiner Werke eine
Rolle und besonders in den ersten großen Erzählungen, also dem „Urteil" und der
„Verwandlung"; sie haben in entscheidender Hinsicht Kafka und seine familiären
Probleme zum Thema. Das zeigt u. a. die Namengebung der Helden; für das „Urteil" hat es Kafka selbst dargelegt. Er schreibt an Felice Bauer, seine Verlobte:
„Sieh nur die Namen! [. . .] Georg hat so viel Buchstaben wie Franz, 'Bendemann'
besteht aus Bende und Mann, Bende hat so viel Buchstaben wie Kafka und auch
die zwei Vokale stehn an gleicher Stelle [. . .]."[19] Und zu Gustav Janouch, der in
ähnlicher Weise für Gregor Samsa feststellt, „Samsa" habe fünf Buchstaben, den-
selben Vokal und das S an der gleichen Stelle wie in Kafka, antwortet Kafka:
„Samsa ist nicht restlos Kafka"[20]. Der Held der „Verwandlung" ist also als literarische Figur selbstverständlich nicht identisch mit Kafka, ist nicht „restlos" die Person Kafka, aber Gregor Samsa und der Käfer ist doch in entscheidender Hinsicht
Kafka, in ihm ist nämlich vor allem das problematische Verhältnis Kafkas zu seinem Vater dargestellt.

Dieses Verhältnis zu seinem Vater hat Kafka als Sechsundreißigjähriger, längst promoviert und in verantwortungsvoller beruflicher Position, sieben Jahre nach der
„Verwandlung", in dem umfangreichen, mehr als hundert handschriftliche Seiten
umfassenden (und nie überreichten) „Brief an den Vater"[21] dargestellt, der so einen entscheidenden Deutungsrahmen für die autobiografischen Bezüge der „Verwandlung" – und des „Urteils" – bildet.

A 3:   *Kafka als das „Ungeziefer" seines Vaters: sein „Brief an den Vater"*
        (1. Phase)

> [a] Liebster Vater,
> Du hast mich letzthin einmal gefragt, warum ich behaupte, ich hätte Furcht
> vor Dir. Ich wußte Dir, wie gewöhnlich, nichts zu antworten, zum Teil eben
> aus der Furcht, die ich vor Dir habe, zum Teil deshalb, weil zur Begründung
> dieser Furcht zu viele Einzelheiten gehören, als daß ich sie im Reden halb-
> wegs zusammenhalten könnte. Und wenn ich hier versuche, Dir schriftlich zu
> antworten, so wird es doch nur sehr unvollständig sein, weil auch im

Schreiben die Furcht und ihre Folgen mich Dir gegenüber behindern und weil
die Größe des Stoffs über mein Gedächtnis und meinen Verstand weit hinausgeht. [–]
Nur eben als Vater warst Du zu stark für mich [. . . –]
Ich war ja schon niedergedrückt durch deine bloße Körperlichkeit. Ich erinnere mich zum Beispiel daran, wie wir uns öfters zusammen in einer Kabine
auszogen. Ich mager, schwach, schmal, Du stark, groß, breit. Schon in der
Kabine kam ich mir jämmerlich vor, und zwar nicht nur vor Dir, sondern vor
der ganzen Welt, denn Du warst für mich das Maß aller Dinge. [–]
Dem entsprach weiter Deine geistige Oberherrschaft. Du hattest Dich allein
durch eigene Kraft so hoch hinaufgearbeitet, infolgedessen hattest Du unbe-
schränktes Vertrauen zu Deiner Meinung. Das war für mich als Kind nicht
einmal so blendend wie später für den heranwachsenden jungen Menschen.
In Deinem Lehnstuhl regiertest Du die Welt. Deine Meinung war richtig, jeder andere war verrückt, überspannt, meschugge, nicht normal. Dabei war
Dein Selbstvertrauen so groß, daß Du gar nicht konsequent sein mußtest und
doch nicht aufhörtest recht zu haben. (S. 162, 164, 168, 169; Reclam S. 7, 9,
12, 13)

[b] Es genügte, daß ich an einem Menschen ein wenig Interesse hatte – es geschah ja infolge meines Wesens nicht sehr oft –, daß Du schon ohne jede
Rücksicht auf mein Gefühl und ohne Achtung vor meinem Urteil mit Be-
schimpfung, Verleumdung, Entwürdigung dreinfuhrst. Unschuldige, kindliche Menschen wie zum Beispiel der jiddische Schauspieler Löwy mußten das
büßen. Ohne ihn zu kennen, verglichst Du ihn in einer schrecklichen Weise,
die ich schon vergessen habe, mit Ungeziefer. [–]
Um mich Dir gegenüber nur ein wenig zu behaupten, zum Teil auch aus einer
Art Rache, fing ich bald an, kleine Lächerlichkeiten, die ich an Dir bemerkte,
zu beobachten, zu sammeln, zu übertreiben. [. . .] Du bemerktest es manchmal, ärgertest Dich darüber, hieltest es für Bosheit, Respektlosigkeit, aber
glaube mir, es war nichts anderes für mich als ein übrigens untaugliches Mittel
zur Selbsterhaltung, es waren Scherze, wie man sie über Götter und Könige
verbreitet, Scherze, die mit dem tiefsten Respekt nicht nur sich verbinden
lassen, sondern sogar zu ihm gehören. [–]
Überdies sammelte sich aus diesen vielen Malen, wo ich Deiner deutlich ge-
zeigten Meinung nach Prügel verdient hätte, ihnen aber aus Deiner Gnade
noch knapp entgangen war, wieder nur ein großes Schuldbewußtsein an. Von
allen Seiten her kam ich in Deine Schuld. (S. 171, 181, 183; Reclam 14 f., 23,
25)

[c] Der Grundgedanke beider Heiratsversuche war ganz korrekt: einen
Hausstand gründen, selbständig werden. [–]
Die Heirat ist gewiß die Bürgschaft für die schärfste Selbstbefreiung und Un-
abhängigkeit. Ich hätte eine Familie, das Höchste, das man meiner Meinung
nach erreichen kann, also auch das Höchste, was du erreicht hast, ich wäre
Dir ebenbürtig, alle alte und ewig neue Schande und Tyrannei wäre bloß noch
Geschichte. Das wäre allerdings märchenhaft, aber darin liegt eben schon
das Fragwürdige. Es ist zu viel, so viel kann nicht erreicht werden. [–]
Wenn ich in dem besonderen Unglücksverhältnis, in welchem ich zu Dir

stehe, selbständig werden will, muß ich etwas tun, was möglichst gar keine Beziehung zu Dir hat; das Heiraten ist zwar das Größte und gibt die ehrenvollste Selbständigkeit, aber es ist auch gleichzeitig in engster Beziehung zu Dir. Hier hinauskommen zu wollen, hat deshalb etwas von Wahnsinn, und jeder Versuch wird fast damit gestraft. [–]
Ich hatte vor Dir das Selbstvertrauen verloren, dafür ein grenzenloses Schuldbewußtsein eingetauscht. (S. 215, 216f., 217, 196; Reclam S. 52, 53, 53f., 36)

[d] [Als Antwort auf die Ausführungen dieses Briefes lässt Kafka seinen Vater u. a. sagen:] „Ich gebe zu, daß wir miteinander kämpfen, aber es gibt zweierlei Kampf. Den ritterlichen Kampf [. . .]. Und den Kampf des Ungeziefers, welches nicht nur sticht, sondern gleich auch zu seiner Lebenserhaltung das Blut saugt. [. . .] und das bist Du." (S. 222; Reclam S. 57f.)

Lesen Sie die Auszüge a–c aus Kafkas „Brief an den Vater" daraufhin, welcher Art das Verhältnis Kafkas zu seinem Vater ist und welche Probleme es für ihn mit sich bringt. Lesen Sie in der Weise, dass Sie die Ihnen dafür wichtig erscheinenden Wörter und Wortgruppen – gegebenenfalls auch farbig – je nach dem Grad ihrer Wichtigkeit einfach, unterbrochen, geschlängelt oder doppelt unterstreichen oder umkreisen bzw. einrahmen.

Lesen Sie dann die Wörter oder Wortgruppen vor, die Sie durch Unterstreichen, Umkreisen oder Einrahmen ganz besonders hervorgehoben haben, und sagen Sie, wie Sie auf Ihrer Grundlage das Verhältnis Kafkas zu seinem Vater sehen. Lesen Sie nun gemeinsam den Auszug d und überlegen Sie, wieso Kafka meint, er sei für seinen Vater ein „Ungeziefer".

Die Textauszüge Kafkas sollten den Schülern fotokopiert vorgelegt werden. Das aktive Lesen des Textes (in der Art der 1. Phase des Phasenmodells, nur dass hier nicht der Lektüretext, sondern ein Begleittext gelesen wird) kann so geschehen, dass die Schüler in drei Gruppen, aber jeweils einzeln einen der drei Abschnitte durcharbeiten und danach, nachdem einer aus der Gruppe den Text vorgelesen hat, vielleicht zwei aus ihr die von ihnen hervorgehobenen Wörter und Wortgruppen nennen und ihr Verständnis von Kafkas Verhältnis zu seinem Vater darstellen. Dann kann gemeinsam erörtert werden, warum Kafka sich wohl als das „Ungeziefer" seines Vaters betrachtet. Die Besprechung kann beispielsweise dies ergeben:
[Zu a] Der Anfang des Briefs lässt erkennen, wie wichtig, aber auch wie schwierig für Kafka das Verhältnis zu seinem Vater ist. Es wird deutlich, wie sehr dieser für ihn Autorität ist, wobei er aber nicht nur „Furcht" vor ihm empfindet, sondern ihn liebt: Die Anrede „Liebster Vater" ist nicht nur eine Floskel, sondern drückt Kafkas starke emotionale Bindung an den Vater aus. So schreibt er etwa an anderer Stelle, wie „wunderbar" es war, wenn „Liebe und Güte" des Vaters sich einmal zeigten: „Zu solchen Zeiten legte man sich hin und weinte vor Glück und weint jetzt wieder, während man es schreibt." (S. 180; Reclam S. 22) – Kafkas entscheidende Erfahrung gegenüber dem vitalen, erfolgreichen, selbstbewussten, autoritären, ja tyrannischen Vater ist die von dessen überwältigender Kraft und Macht:

seiner körperlichen und geistigen „Oberherrschaft" – er war für ihn „das Maß aller Dinge" –, andererseits die der eigenen Kleinheit und Unterlegenheit: „dieses mich oft beherrschende Gefühl der Nichtigkeit [...] stammt vielfach von Deinem Einfluß." (S. 167; Reclam S. 11)

[Zu b] Der Vater verhält sich Kafka gegenüber völlig tyrannisch, ohne „Rücksicht" auf seine Gefühle und ohne „Achtung" vor seinem Urteil; er erstickt so jede Eigeninitiative. „Ungeziefer" ist ein einer entsprechenden Einstellung anderen Menschen gegenüber entspringender Wortgebrauch des Vaters für ihm missliebige Menschen. – Kafkas wichtigstes Bemühen von Kind an war, sich diesem Vater gegenüber „zu behaupten". Aber diese Versuche der „Selbsterhaltung" waren insgesamt ganz „untauglich"; sie erzeugten nur, weil sie eine unerlaubte Auflehnung gegen diesen Vater darstellten, ein „großes Schuldbewußtsein" ihm gegenüber.

[Zu c] Symptomatisch für Kafkas Bemühen, Selbstständigkeit zu erringen, sind seine – gescheiterten – „Heiratsversuche". Ihr Problem ist, dass sie in Konkurrenz und gleichsam gegen den Vater geschehen und deshalb von vornherein fragwürdig sind, ja „etwas von Wahnsinn" haben, vor allem eigentlich unerlaubt und schuldhaft sind und deshalb auch zu Recht „gestraft" werden. Es ist Kafkas auswegloses Dilemma, dass er natürlich selbstständig werden und sich von seinem Vater ablösen muss, wenn er überhaupt erwachsen werden soll, dass er es aber eigentlich nicht darf, weil er sich damit schuldhaft gegen die unbezweifelte Autorität des Vaters, den er liebt, stellt. So läuft es immer wieder darauf hinaus, dass er dem Vater gegenüber zwar keine Selbstständigkeit gewinnt (vor ihm das „Selbstvertrauen" verliert), durch seine Versuche des Selbstständigwerdens ihm gegenüber aber „ein grenzenloses Schuldbewußtsein" bekommt.

[Zu d] Was nach Kafkas Einschätzung sein Vater in diesen Ausführungen sehen wird, ist die Auseinandersetzung mit ihm, den „Kampf", und vor allem die Auflehnung gegen ihn, mit der sein Sohn ihn nicht nur verletzen („sticht"), sondern ihn, um selbst zu leben, infrage stellen, ihm die Lebenskraft nehmen will: „das Blut saugt", also ein bedrohliches „Ungeziefer" ist.

Damit dürfte es möglich sein, auf die am Schluss des vorigen Abschnitts formulierten Fragen zu der Erzählung sinnvolle Antworten zu finden:

5.2.4 Offener oder angeleiteter, dabei produktiver oder analytischer Umgang mit dem Text: Der Käfer Gregor und sein Vater

Wenn in dieser Weise sowohl ein literarischer als auch ein biografischer Deutungsrahmen geliefert und damit ein zureichender Deutungshorizont hergestellt ist, können die Schüler versuchen, innerhalb dieses Deutungshorizontes oder im Ausgang von ihm selbstständig ein eigenes Verständnis der Erzählung zu gewinnen.

A 4:   *Ich, der Käfer Gregor: „Liebster Vater ..."* (2./3. Phase)

Lesen Sie Kafkas Erzählung „Die Verwandlung" und überlegen Sie, worum es in ihr geht. Nehmen Sie dann einmal an, Sie seien der Käfer Gregor, hätten durchschaut, was Ihre Verwandlung bedeutet, und überlegen in Ihrem Zimmer, wie Sie Ihrem Vater – bei einer Aussprache oder auch in einem Brief – alles erklären könnten.

Gregor ist als Figur besonders dazu prädestiniert, die teilweise schwierigen Zusammenhänge der Erzählung zu reflektieren, denn wie die meisten Hauptfiguren Kafkas ist er durch ein hohes Maß an Reflexionsfähigkeit und -bereitschaft ausgezeichnet: neigt dazu, „ruhige und ruhigste Überlegung" (S. 10) anzustellen. Die Perspektive von ihm aus ist weithin auch schon die der Erzählung; und explizit in der Ich-Form als ein Tier zu sprechen und seine Tierexistenz zu thematisieren und zu reflektieren, wurde durch die Arbeitsaufgaben A 1 und A 2 eingeübt. Die Deutung des Geschehens der Erzählung kann sich nun ganz innerhalb des vorgegebenen Deutungshorizontes bewegen und kann dann zu ähnlichen Ergebnissen kommen, wie sie mit der folgenden, angeleiteten Arbeitsaufgabe A 5 erzielt werden können (sie werden anschließend dargestellt). Die Schüler können natürlich auch andere Akzente setzen, etwa die Rolle der Schwester und die – erotische – Beziehung zu ihr oder den Beruf Gregors und die Entfremdung, die er durch ihn erfährt (s. Walser 1981, S. 153–174), berücksichtigen oder in den Mittelpunkt stellen usw.

Soll die Textarbeit aber nicht so offen, sondern stärker angeleitet erfolgen, kann, nachdem durch die Bearbeitung der Arbeitsaufgaben A 1–3 ein Deutungshorizont vermittelt ist und die Schüler den Text gelesen haben, die folgende Analyse im gemeinsamen, geführten Klassengespräch vorgenommen werden. Höheren und leistungsfähigen Klassen bzw. Kursen kann, nachdem der Text gelesen worden ist, diese Analyse aber auch zur eigenen gruppenweisen Erarbeitung gegeben werden (die Fragen greifen die Verständnisansätze auf, die sich aus den beiden Aufgaben A 1 und A 2 ergaben):

A 5:   *Der Käfer Gregor und sein Vater – Textanalyse* (3. Phase)

Teilen Sie sich in der Klasse / dem Kurs auf, sodass ein Teil sich mit Gregor und der andere Teil sich mit seinem Vater beschäftigt. Bearbeiten und beantworten Sie (einzeln oder in themengleich arbeitenden Kleingruppen) die folgenden Fragen und suchen Sie die Textstellen heraus, die Ihre Antworten belegen:

1. *Gregor*
a) Welche Hauptmerkmale weist der Käfer Gregor auf?
b) Welches Verhalten zeigt er vor allem vor, weithin aber auch noch nach seiner Verwandlung gegenüber der Familie?
c) Und welche Eigenschaft oder welches Verhalten könnte der Anlass dafür sein, dass er zu diesem Käfer wird?
2. *der Vater*
d) Welche Charaktereigenschaften bestimmen den Vater?
e) Welche Merkmale weist er unmittelbar vor Gregors Verwandlung auf?
f) Welche Veränderung vollzieht sich bei ihm nach Gregors Verwandlung?

Eine gemeinsame Besprechung in der Klasse kann sich an den Fragen der vorstehenden Aufgabe für die Arbeitsgruppen orientieren. Im Klassengespräch oder
durch die Arbeitsgruppen könnte beispielsweise Folgendes erarbeitet werden:

[Zu 1. *Gregor*

a] Gregor ist nach der Verwandlung ein Käfer; alle Merkmale weisen darauf hin,
und die Bedienerin nennt ihn – etwas scherzhaft – einen „alten Mistkäfer" (S. 49).
Er ist, wenn er mit dem Mund einen Türschlüssel umdrehen kann (S. 17), wenigstens, denn früher waren die Türschlösser höher als heute, einen Meter groß. Er ist
von „ekelhafter Gestalt" (S. 44) und wirkt erschreckend auf seine Umgebung, er
selbst spricht von seiner „Schreckgestalt" (S. 53). Gregor ist nicht nur einfach ein
Tier, sondern ein für seine Umwelt schädliches Tier: „ein ungeheueres Ungeziefer"
wird er gleich zu Beginn genannt (S. 5); mehr noch, er ist letztlich ein bedrohliches
„Untier", so nennt ihn seine Schwester, das seine Eltern umzubringen droht: „es
bringt euch noch beide um", sagt sie (S. 56).

[Zu b] Gregor sorgt für seine Familie: Nach dem Zusammenbruch des väterlichen
Geschäfts arbeitet er, obwohl ihm diese Tätigkeit gar nicht liegt und er unter ihr leidet, hart als Textilreisender. Er trägt die Schulden des Vaters ab und bestreitet den
ganzen Aufwand der Familie, der er ein angenehmes Leben in einer großen Wohnung, ein Leben im „Wohlstand" (S. 25), ermöglicht. Er ist bestimmt durch eine
sehr starke Familienbindung: Auch als er erfährt, dass er von der Familie und insbesondere dem Vater ausgenutzt und ausgenommen worden ist, billigt er autoritäts-
gläubig dies Verhalten (S. 31 f.), und kurz bevor er stirbt, denkt er an „seine Familie [...] mit Rührung und Liebe zurück" (S. 59). Er wurde zum Ernährer seiner
Familie und fühlt sich verantwortlich für sie: „ich [habe] die Sorge um meine Eltern
und die Schwester" (S. 19); er hat „die Angelegenheiten der Familie [...] in die
Hand" genommen (S. 47), er handelt für sie – so hat er die Wohnung ausgesucht, in
der sie wohnen (S. 63) – und er denkt für sie: den Eltern war bei seiner Verwandlung „jede Voraussicht abhanden gekommen [...]. Aber Gregor hatte diese Voraussicht." (S. 20)

[Zu c] Inwiefern Gregor, wenn das alles so ist, nun als Käfer das „Untier" sein soll,
das das Leben seiner Eltern bedroht, ist zunächst kaum zu verstehen: Mehr an Für-
sorge und Aufopferung, als er für seine Familie aufgebracht hat, kann man wohl
von einem Sohn nicht verlangen. Doch es wird deutlich, dass sein Verhalten der Familie gegenüber durchaus auch seine Probleme hat. So nimmt die Familie sein Geld
zwar dankbar an, „aber eine besondere Wärme wollte sich nicht mehr ergeben"
(S. 30): Eben dadurch, dass er den Unterhalt der Familie trägt, entfremdet er sich
ihr. Mehr noch, er hindert sie eigentlich an einem eigenen Leben und entfremdet
sie sich selbst. Das wird am Schluss deutlich; gleich nachdem er tot ist, werden aus
„Vater" und „Mutter" die selbstbewussten „Herr und Frau Samsa", und die kleine
Schwester erweist sich als eine heiratsfähige und schöne junge Frau. Vor allem aber
hat Gregor, indem er die Rolle des Familienoberhaupts übernahm, seinen Vater zu
einem überflüssigen, schwachen alten Mann gemacht (das wird die andere Arbeits-
gruppe genauer darstellen). Jedenfalls dürfte es so sein, dass Gregor, gerade indem

er für seine Familie sorgte, sie eigentlich entmündigt und erniedrigt hat und so letztlich eine Bedrohung für sie darstellte.

[Zu 2. *Der Vater*

d] Davon, wie der Vater vor dem Zusammenbruch seines Geschäfts und Gregors Karriere war, erfahren wir nichts, doch sind seine hervorstechenden Charaktermerkmale auch so zu erkennen. Er ist ein herrischer Mann mit starkem Willen, der, als er seine Dienerrolle kompensieren muss, zu starrem „Eigensinn" wird (S. 45 f., 55). Er ist zu seiner Familie hart und streng und sieht so auch dem verwandelten Gregor gegenüber gleich „nur die größte Strenge für angebracht" (S. 42). Er ist das autoritäre Familienoberhaupt mit geradezu paschahaftem Verhalten, das er sogleich wieder annimmt, nachdem die Gregor betreffenden Dinge abgewickelt sind: Die Mutter und die Schwester

> gingen zum Fenster und blieben dort, sich umschlungen haltend. Herr Samsa drehte sich in seinem Sessel nach ihnen um und beobachtete sie still ein Weilchen. Dann rief er: „Also kommt doch her. Laßt schon endlich die alten Sachen. Und nehmt auch ein wenig Rücksicht auf mich." Gleich folgten ihm die Frauen, eilten zu ihm, liebkosten ihn [...]. (S. 63)

[Zu e] Dieser Mann zerfällt mehr und mehr, nachdem er die Rolle des Ernährers und Oberhaupts der Familie an Gregor abgeben musste. Vor Gregors Verwandlung hat er „schon fünf Jahre nichts gearbeitet" (S. 32). Er liegt „müde im Bett vergraben", wenn Gregor morgens geht, ein schwacher alter Mann, „der bei den seltenen gemeinsamen Spaziergängen [...] zwischen Gregor und der Mutter, die schon an und für sich langsam gingen, immer noch ein wenig langsamer, in seinen alten Mantel eingepackt, mit stets vorsichtig aufgesetztem Krückstock sich vorwärts arbeitete". (S. 42)

[Zu f] Nach Gregors Verwandlung ist der Vater völlig verändert, wie Gregor erstaunt feststellt: „So hatte er sich den Vater wirklich nicht vorgestellt, wie er jetzt dastand" (S. 41). Er ist „recht gut aufgerichtet", „unter den buschigen Augenbrauen drang der Blick der schwarzen Augen frisch und aufmerksam hervor" (S. 42). Und er geht gleich „vom ersten Tage seines [Gregors] neuen Lebens" an (ebd.) nachdrücklich und unnachsichtig gegen ihn vor, wenn er ihn in sein Zimmer zurücktreibt: Schon beim ersten Male fürchtet Gregor seinen „tödlichen Schlag" (S. 22), und beim zweiten Male fügt er Gregor ja auch die Wunde zu, an der er dann stirbt (S. 43). Der Vater hat eine Stelle in einer Bank angenommen und versorgt die Familie; er ist wieder Familienoberhaupt, und Gregor erfährt aus seiner Tierperspektive die große Autorität und Macht, die der – uniformierte – Vater nun wieder darstellt: „Gregor staunte über die Riesengröße seiner Stiefelsohlen." (S. 42) Nach Gregors Tod ist er dann endgültig der selbstbewusste und selbstherrliche „Herr Samsa", der die Untermieter schroff hinauswirft, die Bedienerin entlässt und die Pascharolle in seiner Familie wieder einnimmt.

Nach der Besprechung des Vaters dürfte verstehbar sein und kann nun im gemeinsamen Gespräch geklärt werden, wie die Käferexistenz Gregors zu verstehen ist: Diesem autoritären Vater gegenüber selbstständig zu werden und seine Rolle des

Familienoberhaupts zu übernehmen, und sei es, um für ihn zu sorgen und ihm ein angenehmes Leben zu ermöglichen, ist frevelhaft, denn es hebt alle familiale Ordnung auf, es nimmt dem Vater die Lebenskraft und bringt ihn mehr oder weniger um. Gregor ist in dieser Familie und gegenüber diesem Vater wirklich – wie Kafka für seinen Vater – das „Ungeziefer, welches [...] zu seiner Lebenserhaltung das Blut saugt". In dem Käfer objektiviert sich bildlich das Verhältnis des selbstständig gewordenen Gregor zu seiner Familie: seine Entfremdung von ihr – auch Kafka sagte von sich: „Ich lebe in meiner Familie, unter den besten, liebevollsten Menschen, fremder als ein Fremder."[22] – und die Bedrohung, die er für die familiale Ordnung und insbesondere den Vater darstellt, weshalb der Vater auch alles Recht hat, wenn er einmal „ausgebrochen" ist, eine erbarmungslose „Verfolgung" vorzunehmen (S. 41–43), – auch Kafka sagte von sich: „Ich habe die Eltern immer als Verfolger gefühlt".[23] – Insbesondere wenn die vorstehende Textanalyse in gemeinsamem Klassengespräch vorgenommen wurde, aber auch wenn sie in Gruppenarbeit erfolgte, kann danach gegebenenfalls noch die vorstehende Aufgabe A 4 gegeben werden, mit der nun jeder Schüler das zuvor Erarbeitete noch einmal zusammenfassend aus der Perspektive der Hauptfigur darstellen kann.

5.2.5 Genauere Erkundung der Erzählung und ihrer Erzählform: Darstellung der Erzählvorgänge aus der Sicht der Schwester

Einer der Gründe, warum Kafkas „Verwandlung" ziemlich hermetisch wirkt und sich dem Verständnis so schwer erschließt, liegt in ihrer Erzählform. Die Erzählung ist – ohne jede Anzeige des Ungewöhnlichen des Geschehens – ganz von Gregor her erzählt: bis auf wenige Ausnahmen, manchmal betont, aus seiner Perspektive und in seiner Sicht. Sie gibt seine Gedanken und Überlegungen wieder und beschreibt etwa bei der Musikepisode ausführlich (in Innensicht) seine Gefühle, Sehnsüchte, Träume: Es wird erzählt, was die Verwandlung für den Verwandelten bedeutet und was er als Verwandelter ist. Gregor erscheint damit nur als das *Opfer* der Verwandlung, nicht als derjenige, der selbst durch sein Verhalten Anlass zu ihr war; er erscheint nicht als *Täter.* Dadurch ist das literarische Bild wie häufig bei Kafka (in der Art eines literarischen Symbols) ganz auf sich bezogen und weist nicht auf etwas, das es bedeutet und durch das es erklärt werden könnte, über sich hinaus.

Das kann man nachhaltig verändern, wenn man die Erzählung aus anderer Perspektive als der Gregors, etwa aus der Perspektive seiner Schwester erzählt, zudem so erzählt, dass nun sie als *Opfer* erkennbar wird: als Opfer Gregors, der so in die Rolle des *Täters* rückt. Dann wird Entscheidendes an der Erzählung, wird vor allem Gregors 'Schuld', wegen derer er verwandelt wird, besser verstehbar. Das literarische Bild (des Käfers) wird so allerdings weniger wichtig: Das Geschehen spielt nun eigentlich zwischen den Personen Gregors und seiner Schwester und kreist nicht mehr allein um Gregor als Käfer. Eben dadurch wird aber (im Sinne der 3. Phase des Phasenmodells) auffassbar, warum Kafka die bestimmte, durch die Perspektive Gregors geprägte Erzählform gewählt hat, weil nämlich erst durch sie das

literarische Bild seine entscheidend wichtige und für Kafka spezifische Selbstbezüglichkeit und Hermetik und damit seine eigentliche Intensität und Faszination
erlangt.

A 6:   *„Du, mein Bruder Gregor, du Käfer …“: Tagebucheintragungen Gretes*
       (3. Phase)

       Stellen Sie als Gregors Schwester in Tagebucheintragungen dar, was mit
       Gregor geschah (vielleicht auch bloß einige Episoden oder nur eine, etwa
       die Musikepisode, daraus), und wie Sie es erlebten und empfanden; sodann,
       was es für Sie bedeutete, dass Gregor Sie dabei mit ihren siebzehn Jahren
       behandelte, als ob Sie immer „noch ein Kind“ (S. 32) wären.
       Überlegen Sie auch, wie sich Ihre Erzählform von der Kafkas unterscheidet
       und warum er wohl seine gewählt haben mag.

Vorbild der Figur der Schwester ist Kafkas Lieblingsschwester Ottla, und für die
Erzählung ist ein Vorgang wichtig, der sich, kurz bevor Kafka sie schrieb, ereigne-
te: Zu Ottla hatte Kafka eine enge Beziehung, sie kümmerte sich um ihn und ver-
mittelte zwischen ihm und den Eltern (s. Binder 1975, S. 170f.). Doch als der
Schwager, mit dem zusammen Kafka eine Asbestfabrik besaß (für die er von seinem Vater das Geld bekommen hatte), etwa vierzehn Tage auf eine Geschäftsreise
gehen wollte und die Eltern von Kafka verlangten, dass er sich in dieser Zeit nach-
mittags um die Fabrik kümmern sollte, schlug sich Ottla auf die Seite der Familie;
Kafka dachte ernsthaft an Selbstmord.[24] – Doch erschöpft sich die Figur der Schwester nicht in diesem biografischen Bezug, sondern sie ist auch eng in das Erzählge-
schehen verwoben, indem sie das, was Gregor durch den Vater erleidet, durch Gregor erleidet: Opfer Gregors ist und so dessen ‘Schuld’, die an Gregor nur bildlich
durch die Verwandlung erscheint, handlungsmäßig darstellt.

Um die Aufgabe zu erarbeiten, müssen die Schüler die Erzählung noch einmal
daraufhin durchsehen, wo die Schwester vorkommt. Die genauere Fragerichtung
ihrer Arbeit ist durch die Aufgabenstellung vorgezeichnet: Wie bei Gregor (und
Kafka) im Verhältnis zur Familie und zum Vater geht es auch bei der Schwester im
Verhältnis zu Gregor darum, erwachsen, selbstständig zu werden und als eigene
Persönlichkeit anerkannt zu werden. Doch Gregor – es ist dieselbe Konstellation
wie bei ihm (und Kafka) – ist dazu nicht bereit. Für ihn ist sie mit ihren siebzehn
Jahren immer „noch ein Kind“, dem er die Fähigkeit abspricht, etwas anderes zu
tun, als „sich nett zu kleiden, lange zu schlafen […], an ein paar bescheidenen Ver-
gnügen sich zu beteiligen und vor allem Violine zu spielen“, etwa die Fähigkeit,
selbst „Geld [zu] verdienen“ (S. 32). Zu Unrecht, wie sich herausstellt, denn sie
nimmt nach seiner Verwandlung eine Stellung als Verkäuferin an, lernt Stenografie
und Französisch (S. 45), und es zeigt sich, dass ihre Anstellung „überaus günstig
und besonders für später vielversprechend“ ist (S. 63). Sie ist am Ende eine ihres
Körpers und ihrer selbst sichere „schöne und üppige“ junge Frau, die bald heiraten
könnte: die Erzählung endet damit, dass sie „als erste sich erhob und ihren jungen
Körper dehnte“ (S. 63).

Diese Entwicklung Gretes zu einer eigenen Persönlichkeit ist gleichsam das Ender-
gebnis der Erzählung und geschieht durch die Verwandlung Gregors: es ist ausdrücklich von ihrem „in der letzten Zeit so unerwartet und schwer erworbenen
Selbstvertrauen" (S. 38) die Rede. Sie ist es ja, die, obwohl es ihr außerordentlich
schwer fällt (S. 26–28), die ganze Arbeit mit Gregor auf sich nimmt und heftig reagiert, wenn sie ihr teilweise abgenommen wird (S. 48). Sie ist gegenüber den Eltern
die „Sachverständige" in den Angelegenheiten Gregors (S. 37f.); sie entscheidet,
dass sein Zimmer ausgeräumt wird, und droht ihm „mit erhobener Faust", als er
sich dagegen zu wehren sucht (S. 40). Und sie ist es schließlich, die von Gregor als
dem „Untier" spricht, das gar nicht Gregor ist und das man loswerden muss: „Weg
muss es" (S. 56f.); nur sie spricht von Gregor als einem „es". Diese aufopferungs-
vollen Tätigkeiten und tiefgreifenden Entscheidungen bestreitet sie allein, durch
sie kommt sie zu Selbstvertrauen und wird zu einer selbstständigen Persönlichkeit,
– im Verhalten zu und vor allem gegen Gregor, der sie in kindlicher Unmündigkeit
halten will. (Dabei bedeutet ihr Verhalten gegenüber Gregor aber auch eine Abwehr von dessen erotischer Annäherung, wenn er sie in sein Zimmer ziehen, küs-
sen und ganz für sich behalten will.)

Damit ist das Grundmotiv Gregors, sein die Familie entmündigendes Selbstständigwerden, an seiner Schwester wieder aufgegriffen, doch so, dass es hier weder
schuldhaft noch gar tödlich, sondern gut und natürlich ist. Man könnte fragen, warum das, was für Gregor so verhängnisvoll wird, bei seiner Schwester problemlos ist.
Die Antwort ist wohl, dass Grete, indem sie selbstständig wird, den Eltern zwar Arbeit und auch Entscheidungen abnimmt, das aber, anders als bei Gregor, ganz im
Einklang mit der Familie und vor allem dem Vater geschieht: Während Gregor, der
aus dem Mund der Schwester gehört hat, dass er weg muss, aus dem Zimmer
kriecht und bald stirbt, sitzen „der Vater und die Schwester [...] nebeneinander,
die Schwester hatte ihre Hand um des Vaters Hals gelegt" (S. 58). Sie tritt ganz
selbstverständlich als weibliches Gefolge des Vaters auf („Herr Samsa mit den zwei
Frauen", „Herr Samsa mit den Frauen"; S. 61f.), eilt sofort zu ihm und liebkost
ihn, sobald er Zeichen seiner Anerkennung als Familienoberhaupt fordert (S. 63),
und sie ist offenbar auch gehorsames Objekt der „Träume und guten Absichten" ihrer Familie, wenn die „einen braven Mann für sie [...] suchen" will (S. 63).

Einiges davon könnte von den Schülern in der Arbeitsaufgabe erarbeitet werden.
Bei der Überlegung, was ihre Darstellung von der Kafkas unterscheidet, könnten
sie u.a. finden, dass ihre Darstellung die Vorgänge des Textes meist verstehbarer
und mitvollziehbarer macht, deshalb wohl weniger fremdartig als der Text Kafkas,
vielleicht aber auch weniger interessant oder gar spannend ist.

5.2.6 Literarische Zusammenhänge des Textes und seine Einbeziehung in die eigene Lebenswelt oder seine Kritik: Kafkas Erzählung „Das Urteil" – Ich als der 'hässliche Käfer' der Familie / der Brief des Vaters

Das bis hierhin erlangte Verständnis der „Verwandlung" kann gefestigt und vertieft werden, wenn die Schüler erarbeiten, dass für einen eng mit der „Verwandlung" zusammengehörenden Text Kafkas eine ganz ähnliche Vater-Sohn-Beziehung bestimmend ist. Und schließlich sollten sie eine Möglichkeit haben, ihr Gesamtverständnis des Textes darzustellen, indem sie ihn in ihre eigene Lebenswelt übertragen oder kritisch sehen. Die Aufgaben, von denen eine analytisch und die anderen produktiv ausgelegt sind (und die im Sinne der 4. Phase des Phasenmodells operieren), sollten alternativ gestellt werden.

A 7:   *Der mächtige Vater und der selbstständige Sohn: Kafkas Erzählung „Das Urteil"[25] und die Beziehungen zur „Verwandlung"* (4. Phase)

Machen Sie sich mit Hilfe des Deutungsrahmens, den die Textauszüge aus Kafkas „Brief an den Vater" in A 3 liefern, klar, worum es in dem „Urteil" im Sinne des Themas geht, vergleichen Sie es mit den Vorgängen der „Verwandlung" und stellen Sie Gemeinsamkeiten und Unterschiede dar.

Für Kafka standen „Das Urteil", „Die Verwandlung" und „Der Heizer" (das Anfangskapitel des „Verschollenen", also des Amerikaromans) in enger Beziehung zueinander; in einem Brief an seinen Verleger schrieb er:

„Der Heizer", „die Verwandlung" [...] und das „Urteil" gehören äußerlich und innerlich zusammen, es besteht zwischen ihnen eine offenbare und noch mehr eine geheime Verbindung, auf deren Darstellung durch Zusammenfassung in einem etwa „Die Söhne" betitelten Buch ich nicht verzichten möchte.[26]

Ich beschränke mich hier auf die Beziehung zwischen der „Verwandlung" und dem „Urteil" und skizziere knapp, was die Schüler u. a. über sie herausfinden könnten: In beiden Erzählungen geht es vor allem um das Verhältnis von *Söhnen* zu ihren *Vätern*; beide Male liegt eine Situation zugrunde, in der der Vater seine zuvor dominante Stellung in der Familie verliert und der Sohn sie einnimmt: Im „Urteil" wird der Vater alt, schwach, vergesslich und kindisch, und der Sohn führt mit großem Erfolg das Geschäft, dessen Umsatz er verfünffacht (S. 55); in der „Verwandlung" macht der Vater bankrott, ist alt und schwächlich, und der Sohn ernährt die Familie und trägt die Schulden des Vaters ab.

In beiden Erzählungen werden die *Söhne* durch diese Situation selbstbewusst und *selbstständig*: Georg Bendemann, den der Vater vorher „an einer wirklichen eigenen Tätigkeit gehindert hatte" (S. 55), verlobt sich, äußert großes Selbstbewusstsein gegenüber seinem Freund („So bin ich und so hat er mich hinzunehmen"; S. 57) und bestimmt über die Lebensweise seines Vaters (S. 61); Gregor Samsa hat allein die Verantwortung für seine Familie, bestimmt über alle ihre Angelegenheiten (s. S. 47) und will auch gegen den Willen der Eltern die Schwester aufs Konservatorium schicken (S. 54).

In beiden Erzählungen werden die *Väter* durch ihre Entmachtung weiter entscheidend *geschwächt*, lehnen sich aber schließlich dagegen auf und beweisen ihre ursprüngliche Stärke und Macht: Als im „Urteil" der Sohn seinen Vater als krank und schwach ins Bett trägt, steht der plötzlich im Bett auf, gewinnt seine alte Macht zurück und rechnet mit Georg ab; in der „Verwandlung" ist der Vater, während sein Sohn das Familienoberhaupt ist, zum schwachen und lethargischen Greis geworden, ist aber nach Gregors Verwandlung, als er selbst wieder für die Familie sorgt, frisch, energisch und unnachsichtig Gregor gegenüber und nimmt seine alte Herrschaftsrolle in der Familie wieder ein (S. 63).

In beiden Erzählungen handeln die *Söhne* nicht aus Hass oder Feindseligkeit gegen den Vater oder die Familie, sondern im Interesse der Familie und aus *Liebe* zu ihr und akzeptieren ihre *Schuld* gegenüber der Familie bzw. dem Vater: Im „Urteil" ist Georgs letztes Wort: „Liebe Eltern, ich habe euch doch immer geliebt" (S. 68), dann vollstreckt er das Todesurteil des Vaters an sich; in der „Verwandlung" heißt es von Gregor, kurz bevor er an der Verletzung, die der Vater ihm zugefügt hat, stirbt: „An seine Familie dachte er mit Rührung und Liebe zurück. Seine Meinung darüber, daß er verschwinden müsse, war womöglich noch entschiedener, als die seiner Schwester." (S. 59)

Der *Unterschied* zwischen den beiden Erzählungen ist, dass im „Urteil" der Vater die Schuld des Sohnes ausdrücklich formuliert und ihn wegen ihrer zum Tode verurteilt: „Ein unschuldiges Kind warst du ja eigentlich [denn er ist ja nur selbstständig geworden: „reif geworden" (S. 67) und an die Stelle des Vaters getreten; doch eben das macht ihn diesem Vater gegenüber schuldig:], aber noch eigentlicher warst du ein teuflischer Mensch! – Und darum wisse: Ich verurteile dich jetzt zum Tode des Ertrinkens!" In der „Verwandlung" dagegen wird die Schuldhaftigkeit und die 'Verurteilung' Gregors *bildlich* in der Weise dargestellt, dass Gregor das wird, was er insbesondere für den Vater eigentlich ist: ein bedrohliches „ungeheueres Ungeziefer".

Es wäre allerdings auch möglich, für die Verdeutlichung der literarischen Zusammenhänge der „Verwandlung" mit dem Werk Kafkas einen Text zu wählen, der nicht so eng mit ihr verbunden ist wie das „Urteil", das fast einen Paralleltext bildet, sondern der eine Situation in der Art der Gregors weit allgemeiner darstellt und erst genauer auf sie bezogen werden muss. Ein solcher Text wäre etwa

– ein Aphorismus Kafkas [1.], der eine gleichsam fertige und auf einen wartende (familiale) Beziehungsfalle meinen könnte, oder

– die „Kleine Fabel" [2.], die die Situation eines tödlichen Dilemmas darstellt, oder

– das Erzählfragment „Im Dorngebüsch" [3.], das die Lage selbstverschuldeter und dennoch gleichsam schicksalhafter Ausweglosigkeit beschreibt.

Die Schüler könnten einen der drei Texte genauer interpretieren, indem sie ihn auf Gregors Situation in der „Verwandlung" beziehen. Sie können das aber auch (produktiv) in der Weise tun, dass sie den Text als Vorstellung, Traum oder Vision

Gregors erzählen, in denen sich für ihn seine Lage abbildet und deutbar wird. Und es wäre dann noch denkbar, dass die Schüler einen der Texte zwar vor dem Hintergrund der „Verwandlung" lesen, aber ohne weiteren Bezug auf sie für ihre eigene Befindlichkeit und Lebenslage ausdeuten, vielleicht auch nach seinem Muster oder in seiner Bildlichkeit einen eigenen Text über ihre Probleme oder ihre Lebenslage schreiben. – Auf die eigene Lebenslage der Schüler bezieht sich dann auch die folgende Aufgabe, aber ohne Bezug auf weitere Kafka-Texte vom Gesamtbild und -verständnis der „Verwandlung" aus:

A 8:   *„ ... und ich (er/sie) war mal wieder für meinen Vater / meine Mutter / die Familie der 'hässliche Käfer'!"* (4. Phase)

Erzählen Sie in der Ich-Form (oder auch in der Er- oder Sie-Form) eine vorgestellte oder wirkliche Geschichte, bei der Sie (gegebenenfalls wieder einmal) gegenüber Ihrem Vater / Ihrer Mutter / Ihrer Familie in einer Lage wie Gregor Samsa sind: Sie wollen etwas selbstständig tun oder tun es, vielleicht sogar in deren Interesse, und es wird ihnen sehr übelgenommen. – Sie können die Geschichte auch als Märchen, Sage oder Fabel erzählen.

Bei Gregor Samsa geht es in seinem Verhältnis zu seinem Vater (wie bei Kafka) um das Erwachsen- und Selbstständigwerden eines Sohnes, das notwendigerweise die Loslösung aus der kindlichen Bindung an die Familie, die Ablösung von den Eltern bedeutet. Solche Ablösung vollzieht sich oft, und dies besonders bei autoritären oder auch bei starken Eltern, in entschiedener Abwehr von elterlichen Verhaltensweisen, Konventionen und Normen und äußert sich in gezieltem Abweichen von familialen Gewohnheiten und Einstellungen, was von manchen Eltern als unerlaubt, unanständig und vor allem undankbar erfahren wird und worauf sie mit Unverständnis, Missbilligung oder Empörung reagieren; dieser Prozess dauert manchmal ein Leben lang. Er muss aber in der ersten Zeit gar nicht einmal als Auflehnung und konfrontativ geschehen. Es genügt dann – auch heute noch –, dass Kinder, und sei das sogar im Sinn und zum Wohle der Eltern gemeint, Dinge selbst entscheiden und in die Hand nehmen, um die Eltern ihre Autorität und ihre familiale Rollen gefährdet sehen zu lassen und das Kind in die Rolle des feindseligen Störers der Familienordnung geraten zu lassen: In die Rolle des Kafkaschen 'hässlichen Käfers'.

Damit werden manche Schüler Erfahrungen haben, und sie bekommen mit der vorstehenden Aufgabe Gelegenheit, solche Erfahrungen im Anschluss an die Erzählung Kafkas zu einer vorgestellten Geschichte zu verarbeiten oder auch ein erlebtes Geschehen zu erzählen, beides in der Ich- oder in der distanzierteren und mehr verfremdenden Er- oder Sie-Form. Noch mehr Möglichkeiten, die Geschichte distanziert, auch ihre Personen und ihr Geschehen stilisiert darzustellen, haben die Schüler, wenn sie sie als Märchen, Sage oder Fabel erzählen.

Nun ist aber auch möglich, dass Schüler solche Probleme, wie Kafka bzw. Gregor sie mit ihrem Vater hatten, gar nicht haben und kennen: weil ihre Väter oder Eltern ihnen gegenüber nicht als familiale Autoritäten auftreten und ihnen stets ihre Selbstständigkeit zugestanden haben (oder auch sich überhaupt nicht um das kümmern, was sie tun und treiben). Dann können sie Kafkas Brief an den Vater und sein Verhältnis zu ihm als ziemlich unverständlich, sehr überzogen, völlig abartig sehen und sich ein ganz anderes Verhalten Kafkas vorstellen, auch Gregors Käferexistenz eher kritisch oder ganz anders auffassen, als es erarbeitet wurde. Sie erhalten eine Möglichkeit, das zu artikulieren, wenn sie in der Rolle des Vaters auf die Auszüge aus Kafkas „Brief an den Vater" (in A 3) antworten und auf die „Verwandlung" reagieren:

A 9:   *Brief des Vaters* (4. Phase)

Lieber Franz!

Du hast mir einen Brief geschrieben und Deine Erzählung „Die Verwandlung" gegeben. Ich habe beide gelesen, und ich muss Dir dazu sagen: …

5.2.7 Anhang: Drei Kafka-Texte

1.   Franz Kafka: [*Aphorismus*][27]

Ein Käfig ging einen Vogel suchen.

2.   Franz Kafka: *Kleine Fabel* [28]

„Ach", sagte die Maus, „die Welt wird enger mit jedem Tag. Zuerst war sie so breit, daß ich Angst hatte, ich lief weiter und war glücklich, daß ich endlich rechts und links in der Ferne Mauern sah, aber diese langen Mauern eilen so schnell aufeinander zu, daß ich schon im letzten Zimmer bin, und dort im Winkel steht die Falle, in die ich laufe." – „Du mußt nur die Laufrichtung ändern", sagte die Katze und fraß sie.

3.   Franz Kafka: [*Im Dorngebüsch*][29]

Ich war in ein undurchdringliches Dorngebüsch geraten und rief laut den Parkwächter. Er kam gleich, konnte aber nicht zu mir vordringen. „Wie sind Sie denn dort mitten in das Dorngebüsch gekommen", rief er, „können Sie nicht auf dem gleichen Weg wieder zurück?" „Unmöglich", rief ich, „ich finde den Weg nicht wieder. Ich bin in Gedanken ruhig spazierengegangen und plötzlich fand ich mich hier, es ist, wie wenn das Gebüsch erst gewachsen wäre, nachdem ich hier war. Ich komme nicht mehr heraus, ich bin verloren." „Sie sind wie ein Kind", sagte der Wächter, „zuerst drängen Sie sich auf einem verbotenen Weg durch das wildeste Gebüsch und dann jammern Sie. Sie sind doch nicht in einem Urwald, sondern im öffentlichen Park und man wird Sie herausholen." „So ein Gebüsch gehört aber nicht in einen Park", sagte ich, „und wie will man mich retten, es kann doch niemand herein. Will man es aber versuchen, dann muß man es gleich tun, es ist ja gleich Abend, die Nacht halte ich hier nicht aus, ich bin auch schon ganz zerkratzt von den Dornen, und mein

Zwicker ist mir hinuntergefallen und ich kann ihn nicht finden, ich bin ja halb-blind ohne Zwicker." „Das ist alles gut und schön", sagte der Wächter, „aber ein Weilchen werden Sie sich noch gedulden müssen, ich muß doch zuerst Ar-beiter holen, die den Weg aushacken, und vorher noch die Bewilligung des Herrn Parkdirektors einholen. Also ein wenig Geduld und Männlichkeit, wenn ich bitten darf."

Anmerkungen

[1] Georg Trakl: Im Winter. G. T.: Dichtungen und Briefe. Historisch-kritische Ausgabe. Hg. v. Walther Killy / Hans Szklenar. Salzburg: O. Müller 1969. Bd. 1, S. 39

[2] Johann Peter Hebel: Der böse Winter. J. P. H.: Poetische Werke. München: Winkler 1961, S. 395 f.

[3] Adalbert Stifter: Die Mappe meines Urgroßvaters. A. St.: Gesammelte Werke in sechs Bänden. Wiesbaden: Insel 1959. Bd. 1: Studien 1, S. 531

[4] Peter Huchel: Blick aus dem Winterfenster. B. H.: Gesammelte Werke in zwei Bänden. Hg. v. Axel Vieregg. Frankfurt/M.: Suhrkamp 1984. Bd. 1, S. 242

[5] Ingeborg Bachmann: Nebelland. I. B.: Werke. Hg. v. Christine Koschel / Inge von Weidenbaum / Clemens Münster. München: Piper 1978. Bd. 1, S. 105 f.

[6] Nikolaus Lenau: Winternacht 1. N. L.: Sämtliche Werke und Briefe. In zwei Bänden. Hg. v. Walter Dietze. Frankfurt/M.: Insel 1971. Bd. 1, S. 22

[7] Georg Trakl: Brief an Erhard Buschbeck Juli 1910. G. T.: Dichtungen und Briefe (= Anm. 1), Bd. 1, S. 479

[8] Bertolt Brecht: Übungsstücke für Schauspieler. B. B.: Gesammelte Werke in 20 Bänden. Frankfurt/M.: Suhrkamp 1967. Bd. 7. S. 3003–3013

[9] Das Kapitel bildet die überarbeitete und erweiterte Fassung meines Aufsatzes: Produktives Verstehen mehrperspektivischen Erzählens: E. T. A. Hoffmann, „Der Sandmann". In: Diskussion Deutsch 1992, H. 127, S. 411–425.

[10] Dafür verdanke ich wichtige methodische Anregungen Haas / Haas 1982 und Katrin Bothe, Hamburg.

[11] Eine Behandlung des „Sandmanns" nach den wesentlichen der hier dargestellten Aspekte erfolgte im Sommersemester 1989 in der 7. Klasse der Realschule am Mauracher Berg in Denzlingen durch eine Studentengruppe der Pädagogischen Hochschule Freiburg.

[12] E. T. A. Hoffmann: Der Sandmann. Stuttgart: Reclam 1993 (Reclams Universal-Bibliothek 230), S. 8–10. Die Seitenangaben im folgenden Text beziehen sich auf diese gut greifbare Ausgabe; für genauere Texterläuterungen s. Drux 1994.

[13] E. T. A. Hoffmann: Die Serapions-Brüder. Darmstadt: Wissenschaftliche Buchgesellschaft 1963 (= Ausg. Winkler), S. 26

[14] Clemens Brentano: Godwi oder Das steinerne Bild der Mutter. Ein verwilderter Roman von Maria. C. B.: Werke. München: Hanser 1963. Bd. 2, S. 258 f.

[15] E. T. A. Hoffmann: Die Serapions-Brüder (= Anm. 13), S. 54

[16] Hohoff 1988, S. 134; die Druckfassung im Folgenden nicht nach dem Erstdruck bei Hohoff, sondern – um Irritationen zu vermeiden – nach der Reclam-Ausgabe. – Zu „es war das klein grau Thürmchen [...]": Die Stelle „Sieh doch den sonderbaren kleinen grauen Busch [...]" (S. 39) hatte in der Handschrift gelautet: „Was mag das für ein kleines graues Thurmchen seyn, was dort ligt – ach – es bewegt sich ja – schau doch hin Nathanael? –" (Hohoff, a. a. O., S. 139)

[17] Dass Coppelius nun „riesengroß" aus der Menge ragt, kann (neben einer bestimmten Verwendung des Motivs „Riesen-") vor allem den Grund haben, dass er, wenn er schon nicht zu Nathanael heraufruft, dann auf andere Weise für ihn in der Menge besonders bemerkbar sein muss.

[18] Franz Kafka: Die Verwandlung. Stuttgart: Reclam 1995 (Universal-Bibliothek 9900), S. 5; die bloßen Seitenangaben im folgenden Text beziehen sich auf diese gut greifbare Ausgabe; für genauere Texterläuterungen s. insbes. Beicken 1995.

[19] Franz Kafka: Brief an Felice v. 2.6.1913. F. K.: Briefe an Felice und andere Korrespondenz aus der Verlobungszeit. Hg. v. Erich Heller / Jürgen Born. Frankfurt/M.: Fischer 1976 (Fischer Taschenbuch 1697), S. 394

[20] Gustav Janouch: Gespräche mit Kafka. Aufzeichnungen und Erinnerungen. Erw. Ausg. Frankfurt/M.: Fischer 1968, S. 55 f.

21 Franz Kafka: Brief an den Vater. In: F. K.: Hochzeitsvorbereitungen auf dem Lande und andere Prosa aus dem Nachlaß. Gesammelte Werke. Hg. v. Max Brod. Frankfurt/M.: Fischer o. J. S. 162–223; und als leicht greifbare Ausgabe: F. K.: Brief an den Vater. Stuttgart: Reclam 1995 (Universal-Bibliothek 9674); zur Erläuterung des Textes s. insbes. Binder 1982, S. 422–451

22 Franz Kafka: Brief an Carl Bauer, den Vater von Felice, v. 28.8.1913. F. K.: Briefe an Felice (= Anm. 19), S. 457

23 Franz Kafka: Brief an Felice v. 21.11.1912. F. K.: Briefe an Felice (= Anm. 19), S. 112

24 Franz Kafka: Brief an Max Brod v. 8.Okt.1912. F. K.: Briefe 1902–1924. Gesammelte Werke. Hg. v. Max Brod. Frankfurt/M.: Fischer o. J., S. 107–109

25 Franz Kafka: Das Urteil. In: F. K.: Das Urteil und andere Prosa. Stuttgart: Reclam 1995 (Universal-Bibliothek 9677), S. 42–55; für genauere Texterläuterungen s. insbes. Müller 1995

26 Franz Kafka: Brief an Kurt Wolff v. 11.4.1913. F. K.: Briefe 1902–1924 (= Anm. 24), S. 116

27 Franz Kafka: Betrachtungen über Sünde, Leid, Hoffnung und den wahren Weg. In: F. K.: Hochzeitsvorbereitungen auf dem Lande (= Anm. 21), S. 41

28 Franz Kafka: Beschreibung eines Kampfes. Novellen – Skizzen – Aphorismen. Aus dem Nachlaß. Gesammelte Werke. Hg. v. Max Brod. Frankfurt/M.: Fischer o. J., S. 119

29 Franz Kafka: Hochzeitsvorbereitungen auf dem Lande (= Anm. 21), S. 403

Literaturverzeichnis

Antos, Gerd / Krings, Hans P. (Hg.): Textproduktion. Ein interdisziplinärer Forschungsüberblick. Tübingen: Niemeyer 1989 (Konzepte der Sprach- und Literaturwissenschaft 48)

Arvatov, Boris I.): Poetische und praktische Sprache (Zur Methodologie der Kunstwissenschaft). In: Günther, Hans / Hielscher, Karla (Hg.): Marxismus und Formalismus. Dokumente einer literaturtheoretischen Kontroverse. München: Hanser 1973 (Reihe Hanser 115) S. 99–115

Bakhtin, Mikhael: The Dialogical Principle. Manchester: Manchester University Press / Minnesota: The University of Minnesota Press 1984 (Theory and History of Literature 13)

Baurmann, Jürgen / Weingarten, Rüdiger (Hg.): Schreiben. Prozesse, Prozeduren und Produkte. Opladen: Westdeutscher Verlag 1995

Beetz, Manfred / Antos, Gerd: Die nachgestellte Partie. Vorschläge zu einer Theorie der literarischen Produktion. In: Finkel, Peter / Schmidt, Siegfried J. (Hg.): Analytische Literaturwissenschaft. Braunschweig / Wiesbaden: Vieweg 1984, S. 90–141

Beicken, Peter: Franz Kafka. Die Verwandlung. Stuttgart: Reclam 1995 (Universal-Bibliothek 8155. Erläuterungen und Dokumente)

Belgrad, Jürgen / Melenk, Hartmut (Hg.): Literarisches Verstehen – Literarisches Schreiben. Positionen und Modelle zur Literaturdidaktik. Baltmannsweiler: Schneider 1996

Binder, Hartmut: Kafka – Kommentar zu sämtlichen Erzählungen. München: Winkler 1975

Binder, Hartmut: Kafka-Kommentar zu den Romanen, Rezensionen, Aphorismen und zum Brief an den Vater. München: Winkler 1982, 2. Aufl.

Birner, Heinz: Kreative Gestaltungsübungen im Deutschunterricht der Mittelstufe (Lyrik – Hörspiel). München: Oldenbourg 1978

Bleier-Staudt, Elke / Bothe, Katrin / Lange, Günter / Meyer-Bothling, Jörg Ulrich / Schröer, Karin / Thürmann, Eike / Waldmann, Günter: Unterwegs. Lesebuch 5.-10. Schuljahr. Stuttgart: Klett 1992–1996 (mit Lehrerheften)

Bloch, Ernst: Das Prinzip Hoffnung. In drei Bänden. Frankfurt/M.: Suhrkamp 1959

Boal, Augusto: Theater der Unterdrückten. Übungen und Spiele für Schauspieler und Nicht-Schauspieler. Hg. u. übers. v. Spinu, Marina / Thorau, Henry. Frankfurt/M.: Suhrkamp 1989 (edition suhrkamp 1361)

Böckmann, Paul: Formgeschichte der deutschen Dichtung. Bd. 1. Hamburg: Hoffmann und Campe 1949

Bogdal, Klaus-Michael: Akteure literarischer Kommunikation. In: Fohrmann, Jürgen / Müller, Harro (Hg.): Literaturwissenschaft. München: W. Fink 1995 (UTB 1874) S. 273–296

Bräuer, Gerd: Warum schreiben? Schreiben in den USA: Aspekte, Verbindungen, Tendenzen. Frankfurt/M.: Lang 1996

Bremerich-Vos, Albert: Hermeneutik, Dekonstruktivismus und produktionsorientierte Verfahren. Anmerkungen zu einer Kontroverse in der Literaturdidaktik. In: Belgrad / Melenk 1996, S. 25–49

Brenner, Gerd: Kreatives Schreiben. Ein Leitfaden für die Praxis. Mit Texten Jugendlicher. Frankfurt/M.: Scriptor 1990

Broich, Ulrich / Pfister, Manfred (Hg.): Intertextualität. Formen, Funktionen, anglistische Fallstudien. Tübingen: Niemeyer 1985 (Konzepte der Sprach- und Literaturwissenschaft 35)

Brokerhoff, Karl Heinz: Kreativität im Deutschunterricht. Etwas erfinden dürfen ... Kastellaun: Henn 1976

Derrida, Jacques: Die différance. In: J. D.: Rundgänge der Philosophie. Frankfurt/M. / Berlin / Wien: Ullstein 1976 (Ullstein Buch 3288) S. 6–37

Derrida, Jacques: Die Schrift und die Differenz. Frankfurt/M.: Suhrkamp 1985 (suhrkamp taschenbuch wissenschaft 177), 2. Aufl.

Derrida, Jacques: Positionen: Graz / Wien: Böhlau 1986

Dilthey, Wilhelm: Der Aufbau der geschichtlichen Welt in den Geisteswissenschaften. W. D.: Gesammelte Schriften. Bd. 7. Stuttgart: Teubner / Göttingen: Vandenhoeck & Ruprecht 1965, 4. Aufl.

Dilthey, Wilhelm: Das Erlebnis und die Dichtung. Lessing – Goethe – Novalis – Hölderlin. Göttingen: Vandenhoeck & Ruprecht 1970 (Kleine Vandenhoeck-Reihe 1915), 15. Aufl.

Drux, Rudolf: E. T. A. Hoffmann. Der Sandmann. Stuttgart: Reclam 1994 (Universal-Bibliothek 8199. Erläuterungen und Dokumente)

Eco, Umberto: Einführung in die Semiotik. München: W. Fink 1972 (UTB 105)

Eco, Umberto: Nachschrift zum 'Namen der Rose'. München: Deutscher Taschenbuch Verlag 1986 (dtv 10552)

Ermert, Karl / Bütow, Thomas (Hg.): Was bewegt die Schreibbewegung? Kreatives Schreiben – Selbstversuche mit Literatur. Rehburg-Loccum: Evangelische Akademie Loccum 1990 (Loccumer Protokolle 63/1989)

Feilke, Helmuth / Portmann, Paul R. (Hg.): Schreiben im Umbruch. Schreibforschung und schulisches Schreiben. Stuttgart: Klett 1996

Fingerhut, Karlheinz: Umerzählen. Ein Lesebuch mit Anregungen für eigene Schreibversuche in der Sekundarstufe II. Frankfurt/M.: Diesterweg 1982

Fingerhut, Karlheinz: Kann „Handlungsorientierung" ein Paradigma der Literaturdidaktik sein? In: Diskussion Deutsch 1987, H. 98, S. 581–600

Fingerhut, Karlheinz: Schreiben im Literaturunterricht. In: Ermert / Bütow 1990, S. 133–141, 144f.

Fingerhut, Karlheinz: Die unendliche Suche nach der Bedeutung: Kafka in der Schule. [Basisartikel] In: Praxis Deutsch 1993, H. 120, S. 13–21

Fingerhut, Karlheinz: Sind Gedichte gemalte Fensterscheiben? Die Begründung produktiver Verfahren im Literaturunterricht. In: Diskussion Deutsch 1994, H. 139, S. 356–361

Fingerhut, Karlheinz: Kafka für die Schule. Berlin: Volk und Wissen 1996

Fingerhut, Karlheinz / Melenk, Hartmut : Über den Stellenwert von „Kreativität" im Deutschunterricht. In: Diskussion Deutsch 1980, H. 55, S. 494–505

Fingerhut, Karlheinz / Melenk, Hartmut / Waldmann, Günter: Kritischer und produktiver Umgang mit Literatur. In: Diskussion Deutsch 1981, H. 58, S. 130–150

Flacke, Michael: Verstehen als Konstruktion. Literaturwissenschaft und Radikaler Konstruktivismus. Opladen: Westdeutscher Verlag 1994 (Konzeption Empirische Literaturwissenschaft 16)

Förster, Jürgen: Die Postmodernismus-Diskussion und ihr (literatur)didaktisches Bedeutungsfeld – Streiflichter auf einige literaturdidaktische Erwägungen. In: Jahrbuch der Deutschdidaktik 1989/ 90. Hg. v. Rupp, Gerhard / Müller-Michaels, Harro. Tübingen: Narr 1991, S. 11–30

Fohrmann, Jürgen: Über Autor, Werk und Leser aus poststrukturalistischer Sicht. In: Diskussion Deutsch 1990, H. 116, S. 577–588

Foucault, Michel: Was ist ein Autor? In: M. F.: Schriften zur Literatur. Frankfurt/M. / Berlin / Wien: Ullstein 1979 (Ullstein Buch 35011) S. 7–31

Frank, Manfred: Das individuelle Allgemeine. Textstrukturierung und -interpretation nach Schleiermacher. Frankfurt/M.: Suhrkamp 1985 (suhrkamp taschenbuch wissenschaft 544)

Frank, Manfred: Das Sagbare und das Unsagbare. Studien zur deutsch-französischen Hermeneutik und Texttheorie. Frankfurt/M.: Suhrkamp 1990 (suhrkamp taschenbuch wissenschaft 317)

Freud, Sigmund: Der Dichter und das Phantasieren. In: Freud-Studienausgabe. Bd. X: Bildende Kunst und Literatur. Frankfurt/M.: Fischer 1969, S. 169–179

Fricke, Harald: Norm und Abweichung. Eine Philosophie der Literatur. München: Beck 1981

Fricke, Harald / Zymner, Rüdiger: Einübung in die Literaturwissenschaft. Parodieren geht über Studieren. Padernborn: Schöningh 1993 (UTB 1616), 2. Aufl.

Fritzsche, Joachim: Zur Didaktik und Methodik des Deutschunterrichts. Bd. 1: Grundlagen. Bd. 2: Schriftliches Arbeiten. Bd. 3: Umgang mit Literatur. Stuttgart: Klett 1994

Fritzsche, Joachim (Hg.): Überschrift Deutsch. Arbeitsbuch Literatur und Kommunikation Sekundarstufe II. Hannover: Schroedel 1995

Fritzsche, Joachim / Bothe, Katrin / Rammoser, Karl Günter: Schreibwerkstatt. Geschichten und Gedichte: Schreibaufgaben, -übungen, -spiele. Stuttgart: Klett 1989

Frommer, Harald: Verzögertes Lesen. Über Möglichkeiten, in die Erstrezeption von Schullektüren einzugreifen. In: Der Deutschunterricht 1981, H. 2, S. 10–27

Frommer, Harald: Lesen und Inszenieren. Produktiver Umgang mit dem Drama auf der Sekundarstufe. Stuttgart: Klett 1995

Gadamer, Hans-Georg: Wahrheit und Methode. Grundzüge einer philosophischen Hermeneutik. Tübingen: Mohr 1965, 2. Aufl.

Gadamer, Hans-Georg: Text und Interpretation. In: Forget, Philippe (Hg.): Text und Interpretation. Deutsch-französische Debatte [...]. München: W. Fink 1984 (UTB 1257) S. 24–55

Gatti, Hans: Schüler machen Gedichte. Ein Praxisbericht mit vielen Anregungen und Beispielen. Freiburg i. Br.: Herder 1979 (Herderbücherei 9321)

Gehlen, Arnold: Der Mensch. Seine Natur und seine Stellung in der Welt. Wiesbaden: Athenaion 1978, 11. Aufl.

Göttler, Hans: Moderne Jugendbücher in der Schule. Modelle zu einem handlungs- und produktionsorientierten Literaturunterricht. Baltmannsweiler: Schneider 1993

Groeben, Norbert: Leserpsychologie: Textverständnis – Textverständlichkeit. Münster: Aschendorff 1982

Grondin, Jean: Einführung in die philosophische Hermeneutik. Darmstadt: Wissenschaftliche Buchgesellschaft 1991

Grondin, Jean: Zur Entfaltung eines hermeneutischen Wahrheitsbegriffs. In: J. G.: Der Sinn für Hermeneutik. Darmstadt: Wissenschaftliche Buchgesellschaft 1994, S. 40–53

Gross, Sabine: Lese-Zeichen. Kognition, Medium und Materialität im Leseprozeß. Darmstadt: Wissenschaftliche Buchgesellschaft 1994

Grzesik, Jürgen: Textverstehen lernen und lehren. Geistige Operationen im Prozeß des Textverstehens und Typische Methoden für die Schulung zum kompetenten Leser. Stuttgart: Klett 1990

Gudjons, Herbert / Pieper, Marianne / Wagener, Birgit: Auf meinen Spuren. Das Entdecken der eigenen Lebensgeschichte. Vorschläge und Übungen für pädagogische Arbeit und Selbsterfahrung. Reinbek: Rowohlt 1986 (rororo 8304)

Haas, Gerhard: Handlungs- und produktionsorientierter Literaturunterricht in der Sekundarstufe I. Hannover: Schroedel 1992, 6. Aufl. (1. Aufl. 1984)

Haas, Gerhard: Handlungs- und produktionsorientierter Literaturunterricht. Theorie und Praxis eines „anderen" Literaturunterrichts für die Primar- und Sekundarstufe. Seelze-Velber: Kallmeyer 1997 (= die erweiterte Neuaufl. von Haas 1992)

Haas, Gerhard / Haas, Erika: Romantische Weltsicht und Philistervernunft. Die Funktion der Phantastik in E. T. A. Hoffmanns „Der Sandmann". In: Praxis Deutsch 1982, H. 54, S. 56–61

Haas, Gerhard / Menzel, Wolfgang / Spinner, Kaspar H.: Handlungs- und produktionsorientierter Literaturunterricht. [Basisartikel] In: Praxis Deutsch 1994, H. 123, S. 17–25

Haas, Gerhard / Rupp, Gerhard / Waldmann, Günter: Produktionsorientierter Umgang mit Literatur in der Schule. Abschließende Bemerkungen zur Theoriediskussion und Anregungen für die Praxis (nebst einem geharnischten Brief). In: Praxis Deutsch 1989, H. 98, S. 6–13; darin G. H.: „Geschundene" Gedichte? Geschundene Schüler? S. 6–8

Halász, László: Dem Leser auf der Spur. Literarisches Lesen als Forschen und Entdecken. Zur Sozialpsychologie des literarischen Verstehens. Braunschweig / Wiesbaden: Vieweg 1993 (Konzeption Empirische Literaturwissenschaft 8)

Hannappel, Hans / Melenk, Hartmut: Alltagssprache. Semantische Grundbegriffe und Analysebeispiele. München: W. Fink 1990 (UTB 800), Nachdruck der 2. veränderten Aufl.

Heidegger, Martin: Sein und Zeit: Erste Hälfte. Halle a. d. S.: Niemeyer 1927

Heller, Agnes : Das Alltagsleben. Versuch einer Erklärung der individuellen Reproduktion. Frankfurt/M.: Suhrkamp 1978 (edition suhrkamp 805)

Hohoff, Ulrich: E. T. A. Hoffmann, Der Sandmann. Textkritik, Edition, Kommentar. Berlin / New York: de Gruyter 1988 (Quellen und Forschungen zur Sprach- und Kulturgeschichte der germanischen Völker N. F. 87 = 211)

Holthuis, Susanne: Intertextualität. Aspekte einer rezeptionsorientierten Konzeption. Tübingen: Stauffenburg 1993 (Stauffenburg-Colloquium 28)

Horn, András: Das Literarische. Formalistische Versuche zu seiner Bestimmung. Berlin / New York: de Gruyter 1978

Ingarden, Roman: Das literarische Kunstwerk. Tübingen: Niemeyer 1965, 3. Aufl.

Ingendahl, Werner: Umgangsformen. Produktive Methoden zum Erschließen poetischer Literatur. Frankfurt/M.: Diesterweg 1991

Iser, Wolfgang: Der Akt des Lesens. Theorie ästhetischer Wirkung. München: W. Fink 1976 (UTB 636)

Jahn, Karl-Heinz / Kirn, Karl-Heinz: Schüler schreiben selbst. Märchen, Parabel, Lyrik, Eulenspiegeleien, Parodie und Utopie als Unterrichtsgegenstand. Weinheim / Basel: Beltz 1983

Jahnke, Uwe: Franz Kafkas Erzählung „Die Verwandlung". Ein literaturdidaktisches Konzept. Frankfurt/M.: Lang 1990

Jauß, Hans Robert: Ästhetische Erfahrung und literarische Hermeneutik. Frankfurt/M.: Suhrkamp 1982

Kaiser, Gerhard R.: E. T. A. Hoffmann. Stuttgart: Metzler 1988 (Sammlung Metzler 243)

Kayser, Wolfgang: Das Groteske. Seine Gestaltung in Malerei und Dichtung. Oldenburg: Stalling 1957

Kaulbach, Friedrich: Das perspektivische Wirklichkeitsprinzip in E. T. A. Hoffmanns „Der Sandmann". In: Perspektiven der Philosophie. Neues Jahrbuch. 1980, Bd. 6, S. 187–211

Köhn, Lothar: Vieldeutige Welt. Studien zur Struktur der Erzählungen E. T. A. Hoffmanns und zur Entwicklung seines Werkes. Tübingen: Niemeyer 1966 (Studien zur deutschen Literatur 6)

Kopfermann, Thomas: Produktives Verstehen von Literatur. Ein Kurs auf der Oberstufe. Stuttgart: Klett 1994

Kreft, Jürgen: Grundprobleme der Literaturdidaktik. Eine Fachdidaktik im Konzept sozialer und individueller Entwicklung und Geschichte. Heidelberg: Quelle & Meyer 1977 (UTB 714)

Kristeva, Julia: Bachtin, das Wort, der Dialog und der Roman. In: Ihwe, Jens (Hg.): Literaturwissenschaft und Linguistik. Eine Auswahl. Texte zur Theorie der Literaturwissenschaft. Bd. 3. Frankfurt/M.: Athenäum 1972 (Athenäum Fischer Taschenbuch 2017) S. 345–375

Kügler, Hans: Ist die gegenwärtige Literaturdidaktik noch eine Didaktik der Literatur? oder: Der neue Subjektivismus und seine Folgen. In: Praxis Deutsch. Sonderheft 1982: Unterricht planen und vorbereiten. S. 51–54

Kügler, Hans: Erkundung der Praxis. Literaturdidaktische Trends der 80er Jahre zwischen Handlungsorientierung und Empirie (Teil 1). In: Praxis Deutsch 1988, H. 90, S. 4–9

Kügler, Hans: Brief an zwei Leser. Zum produktions- und handlungsorientierten Literaturunterricht. In: Praxis Deutsch 1989, H. 94, S. 2–4

Kügler, Hans: Die bevormundete Literatur. Zur Entwicklung und Kritik der Literaturdidaktik. In: Belgrad / Melenk 1996, S. 10–24

Lachmann, Renate (Hg.): Dialogizität. München: W. Fink 1982

Leech, Geoffrey N.: A Linguistic Guide to English Poetry. London: Longman 1979 (English Language Series 4), 7. Aufl.

Ludwig, Otto: Der Schulaufsatz. Seine Geschichte in Deutschland. Berlin: de Gruyter 1988

Magris, Claudio: Die andere Vernunft. E. T. A. Hoffmann. Königstein/Ts.: Hain 1980 (Literatur in der Geschichte. Geschichte in der Literatur 1)

Matt, Peter von: Die Augen der Automaten. E. T. A. Hoffmanns Imaginationslehre als Prinzip seiner Erzählkunst. Tübingen: Niemeyer 1971 (Studien zur deutschen Literatur 24)

Mattenklott, Gundel: Literarische Geselligkeit – Schreiben in der Schule. Mit Texten von Jugendlichen und Vorschlägen für den Unterricht. Stuttgart: Metzler 1979

Meckling, Ingeborg: Kreativitätsübungen im Literaturunterricht der Oberstufe. München: Oldenbourg 1972

Meckling, Ingeborg: Fragespiele mit Literatur. Übungen im produktiven Umgang mit Texten. Frankfurt/M.: Diesterweg 1985 (mit Lehrerheft)

Meckling, Ingeborg: Metapher. Einführung in bildhaftes Denken und Schreiben. Ein Arbeitsbuch für die Sekundarstufe II. Frankfurt/M.: Diesterweg 1987

Menzel, Wolfgang (Hg.): Treffpunkte. Lesebuch für das 5.–10. Schuljahr. Hannover: Schroedel 1988–94 (mit Lehrerheften)

Merkelbach, Valentin (Hg.): Kreatives Schreiben. Braunschweig: Westermann 1993; mit 4 Beiträgen von V. M.

Mosler, Bettina / Herholz, Gerd: Die Musenkussmischmaschine. 128 Schreibspiele für Schulen und Schreibwerkstätten. Essen: Neue Deutsche Schule 1992, 2. überarbeitete u. erweiterte Aufl.

Müller, Michael: Franz Kafka. Das Urteil. Stuttgart: Reclam 1995 (Universal-Bibliothek 16001. Erläuterungen und Dokumente)

Müller-Michaels, Harro: Literatur im Alltag und Unterricht. Ansätze zu einer Rezeptionspragmatik. Kronberg/Ts.: Scriptor 1978

Müller-Michaels, Harro: Deutschkurse. Modell und Erprobung angewandter Germanistik in der gymnasialen Oberstufe. Frankfurt/M.: Scriptor 1987

Müller-Michaels, Harro: Produktive Lektüre. Zum produktionsorientierten und schöpferischen Literaturunterricht. In: Deutschunterricht 1991, H. 8, S. 584–595

Müller-Michaels, Harro: Noten für Kreativität? Zum Problem der Beurteilung produktiver Arbeiten im Literaturunterricht. In: Deutschunterricht 1993, H. 7/8, S. 338–348

Müller-Michaels, Harro: Wider die Handlungseuphorie. Neue Akzente für Aufgabenstellungen im Literaturunterricht. In: Deutschunterricht 1996, H. 9, S. 410–418

Mukařovský, Jan: Standard Language and Poetic Language. In: Garvin, Paul L. (Hg.): A Prague School Reader on Esthetics, Literary Structure, and Style. Georgetown: University Press 1964, S. 17–30

Nietzsche, Friedrich: Werke in drei Bänden. Hg. v. Schlechta, Karl. München: Hanser 1960, 2. Aufl.

Nutz, Maximilian: Textverstehen und Selbstwahrnehmung. Zur Notwendigkeit analytischer Arbeit mit Schülertexten. In: Deutschunterricht 1997, H. 5, S. 237–247

Oelmüller, Willi (Hg.): Ästhetische Erfahrung. Kolloquium Kunst und Philosophie 1. Paderborn: Schöningh 1981 (UTB 1105)

Paefgen, Elisabeth K.: Schreiben und Lesen. Ästhetisches Arbeiten und literarisches Lernen. Opladen: Westdeutscher Verlag 1996

Payrhuber, Franz Josef (Hg.): Gedichte im Unterricht – einmal anders. Praxisbericht mit vielen Anregungen für das 5.–10. Schuljahr. München: Oldenbourg 1993

Pielow, Winfried / Sanner, Rolf (Hg.): Kreativität und Deutschunterricht. Stuttgart: Klett 1973

Preisendanz, Wolfgang: Eines matt geschliffnen Spiegels dunkler Widerschein. E. T. A. Hoffmanns Erzählkunst. In: Prang, Helmut (Hg.): E. T. A. Hoffmann. Darmstadt: Wissenschaftliche Buchgesellschaft 1976 (Wege der Forschung CDLXXXVI) S. 270–291

Rank, Bernhard (Hg.): Erfahrungen mit Phantasie. Analysen zur Kinderliteratur und didaktische Entwürfe. Festschrift für Gerhard Haas zum 65. Geburtstag. Baltmannsweiler: Schneider 1994

Rau, Hans Arnold (Hg.): Kreatives Schreiben an Hochschulen. Berichte, Funktionen, Perspektiven. Tübingen: Niemeyer 1988 (Konzepte der Sprach- und Literaturwissenschaft 42)

Reger, Harald: Kinderlyrik in der Grundschule. Literaturwissenschaftliche Grundlegung. Schülerorientierte Didaktik. Baltmannsweiler: Schneider 1996, 3. Aufl.

Rico, Gabriele L.: Garantiert schreiben lernen. Sprachliche Kreativität methodisch entwickeln – ein Intensivkurs auf der Grundlage der modernen Gehirnforschung. Reinbek: Rowohlt 1984

Rudloff, Holger: Produktionsästhetik und Produktionsdidaktik. Kunsttheoretische Voraussetzungen literarischer Produktion. Opladen: Westdeutscher Verlag 1991

Rumpf, Horst: Kreativer Umgang mit Texten. In: Zeitschrift für Pädagogik 1968, S. 275–294

Rupp, Gerhard: Kulturelles Handelns mit Texten. Fallstudien aus dem Schulalltag. Paderborn: Schöningh 1987

Rupp, Gerhard: Handeln als Kategorie individueller und sozialer Selbsterfahrung und Praxis im Literaturunterricht. In: Haas / Rupp / Waldmann 1989, S. 8–10

Rupp, Gerhard: Krise der Leistungsbereitschaft in der Erlebnisgesellschaft: ganzheitliches Lernen als Antwort. In: Spinner 1995a, S. 71–85

Sartre, Jean Paul: Was ist Literatur? Ein Essay. Hamburg: Rowohlt o. J.

Saussure, Ferdinand de: Grundfragen der allgemeinen Sprachwissenschaft. Berlin: de Gruyter 1967, 2. Aufl.

Schau, Albrecht: Szenisches Interpretieren im Unterricht. Stuttgart: Klett 1991

Schau, Albrecht: Szenisches Interpretieren. Ein literaturdidaktisches Handbuch. Stuttgart: Klett 1996

Scheffer, Bernd: Interpretation und Lebensroman. Zu einer konstruktivistischen Literaturtheorie. Frankfurt/M.: Suhrkamp 1992 (suhrkamp taschenbuch wissenschaft 1028)

Scheidt, Jürgen vom: Kreatives Schreiben. Texte zu sich selbst und zu anderen. Frankfurt/M.: Fischer 1993 (Fischer Taschenbuch 11950)

Scheller, Ingo: Erfahrungsbezogener Unterricht. Praxis, Planung, Theorie. Königstein/Ts.: Scriptor 1981

Scheller, Ingo: Szenische Interpretation: Georg Büchner: Woyzeck. Vorschläge, Materialien und Dokumente zum erfahrungsbezogenen Umgang mit Literatur und Alltagsgeschichte(n). Oldenburg: Universität Oldenburg, Zentrum für pädagogische Berufspraxis 1989, 2. Aufl.

Scheller, Ingo: Friedrich Schillers „Wilhelm Tell" – szenisch interpretiert. Stuttgart: Klett 1992

Scheller, Ingo: Wir machen unsere Inszenierungen selber (I). Szenische Interpretation von Dramentexten. Theorie und Verfahren zum erfahrungsbezogenen Umgang mit Literatur und Alltagsgeschichte(n). Oldenburg: Universität Oldenburg. Zentrum für pädagogische Berufspraxis 1993, 3. Aufl.

Šklovskij, Viktor: Theorie der Prosa. Übers. v. Drohla, Gisela. Frankfurt/M.: Fischer 1966

Schleiermacher, F. D. E.: Hermeneutik und Kritik. Hg. v. Frank, Manfred. Frankfurt/M.: Suhrkamp 1977 (suhrkamp taschenbuch wissenschaft 211)

Schmidt, Jochen: Die Krise der romantischen Subjektivität: E. T. A. Hoffmanns Künstlernovelle 'Der Sandmann' in historischer Perspektive. In: Literaturwissenschaft und Geistesgeschichte. Festschrift für Richard Brinkmann. Hg. v. Brummack, Jürgen u. a. Tübingen: Niemeyer 1981

Schmidt, Jochen: Die Geschichte des Geniegedankens in der deutschen Literatur, Philosophie und Politik 1750–1945. 2 Bde. Darmstadt: Wissenschaftliche Buchgesellschaft 1988, 2. Aufl.

Schmidt, Siegfried J.: ästhetizität. philosophische beiträge zu einer theorie des ästhetischen. München: Bayerischer Schulbuchverlag 1971 (Grundfragen der Literaturwissenschaft 2)

Schödlbauer, Ulrich: Ästhetische Erfahrung. In: Harth, Dietrich / Gebhardt, Peter (Hg.): Erkenntnis der Literatur. Theorien, Konzepte, Methoden der Literaturwissenschaft. Stuttgart: Metzler 1982, S. 33–55

Scholz, Rüdiger / Herrmann, Hans Peter: Phantasie und Interpretation. Schöpferischer Umgang mit Kafka-Texten in Schule und Universität. Stuttgart: Metzler 1990

Schumm, Siegfried: Einsicht und Darstellung. Untersuchung zum Kunstverständnis E. T. A. Hoffmanns. Göppingen: Kümmerle 1974 (Göppinger Arbeiten zur Germanistik 121)

Schuster, Karl: Das Spiel und die dramatischen Formen im Deutschunterricht. Theorie und Praxis. Baltmannsweiler: Schneider 1996, 2. Aufl.

Schuster, Karl: Das personal-kreative Schreiben im Deutschunterricht. Theorie und Praxis. Baltmannsweiler: Schneider 1997, 2. Aufl.

Sommerhage, Claus: Hoffmanns Erzählungen. Über Poetik und Psychologie in E. T. A. Hoffmanns Nachtstück „Der Sandmann". In: Zeitschrift für deutsche Philologie 1987, S. 513–534

Spinner, Kaspar H.: Wider den produktionsorientierten Literaturunterricht – für produktive Verfahren. In: Diskussion Deutsch 1987, H. 98, S. 601–611

Spinner, Kaspar H.: Programm einer Schreibwerkstatt an der Universität. In: Ermert / Bütow 1990 [a], S. 171–177

Spinner, Kaspar H.: Vorschläge für einen kreativen Literaturunterricht. Lehrerband zu den „Geschichten" für das 5.–10. Schuljahr. Frankfurt/M.: Diesterweg 1990 [b]

Spinner, Kaspar H.: Lyrik der Gegenwart im Unterricht. Hannover: Schroedel 1992

Spinner, Kaspar H.: Literaturdidaktik der 90er Jahre. In: Bremerich-Vos 1993, S. 23–36

Spinner, Kaspar H. (Hg.): Imaginative und emotionale Lernprozesse im Deutschunterricht. Frankfurt/M.: Lang 1995 [a] (Beiträge zur Geschichte des Deutschunterrichts 20)

Spinner, Kaspar H.: Neue und alte Bilder von Lernenden – Deutschdidaktik im Zeichen der kognitiven Wende. In: Jahrbuch der Deutschdidaktik 1994. Hg. v. Müller-Michaels, Harro / Rupp, Gerhard. Tübingen: Narr 1995 [b], S. 127–144

Spinner, Kaspar H.: Umgang mit Lyrik in der Sekundarstufe I. Baltmannsweiler: Schneider 1997, 3. Aufl. (1. Aufl. 1984)

Spree, Axel: Kritik der Interpretation. Analytische Untersuchungen zu interpretationskritischen Literaturtheorien. Paderborn: Schöningh 1995

Stierle, Karlheinz: Werk und Intertextualität. In: Das Gespräch (Poetik und Hermeneutik XI). Hg. v. K. St. / Warning, Rainer. München: W. Fink 1984, S. 139–150

Stocker, Karl: Wege zum kreativen Interpretieren: Lyrik. Sekundarbereich. Baltmannsweiler: Schneider 1993

Tretjakov, Sergej: Die Arbeit des Schriftstellers. Aufsätze Reportagen Porträts. Hg. v. Boehnke, Heiner, übers. v. Hielscher, Karla u. a. Reinbek: Rowohlt 1992 (das neue buch 3)

Tynjanov, Jurij: Die literarischen Kunstmittel und die Evolution in der Literatur. Übers. v. Kaempfe, Alexander. Frankfurt/M.: Suhrkamp 1967(edition suhrkamp 197)

Ulshöfer, Robert: Methodik des Deutschunterrichts 3. Mittelstufe II. Stuttgart: Klett 1970, 6. Aufl.

Waldmann, Günter: Christliches Glauben und christliche Glaubenslosigkeit. Philosophische Untersuchungen zum Phänomen des christlichen Glaubensvorgangs und zu seiner Bedeutung für die Situation der Gegenwart. Tübingen: Niemeyer 1968

Waldmann, Günter: Theorie und Didaktik der Trivialliteratur. Modellanalysen – Didaktikdiskussion – literarische Wertung. Mit einer ausführlichen Bibliographie. München: W. Fink 1973 (Kritische Information 13) (2. Aufl. 1977)

Waldmann, Günter: Kommunikationsästhetik I: Die Ideologie der Erzählform. Mit einer Modellanalyse von NS-Literatur. München: W. Fink 1976 (UTB 525)

Waldmann, Günter: Literatur zur Unterhaltung. Bd. 1: Unterrichtsmodelle zur Analyse und Eigenproduktion von Trivialliteratur. Bd. 2: Texte, Gegentexte und Materialien zum produktiven Lesen. Reinbek: Rowohlt 1980 (rororo 7351 u. 7352)

Waldmann, Günter: Produktives Lesen. Überlegungen zum Verhältnis von Rezeptionstheorie und Literaturunterricht. In: Jahrbuch der Deutschdidaktik 1980. Hg. v. Müller-Michaels, Harro. Königstein/Ts.: Scriptor 1981 [a], S. 87–96

Waldmann, Günter: Trivialliteraturdidaktik. Ihr dilemma und wege aus ihm in problemfeld-, kommunikations- und produktionsorientiertem unterricht. In: Wirkendes Wort 1981 [b], S. 74–98

Waldmann, Günter: Vom produzierten zum produzierenden Leser. Überlegungen zur Rezeptionstheorie, zur Fernsehrezeption und zu einer produktionsorientierten Literaturdidaktik. In: Rezeptionspragmatik. Beiträge zur Praxis des Lesens. Hg. v. Köpf, Gerhard. München: W. Fink 1981 [c] (UTB 1026) S. 105–130

Waldmann, Günter: Grundzüge von Theorie und Praxis eines produktionsorientierten Literaturunterrichts. In: Handbuch „Deutsch" für Schule und Hochschule. Sekundarstufe I. Hg. v. Hopster, Norbert. Paderborn: Schöningh 1984 (UTB Große Reihe) S. 98–141

Waldmann, Günter: Von der Sprachkultur zur Bildkonsum-Kultur? In: Neue Medien und Lernen. Herausforderungen, Chancen und Gefahren. Hg. v. Rolff, Hans-Günther / Zimmermann, Peter. Weinheim / Basel: Beltz 1985, S. 159–166

Waldmann, Günter: Produktive literarische Differenzerfahrung. Skizze eines literaturtheoretischen Konzepts – am Beispiel Lyrik. In: Wirkendes Wort 1987, S. 32–45; und in: Waldmann 1998, S. 163–173

Waldmann, Günter: Literarische Bildung als produktive literarische Erfahrung – ein alternatives Konzept. In: Der Deutschunterricht 1990, H. 5, S. 80–85

Waldmann, Günter / Bothe, Katrin: Erzählen. Eine Einführung in kreatives Schreiben und produktives Verstehen von traditionellen und modernen Erzählformen. Stuttgart: Klett 1992

Waldmann, Günter: Produktiver Umgang mit dem Drama. Eine systematische Einführung in das produktive Verstehen traditioneller und moderner Dramenformen und das Schreiben in ihnen. Für Schule (Sekundarstufe I und II) und Hochschule. Baltmannsweiler: Schneider 1996

Waldmann, Günter: Produktiver Umgang mit Lyrik. Eine systematische Einführung in die Lyrik, ihre produktive Erfahrung und ihr Schreiben. Für Schule (Primar- und Sekundarstufe) und Hochschule sowie zum Selbststudium. Baltmannsweiler: Schneider 1998, 5., völlig neubearbeitete und erweiterte Aufl.

Walser, Martin: Selbstbewußtsein und Ironie. Frankfurter Vorlesungen. Frankfurt/M.: Suhrkamp 1981 (edition suhrkamp 1090)

Wawrzyn, Lienhard: Der Automaten-Mensch. E. T. A. Hoffmanns Erzählung vom 'Sandmann'. Mit Bildern aus Alltag und Wahnsinn. Berlin: Wagenbach 1976 (Wagenbachs Taschenbücherei 24)

Wellershoff, Dieter: Literatur und Veränderung. Versuche zu einer Metakritik der Literatur. Köln / Berlin: Kiepenheuer & Witsch 1969 (pocket 1)

Werder, Lutz von: … triffst Du nur das Zauberwort. Eine Einführung in die Schreib- und Poesietheraphie und in die Arbeit literarischer Werkstätten. München: Psychologie Verlags Union / Weinheim: Urban & Schwarzenberg 1986

Werder, Lutz von: Lehrbuch des kreativen Schreibens. Berlin-Milow: Schibri-Verlag 1993, 2. Aufl.

Werder, Lutz von / Mischon, Claus / Schulte-Steinicke, Barbara: Kreative Literaturgeschichte. Berlin-Milow: Schibri-Verlag 1992

Winterling, Fritz: Kreative Übung oder Gestaltungsversuch. Abriß einer Didaktik produktiver Befreiung im Deutschunterricht. In: Diskussion Deutsch 1971, H. 5, S. 243–264

Wysling, Hans: Bild und Text bei Thomas Mann. Eine Dokumentation. Bern: Francke 1975

Zabka, Thomas: Gestaltendes Verstehen. Zur Hermeneutik des produktionsorientierten Literaturunterrichts. In: Literatur in Wissenschaft und Unterricht 1995, H. 1, S. 131–145

Personenregister

Das Register führt i. a. die im Text vorkommenden Personennamen auf und nicht,
wenn sie wiederum in den Anmerkungen bzw. im Literaturverzeichnis erscheinen.

Sachregister

Günter Waldmann

Neue Einführung in die Literaturwissenschaft

Aktive analytische und produktive Einübung in Literatur und den Umgang mit ihr – Ein systematischer Kurs. (Für die Hochschule, für Schulen, zum Selbststudium). 2003. X, 325 Seiten. Kt. ISBN 389676683X. € 19,80

Diese Einführung in die Literaturwissenschaft führt in der Weise in die Literatur und die Wissenschaft von ihr ein, dass sie eigene praktische Erfahrungen im Umgang mit ihnen einrichtet und einübt: Sie ermöglicht – und das ist das Neue an ihr – aktive und produktive Erkundung der Literatur, ihrer Formen und Strukturen und deren Funktionen, Leistungen und Wirkungen, und das durch eigenes Arbeiten mit den wichtigeren literaturwissenschaftlichen Methoden von analytischen bis zu produktiven Verfahren. Sie will so konkrete Eigenerfahrungen mit Literatur und eine Grundkompetenz des Umgehens mit ihr vermitteln.

Diese Einführung konzentriert sich auf die Kernbereiche der Literatur: die Lyrik, das Erzählen, das Drama, und sie erarbeitet die strukturell konstitutiven Merkmale der einzelnen Gattungen gezielt in ihren *systematischen* Zusammenhängen. Sie behandelt vor allem die konventionellen Literaturformen, die die Werke unserer literarischen Tradition und noch viele der Gegenwart bestimmen, daneben aber stets auch moderne Formen, die heutige Lyrik, modernes Erzählen und das gegenwärtige Drama prägen.

Das Buch ist so aufgebaut, dass es in den drei Teilen zur Lyrik, zum Erzählen, zum Drama jeweils fünf mit Hilfe von Arbeitsaufgaben organisierte Kapitel (insgesamt fünfzehn Kapitel mit 52 Arbeitsaufgaben) aufweist, wobei jedes Kapitel eine zwei- bis dreistündige Seminarsitzung füllt. Dabei können einzelne Kapitel auch weggelassen, können gestrafft, in der Arbeitsform verändert, z. T. mehr analytisch oder mehr produktiv realisiert werden, wofür in einem eigenen Abschnitt detaillierte Anregungen gegeben werden.

Günter Waldmann

Produktiver Umgang mit dem Drama

Eine systematische Einführung in das produktive Verstehen traditioneller und moderner Dramenformen und das Schreiben in ihnen. Für Schule (Sekundarstufe I und II) und Hochschule

4. Aufl., 2004. XI, 295 Seiten. Kt. ISBN 3896766236. € 19, —

Dieses Buch bietet – als erste Veröffentlichung dieser Art – eine systematische Einführung in den produktiven Umgang mit dem Drama. Es führt zum produktiven Verstehen des Dramas insbesondere

– durch aktives szenisches Erarbeiten von Dramentexten,
– durch produktiven Umgang mit ihnen,
– durch eigenes Schreiben und Spielen von Dramenszenen und Dramen.

Es ist also vor allem darauf gerichtet, durch kreatives Umgehen mit Dramen und durch das Schreiben in dramatischen Formen eigene Erfahrungen mit dem Drama einzurichten. Es will so Sensibilität für dramatische Formen und Lust am Drama und am dramatischen Spiel, aber auch Fähigkeiten zum eigenen Schreiben von Dramen vermitteln.

Insgesamt ist es ein Buch, das viele sichere Wege zu einem motivierenden, spannenden, lustvollen und ergiebigen Umgang mit dem Drama in Schule und Hochschule weist.

 Schneider Verlag Hohengehren
Wilhelmstr. 13; D-73666 Baltmannsweiler

Günter Waldmann

Produktiver Umgang mit Lyrik

Eine systematische Einführung in die Lyrik, ihre produktive Erfahrung und ihr Schreiben. Für Schule (Primar- und Sekundarstufe) und Hochschule sowie zum Selbststudium

8. korr. Aufl., 2003. VIII, 311 Seiten. Kt. ISBN 3896766805. € 19,—

Aus Besprechungen zur ersten Auflage:

Günter Waldmann hat ein Buch vorgelegt, das sich als systematische Einführung in diesen unterrichtlich oft schwer zu vermittelnden Bereich der Literatur versteht und die Gattung Lyrik nicht von ihren abstrakten literarischen Formen, sondern von der aktiv-produktiven Rezeption des Lesers her erfahrbar werden läßt. Mit mehrfach erprobten Arbeitsanregungen versehen, bietet der Autor viele detaillierte Vorschläge für die einzelnen Klassenstufen (5. Klasse [5. Auflage: 3. Klasse] bis Leistungskurs), Hinweise, die auch für das Selbststudium und die Arbeit in Schreibseminaren und -workshops interessant sind.

Auch wenn der Deutschlehrer vielleicht nicht alle 135 [5. Auflage: 170] Arbeitsaufgaben verwirklichen kann, so hat er mit diesem Buch doch ein didaktisch gut aufbereitetes Arbeitsmittel, mit dessen Hilfe den Schülern ein deutlich leichteres und dabei intensiveres literarisches Lernen, aber auch ein weitaus lustvollerer Umgang mit Lyrik als üblich ermöglicht wird.

Das Gymnasium in Bayern

Lust auf statt Frust durch Lyrik will Günter Waldmann mit seinem Konzept des produktiven Umgangs mit Gedichten schaffen: Einführung in Lyrik durch „Dichten", durch Selbermachen.

Ganz nebenbei erhält man noch eine interessante Einführung in die „Lyrik", in Versformen, Metrum, Klangformen, Reim, Motiv, Bild.

Die Unterrichtspraxis

Zeitzeugen der Deutschdidaktik

Hrsg. von **Werner Schlotthaus** und **Jörn Stückrath**

Diskussionsforum Deutsch Band 13

2004. VI, 180 Seiten. Kt. ISBN 3896767747. € 18,—

Zeitzeugen der Deutschdidaktik: Die Geschichte des Deutschunterrichts lässt in der Bundesrepublik etwa zeitgleich mit der 68er-Bewegung einen deutlichen Einschnitt erkennen: Deutschdidaktiker fordern von nun an immer nachdrücklicher, dass die nach 1945 eingeführten Lehrpläne und eingespielten Unterrichtspraktiken sowie die Inhalte und Organisationsformen der Lehrerausbildung grundlegend zu reformieren seien. Es fällt auf, dass die älteren Stimmführer dieser Bewegung einer Generation angehören: Sie sind noch in der Weimarer Republik geboren, wachsen im Nazi-Deutschland auf und werden noch kurz vor Kriegsende als junge Soldaten eingezogen („Flakhelfer-Generation"). Nach dem Zusammenbruch studieren sie an Pädagogischen Hochschulen und Universitäten und treten in den Schuldienst ein. Sieben Deutschdidaktiker dieser Generation kommen in diesem Band als Zeitzeugen zu Wort: Malte Dahrendorf, Gerhard Haas, Franz Hebel, Hubert Ivo, Jürgen Kreft, Werner Schlotthaus und Günter Waldmann. Sie stellen ihre seit den sechziger Jahren entwickelten literaturdidaktischen Konzepte rückblickend vor und reflektieren deren Aktualität. Ergänzend zu diesen individuell geprägten Reformversuchen findet der Leser in diesem Band zwei Bestandsaufnahmen kollektiv entwickelter Reformkonzepte: des Bremer Kollektivs von Bodo Lecke und der Literaturdidaktik der siebziger Jahre in der DDR von Hartmut Jonas.

 Schneider Verlag Hohengehren
Wilhelmstr. 13; D-73666 Baltmannsweiler